现代档案管理理论与实践

刘焕霞　李春梅　孙　赛　著

黑龙江科学技术出版社

图书在版编目（CIP）数据

现代档案管理理论与实践 / 刘焕霞, 李春梅, 孙赛
著. -- 哈尔滨：黑龙江科学技术出版社, 2023.7
ISBN 978-7-5719-2071-5

Ⅰ.①现… Ⅱ.①刘… ②李… ③孙… Ⅲ.①档案管
理–研究 Ⅳ.①G271

中国国家版本馆 CIP 数据核字(2023)第 127315 号

现代档案管理理论与实践
XIANDAI DANGAN GUANLI LILUN YU SHIJIAN
刘焕霞　李春梅　孙赛　著

责任编辑	梁祥崇	
封面设计	孔　璐	
出　　版	黑龙江科学技术出版社	
地　　址	哈尔滨市南岗区公安街 70-2 号	
邮　　编	150007	
电　　话	（0451）53642106	
传　　真	（0451）53642143	
网　　址	www.lkcbs.cn	
发　　行	全国新华书店	
印　　刷	哈尔滨午阳印刷有限公司	
开　　本	720 mmx1 020 mm 1/16	
印　　张	12.75	
字　　数	225 千字	
版　　次	2023 年 7 月第 1 版	
印　　次	2023 年 7 月第 1 次印刷	
书　　号	ISBN 978-7-5719-2071-5	
定　　价	78.00 元	

前　言

　　随着我国社会经济的发展，档案管理工作在社会生活中的地位日益提高，做好档案管理工作是一项长期系统工程，必须坚持忠实履行为党管档、为国守史、为民服务的职责使命，学以致用、求真务实、开拓进取的精神，积极适应新形势下档案管理的需要。本书共分两个部分，从现代档案管理理论和实践两个方面分析现代档案管理和实践中面临的问题，利用现代信息技术，加快档案资源数字化进程，促进档案信息化管理体系的形成，将传统管理模式与信息技术有机结合起来，档案管理与社会各相关产业结合起来，提高档案服务意识和服务水平，从而更好地为社会各界提供档案服务，推进档案管理工作高质量发展。

　　本书分为上下两篇。上篇档案管理理论，阐述现代档案管理理论的内涵、特征及特点，内容为档案事业高质量发展助推中国式现代化新征程、电子档案管理的现状与未来发展、电子政务环境下档案工作需要解决的问题、电子文件的有效管理与电子档案的真实完整、人力资源档案信息化建设保障条件、速录技术在档案信息数字化建设中的应用、档案服务中心工作能力建设、基于区块链的档案数据共享可信度机制构建与风险防控因素分析。下篇档案管理实践，阐述现代档案理论在企业、高校、医院档案管理实践应用，内容为构建工业企业信息一体化管理研究、档案倾心服务农业职业教育助力乡村振兴、加快推进高职院校档案信息化建设工作探究、高校档案服务工作的创新途径、高校教学档案互动式数字化管理现状与发展策略、高校校史文化研究与档案文化建设面临问题与建议、高校档案与"三全育人"探究、大数据时代医疗科技档案管理和数字化应用的研究、新医改形势下的医院档案管理改进对策分析、PDCA 循环原理在推动医院文书档案规范管理分析、医院基建档案的重要性和管理方法、医院重大突发事件档案收集策略研究。

　　撰写分工为：刘焕霞撰写前言、第一章、第二章、第五章、第六章、第七章、第八章、第十章、第十一章、第十三章、第十四章；李春梅撰写第九章、第十二章、第十五章；孙赛撰写第三章、第四章、第十六章、第十七章、第十八章、第十九章、第二十章。

本书是从事文书档案管理工作人员或各种社会组织从业人员了解基本档案管理知识和技能的学习参考书，不断提高档案管理人员业务水平和实际操作能力，更好地发挥档案服务社会的作用。

本书系黑龙江省省属本科高校基本科研业务费青年创新人才项目"基于区块链的档案数据共享可信度机制构建与风险防控因素分析"（项目编号：135509229）研究成果。

由于我们水平有限，本书难免存在缺点和不足，敬请广大读者批评指正。

作　者

目　录

上篇　档案管理理论

下篇　档案管理实践

上篇　档案管理理论

第一章 档案事业高质量发展
助推中国式现代化新征程

档案是历史真实记录，是历史的见证。中国共产党百年奋斗历程中，档案事业发展与中国共产党领导人民进行革命、建设、改革进程相始终，与人民群众的历史实践和精神追求相联系。党的十八大以来，档案工作进入一个新的发展阶段，开创了档案事业新局面。回顾党领导人民在各个历史时期积累下来的档案工作经验和宝贵精神财富，总结我国档案事业发展和治理取得的成绩与经验，对做好新时代中国特色社会主义现代化建设档案工作具有重要意义。

一、档案事业高质量发展助推中国式现代化

在全面建设社会主义现代化国家新征程中，档案事业以高质量发展全面推进中国式现代化。深入贯彻党的二十大精神，坚持稳中求进工作总基调，完整、准确、全面贯彻新发展理念，加快构建档案事业新发展格局，着力推动档案事业高质量发展，按照"盘活档案存量、优化档案增量、加强动态管理、注重管理过程、注重管理效能"的思路，扎实持续推进档案管理工作。从党和国家工作大局出发，树立系统观念和底线思维理念，围绕经济社会高质量发展，践行以人民为中心的发展思想；全面提升档案事业高质量建设的整体性、系统性、协同性，促进档案事业与经济社会发展深度融合，以档案数字化驱动生产生活和治理方式变革，为中国式现代化建设注入强大动力。

新时代新征程，档案事业发展围绕2035年远景目标和"十四五"规划，聚焦全面建成社会主义现代化强国两大目标任务；坚持以人民为中心的发展思想，强化系统观念和底线思维，加强整体布局，既要重视量的有效增长，更要注重质的大幅提升。只有推动档案事业高质量发展，才能适应科技新变化、人民新需要，提供更多优质档案服务。只有推动档案事业高质量发展，才能不断满足人民群众对档案个性化、多样化的需求。担负起为党管档、为国守史、为人民服务的重大使命。

二、档案事业高质量发展与中国式现代化的关系

档案事业在党的领导下的社会治理体系中发挥着重要作用，在档案事业各组成部分中，档案管理工作是重点，是档案事业的业务系统，其中档案馆工作是主

体，档案室工作是基础；档案行政管理工作是核心，对整个档案事业起到统筹协调和组织指挥作用；档案法制工作是根本，是档案事业发展的保障；档案教育工作、档案科学研究工作、档案宣传工作、档案国际合作与对外交流工作是辅助，是建设和发展档案事业的重要条件。组成档案事业体系的各个方面，虽然职责各不相同，但都是围绕着"维护档案完整与安全，便于社会各方面的利用"这一档案工作总目的、总任务而开展的，并发挥着整体优势。档案事业各部门要紧跟国家发展大势，聚焦高质量发展，在经济、社会、文化、生态等各领域都要体现高质量发展的要求。在服务大局服务人民群众方面迈出重要步伐，在推动以信息化为核心的档案管理现代化方面取得重大突破，在兼顾档案安全保护和开放利用的档案基础建设方面有新的举措，在人才培养和档案学科建设方面有新的思路和新的视野。

档案事业是党和国家各项事业的重要组成部分，它与党和国家的各项工作息息相关，而"中国式现代化"的所有痕迹，都深深地烙印在了档案里。回望中国近代化的历史进程，一层层厚重珍贵的档案、精彩的图片、生动的影像，将中国近代化进程中的重大事件、重要会议、重要人物等重要历史事实，通过时间的隧道，向人们讲述了中国式现代化探索的峥嵘岁月，展现了中国共产党同人民心连心、同呼吸、共命运的光辉印记，深刻地阐释了中国共产党在中国式现代化道路上的成功秘诀和力量，蕴藏着牢记初心使命、矢志奋斗前行的精神力量，对真切感受时代脉搏、深刻体悟党的思想和理论，汲取真理营养、精神营养具有特殊价值。新时期，档案事业发展面临重要战略机遇期，档案工作对各项事业的基础性、支撑性作用更加突出。档案事业要着眼于服务大局，树立历史信心，增强历史主动性，加快档案事业自身的发展。密切联系新时代党的使命任务，紧密贯彻落实关于档案工作的重要批示指示精神，在奋进新征程中不断把档案事业推向前进。档案工作者必须提高政治站位，强化责任担当，更好地推动新时代档案事业高质量发展，凝心聚力为中国式现代化建设贡献力量。

三、聚焦档案事业高质量发展路径

中国式现代化的实现离不开档案事业高质量发展。全面落实新时代党的建设总要求，围绕中国式现代化对档案工作提出新要求和档案馆职能职责所需，坚持问题与结果导向相统一。立足当前、着眼长远，扎实做好当前正在推进的重点任务与研究解决影响档案事业长远发展的重大问题结合起来，守正创新、真抓实干，学批示、见行动、开新局。

（一）坚持以人民为中心的发展理念，更好地服务人民

档案工作要做到以人民为中心，才能使档案工作惠及百姓。坚持以人民为中心的发展思想贯彻落实档案工作，就是要把档案服务于人民群众，既体现了以人民为中心的发展思想在档案领域的落地落实，又体现了档案工作的根本价值导向。

（1）记录留存伟大的奋斗历史，凝聚民族复兴磅礴力量。要切实做到档案服务群众，进一步拓展民生档案收集范围，做好与人民群众生产生活息息相关的民生档案资料收集工作，建立健全民生档案资源体系，确保关系人民群众利益的各类民生档案从源头上收集齐全、安全保管。记录好、留存好新时代党领导人民推进实现中华民族伟大复兴的奋斗历史是档案部门义不容辞的重要职责，对于构筑民族集体记忆，凝心聚力铸就党的千秋伟业具有重要意义。十八大以来，党和国家事业取得历史性成就和历史性变革，实现了全面建成小康社会的第一个百年奋斗目标，向着全面建成社会主义现代化强国的第二个百年奋斗目标迈进。各级档案部门要以"国之大者"为本，围绕党和国家中心工作、重大政策、重大决策开展档案工作，进一步加强国家重大战略、重大工程、重大活动等重点领域档案工作，全面记录和留存新时代、新变化、新发展、新成就。

（2）做好档案服务民生工作。坚持把服务好人民群众作为档案工作的立足点和落脚点，加大依法开放档案力度，加强民生档案资源体系建设和开发利用，最大限度地满足人民群众日益增长的档案信息需求，让档案成果惠及社会大众。要加强档案工作的开放性，拓宽利用途径，简化使用程序，加强数字化赋能，构建档案信息资源共享平台建设，推进查档服务高效化、便民化，深入推进"互联网+档案"服务新模式，开展线上服务工作，持续推进"网上办、掌上办、就近办"跨馆利用、网站查询等档案资源共享利用平台，推动异地查档向基层延伸，不断满足社会各界对档案的多层次需求，让人民群众共享档案事业发展成果。

（3）发挥群众积极性。人民群众创造性实践是党和国家事业发展的永恒源泉。公众参与是我国档案事业发展的重要标志，广泛、有序的公众参与是档案事业发展的根本途径。深度挖掘历史文化资源，用档案讲述党领导人民推进实现中华民族伟大复兴的奋斗故事，引导人民群众弘扬伟大建党精神，赓续红色血脉，感受发展脉搏，凝聚奋进新时代的磅礴力量。

（二）围绕推动档案事业高质量发展主题，优化档案资源体系，不断提高档案综合管理能力

新时期档案收集围绕党和国家工作主线，着力全方位收集反映党史、新中国

史、改革开放史、社会主义发展史、中华民族发展史的档案资料，特别是要把新时代重大成就和标志性成果档案收集好，做好重大活动和突发事件档案的归档收集工作。加强国家档案数字化规划，大力推进增量电子化，推动各类电子文件应归尽归、电子档案应收尽收，进一步加强办公自动化、在线政务服务等领域电子文件应归尽归，进一步加强和规范办公自动化、在线政务服务等领域电子文件归档和电子档案管理工作，逐步建立以档案数字资源为主导的档案资源体系。重点突破信息壁垒，加强档案资源跨部门、地区、层级共建共享，推动查档服务由"查得到"向"查得全、查得准、查得快"转变，积极推动查档应用向基层、手机端拓展，消除数字鸿沟，切实解决查档服务便捷度等问题，真正做到"让数据多跑路，群众少跑腿"。

（三）积极推进数字档案工作向社会主义现代化迈进

加快档案数字化转型，是全面推进社会主义现代化进程的必然趋势。档案工作数字化转型是档案工作在信息化时代对档案工作理念、方式、流程、手段、工具等进行积极重构的过程。数字档案工作本质上是以信息技术驱动、信息化作为基本手段，实现档案管理现代化。档案数字化转型的内容包括：资源、业务、技术、平台、服务、制度再造等。数字化档案是档案数字化的主要内容，从档案数字化、单元管理、数据化管理等方面实现档案资源数字化；业务数字化是将档案业务流程重构为数字化管理，实现流程在线化、业务数据化，从而实现流程再造与高效协同；"科技融合"就是将新一代信息技术如大数据、人工智能、区块链等应用到档案业务中，解决档案业务中遇到的难点，推动档案技术应用创新；平台整合指的是文件系统的顶层设计、整体建设和整体应用，包括纵向、横向，服务一体化；"智能"指的是利用移动互联网、大数据和人工智能技术，使档案信息管理变得方便、实时、个性化、知识化；档案法律、法规、标准、机制等方面的改革，以适应档案数字化转型的需要。为推进我国档案管理体制、档案管理能力现代化，为建设网络强国、建设数字中国做出贡献。

（四）健全档案管理机制，构建中国式现代化的档案治理模式

一要健全档案管理制度。进一步理顺机构改革后档案工作体系，做到上下贯通、执行有力。二要构建以中国式现代化为主的治理模式。《档案法》明确提出，要加强档案管理。档案工作指的是"通过表达诉求，提供政策建议，利用档案工作，支持档案工作，行使档案权利，实现档案利用，提供档案管理服务"。积极吸纳社会力量，促进档案事业全面发展。三要建立区域模式，统筹城乡发展。推

进区域档案工作的重点是推进区域协调发展、健全区域档案管理制度、促进高质量发展。加强农村档案管理，建立县、乡、村三级联动的长效机制，促进农村基层治理能力的提高。四要加强国际合作的开放性。加强与国际档案协会及区域分会的交流与合作，积极参与国际档案管理。积极拓展双边、多边档案交流，组织推动"一带一路"沿线国家档案合作，促进中华文化传播，提高其国际影响力与贡献力。

（五）筑牢档案安全工作"防火墙"

档案工作的生命线就是安全。档案事业必须全面贯彻总体国家安全观，坚持底线思维，强化风险防范，筑牢人防、物防、技防、联防"四道"防线，常态化开展档案安全风险评估、隐患排查和应急处理演练，并有针对性地完善各项安全防范措施，把安全责任落实到档案收集、整理、管护、利用、销毁全过程，确保档案实体和信息绝对安全。健全档案保密审查机制，规范档案解密、鉴定、开放等工作流程，依法有序地推进档案开放，坚决杜绝各类档案泄密事件发生。建立应急预案，全面推进异地异质备份电子档案，确保档案安全。强化"多元协同"，形成合力，汇聚齐抓共管强大合力。

（六）加强档案人才队伍建设，建设政治过硬、业务精通、纪律严明的档案队伍

档案工作队伍是一支忠诚可靠、甘于奉献、能打硬仗的队伍，是推动档案事业高质量发展的关键。坚持党管人才，加强思想政治和职业道德教育，全面提高队伍素质。结合人才强档战略，关心档案工作人员的成长、培养、任用和交流，激发档案工作者钻研业务、比学赶超、干事创业的工作热情。实施人才强档工程，大力弘扬注重细节、精雕细琢、精益求精的工匠精神。培养和造就一批懂档案、懂政策、懂管理、懂服务的高素质专业化档案人才。要坚持德才兼备的原则，培养和选拔"信念坚定、服务人民、勤政务实、敢于担当、清正廉洁"的干部队伍，树立鲜明的选人用人导向。积极贯彻新时代优秀干部标准，构建"选、育、管、用"全链条，加强业务培训、岗位练兵，不断提升档案干部专业水平、知识层次、实践能力，着力打造一支政治强、业务精、作风硬的高素质专业化档案干部队伍。

中国式现代化的本质特征体现为国家治理体系的现代化、治理能力的现代化。中国式现代化体现了历史和逻辑、理论和实践相结合的本质特征。中国式现代化既有国家治理，又有社会治理，既有政治、经济、文化的内在要求，中国共产党

领导是我国档案事业高质量发展的根本保证。档案工作是执政兴国的基础资源，是全面建设社会主义现代化国家的基础，要充分发挥档案工作的优势，推动档案事业的高质量发展，为现代化建设提供坚实的保障。

参考文献

[1] 中华人民共和国国家档案局. 中办国办印发《"十四五"全国档案事业发展规划》[EB/OL]. [2021-6-09]. https://www.saac.gov.cn/daj/toutiao/202106/ecca2de5bce44a0eb55c890762868683.shtml.

[2] 刘伟, 刘守英. 坚持以高质量发展为主题推进中国式现代化历史进程[J]. 前线, 2020（11）:95-96.

[3] 陆国强. 为新时代档案事业高质量发展提供坚强法治保障[J]. 中国档案, 2020（7）:18-19.

[4] 常大伟. 合作治理视域下档案社会参与能力建设研究——以新修订档案法第七条为中心的思考[J]. 浙江档案, 2020（8）:10-12.

[5] 郑金月. 在全面建设社会主义现代化国家新征程中彰显档案作为——学习贯彻党的二十大报告精神的若干思考[J]. 档案与建设, 2022（11）:13-15.

第二章　电子档案管理面临的问题与应对策略

随着办公自动化进程的加快，电子档案的管理不仅仅是管理档案的电子信息，还要实现实体档案的信息化管理，以及电子信息和实体档案的关联管理。电子档案通过计算机磁盘等设备进行存储，与纸质档案相对应，相互关联的通用电子图像文件集合，越来越引起社会的重视。如何做好电子档案的管理工作，我们要深入分析电子档案管理存在的问题，思考解决方法，展望未来发展趋势。

一、电子档案的含义

电子档案是指机关、团体、企事业单位和其他组织在处理公务过程中形成的对国家和社会具有保存价值并归档保存的电子文件。在档案管理中以电子形式存在的档案，利用现代信息技术，将各种载体档案通过特定的软硬件设备在网络环境下形成的，能够完整、准确地反映和记录社会历史事件和历史过程信息的文档材料。通常情况下，电子档案是由文件、程序、数据块组成的计算机系统所产生和保存的文档载体。电子文件是指具有时间性和空间性，可以以某种形式记录某一特定内容信息并可以长期保存，具有完整结构及形式的数字化文本或数字化图形。

二、电子档案与纸质档案的区别

纸质档案是一种传统的档案载体，是由纸张和木材等物质材料制成的。电子档案是由一个或多个处理器来处理的档案信息，可将处理过的信息转变成电信号，通过网络发送到特定的接收，再转换为电信号发送到其他设备。

电子档案与传统纸质档案有许多不同之处，从时间上看，传统纸质资料要比电子文件更长久；从载体上看，电子文件比传统纸质文件更容易损坏或遗失，在保存期内不能销毁；从形式上看，电子文件比纸质资料更容易复制，其存储、管理和使用也更加方便；从来源上看，传统意义上的纸质档案是指经过一定技术处理才能保存在人们手中的一种材料体系。

三、电子档案管理的特点

（1）内容和载体分离特点。电子档案是以数字信号的形式出现的，因为它是一种电子的形式，所以它可以和载体分开，通过网络传递到一个或者更多的使用人。另外，电子档案的形式也是多种多样的，可以与图片、文字、图像等媒体进行组合，因此，多媒体的电子档案要比传统的文件更加全面、生动、形象。但是，当一份由文字、声音、图像组成的电子档案在进行数据传输时，一旦出现了分离，就会影响到文件的真实性和可信度。

（2）依赖电脑系统等设备。由于电子档案是由电脑信息系统生成，因此必须由电脑等设备来读取、写入。但是，由于电子档案需要长时间地存储，随着电脑的不断更新，可能会有新的仪器无法读取数十年前的资料。而且，电子档案的制作、存储、压缩、传输、查找等都有相应的规范，因此，标准化是电子档案管理的一个重要环节。

（3）依存于背景及源数据。电子档案的源数据是由其文字结构、文字处理软件、硬件环境等因素决定的。在电子档案生成过程中，背景信息是指相关流转过程、上下文联系、历史信息等方面的信息。电子档案的原始形态是依靠源数据与文件信息相结合而实现的，而各个操作过程的操作人员都是在网上进行的，如果不对源数据或背景资料进行特别的修改，将会对电子档案的存档和操作造成一定的影响。

（4）载体多样化，信息储存密度大。传统文件的主要载体是纸张，而纸张的尺寸则会发生改变。电子档案的载体有磁盘、光盘、移动硬盘等，它们的容量比以往任何一种储存媒体都要大得多，而且对存放地点的要求也更低。压缩后的数据可以在存储过程中节约大量的空间，同时也可以降低网络的带宽使用。

（5）不稳定和不安全。在电子档案的整个生命周期中，由于文件的格式、内容的不稳定，很难保证其完整性、原始性、安全性。由于电子档案在传递、转移、使用过程中，档案的内容和载体会被多次拆分、合并，在传递、移交、使用后，档案的状态和产生时间的不一致。由于电子档案的原始资料是有可能被篡改的，因此其本身的价值就会大打折扣，并且在网上传输的时候，还可能会出现一些非法的信息。

四、电子档案管理面临的问题

（1）电子档案管理理念认识不充分。档案管理员对电子档案的理念认识不足，片面认为电子档案只是对实体档案进行信息化的录入扫描。而忽视电子信息收集、整理和归档过程的管理。虽然人们意识到电子档案利用的快捷与便利，但是开展电子档案的收集、鉴定、保管存在畏惧心理，担心收集的电子数据不真实、不安全。大量收集，硬盘没有足够存储空间，电子档案管理理念没有融入档案管理者的思想中。

（2）电子档案管理的体系需要探索。电子档案管理还处在摸着石头过河的探索阶段，未建立长远的规划和行之有效的管理体系。电子档案管理与实体档案管理缺乏有机的结合。许多电子档案处在零散的状态，没有进行精细化分类和整理，出现了丢失、数据错乱等现象，不利于电子档案的利用。档案管理系统和设备没有及时更新，不适应电子档案管理的需要，影响电子档案管理整体性建设。

（3）电子档案管理存在安全隐患。电子档案是信息技术发展的产物，信息安全技术对于维护电子档案的原始性、真实性至关重要。电子档案载体，特别是磁性载体，极易受到保存环境的影响。电子档案在不同的计算机系统上形成，内容与格式编排上也不尽一致，这种在技术和形式上的差异，必然导致在以后还原时，所采用的技术与方法的不同。一旦电子档案储存设备损坏或者丢失，那么将会造成难以估量的后果。电子档案信息储存在不同的媒介上，现代信息技术很难保证媒介以及相关设备的稳定不变，如果未来的信息技术不断更新，那么设备也容易发生各种各样的问题。

（4）电子档案管理人员的信息技术水平较低。档案管理员利用电子档案提供服务仍缺乏主动性和前瞻性，缺乏敏锐捕捉电子信息进行大数据分析，并促成电子档案和现实问题融合的能力。档案人员信息技术水平总体偏低，缺乏主动性学习，严重制约了电子档案工作的创新发展。电子档案管理系统要求很高，内容包含着档案管理平台、公文传输系统、网络安全系统及其他应用软件系统。除了这些管理系统以外，还有一些硬件系统，包括录像、打印等设备的管理。对于很多习惯传统管理档案的人员来说，这些要求管理技术需要专业素养，是很多人员无法达到的，这就造成很多档案管理人员排斥电子档案管理系统，从而造成电子档案系统无法有效推行。

五、电子档案管理的应对策略

（1）转变工作思路，提升电子档案管理理念。转变工作思路，做好电子档案的归档管理与保护工作，是档案员的管理职责。认真学习新《档案法》，在思想上对电子档案的认识达到新高度，加强沟通。在收集上深入了解电子档案来源、程序、要素，掌握电子档案的检测技术、存储技术，做好纸质档案扫描的同时，关注电子档案的收集。克服畏难情绪，树立电子档案管理与纸质同样重要的理念，提升电子档案管理与服务的理念，不断探究电子档案管理的新模式。

（2）加强顶层设计，建立电子档案管理体系。坚持摸着石头过河和加强顶层设计相结合，认清电子档案管理的实际情况，不失时机抓住电子档案管理的关键环节，在电子档案的接收、整理、存储、利用等方面进行有效的控制，稳步制定电子档案管理长远的发展规划和管理体系，配备适应电子档案管理的系统、设备。全面梳理电子档案的管理流程，加强与各部门的沟通协调，把零散的电子档案进行收集，规范、系统的存储管理和利用。

（3）依法依规，建立电子档案的安全防护体系。电子档案的安全防护，按照国家有关规定，配置适宜电子档案保存的库房和必要的设施、设备，确保档案的安全；采用先进技术，对其所依赖的技术及数据结构和相关定义参数等加以保存，或采用其他方法和技术加以转换，定期进行检测和拷贝，以确保电子档案信息的可靠性，保证电子档案的可用性。应当建立健全档案安全工作机制、科学的管理制度，便于对档案的利用。加强档案安全风险管理，提高档案安全应急处置能力。建立电子档案的安全防护体系，实现档案管理的现代化。

（4）主动学习新技能，造就复合型高素质的电子档案管理队伍。电子档案管理对档案员提出了更高的从业要求。首先，档案员可以随时随地通过网络平台自主学习，掌握电子档案管理的新方法、新知识、新技能，有效增强信息服务能力和为用户解决实际问题的智慧，抓住电子档案服务过程发挥作用的良机。其次，档案员培养敏锐的信息意识，了解和钻研电子档案管理系统，掌握电子档案管理精髓，提高现代化电子信息管理能力。最后，注重结合当前档案信息管理工作的开展情况，不断转变和更新管理理念，积极引进先进的管理方式和手段，加强档案管理员的交流沟通与合作，提升档案管理人员的综合素养，造就复合型高素质的电子档案管理队伍。

（5）系统开发与管理人才培养。在电子档案系统开发中，需要对档案信息进行深入挖掘，因此，系统开发人员的素质也就显得尤为重要。电子档案系统的开发不仅需要相关专业人才参与，而且需要在相关专业基础上经过长期培训而形成的专门从事电子档案管理的人才。因此，培养和造就一支高素质的电子档案管理人才队伍就成为今后一个时期亟待解决的问题。要加大电子档案管理专业技术培训力度，特别是对一些重要岗位上的人才进行相应知识与技能培训，使他们掌握和熟悉电子档案业务与管理知识。

通过这几年对电子档案系统开发与应用中的一些经验积累及对此领域理论研究的成果和实践等相关资料等方面材料的收集、整理和研究，并进行系统开发与集成，从而形成可操作、具有实际应用价值且较为成熟的一套以电子档案管理为主要内容的综合应用软件体系。

六、 电子档案管理业务流程

信息技术是一种新型的技术手段。信息技术应用于文档管理的过程具有以用户需要为中心、以高效的信息技术为支撑的特征。在传统文献和数字资源的融合中，更好地获得信息。在数字化信息资源的基础上，建立以数字化为基础的电子档案管理业务流程。

（1）整合三位一体系统，以完成预先存档。实现电子文档的预存档，能够将有关的前端控制理论付诸实践。对现有的业务流程进行重构，根据设计需求，将各业务过程整合为一套完整的业务管理体系，充分运用现有的信息技术，是实现档案管理组织业务流程顺利重组的有力保障。充分运用信息化技术，包括以下两个部分：一是，充分运用现代先进的信息技术，对档案管理机构的业务流程进行重构；二是，建立档案管理信息化平台，实现档案管理的现代化，为今后的工作提供了便利。随着新技术、新理念的不断涌现，如果不充分利用已有的技术和手段，就会丧失在竞争中的优势。

（2）业务流程实时调整，有序推进。在实现电子档案业务流程再造的过程中，应制定出一套科学、合理的操作方案。具体而言，在选定一些行政单位之前，做好相应的准备工作。实行试点，并持续优化。电子档案业务流程重构，涉及建设、管理等多个层面，与建设理念、服务等有关。为了更好地进行流程重组，必须围绕单位的核心任务，对流程重组之前的各项准备工作进行协调。第一，要改变服务观念。实现电子档案业务流程再造的终极目标，就是要使单位的经营过程达到最佳化，使档案工作效率最大化，以适应当今社会对档案工作的要求。然而传统的"独立"的服务观念却不能满足这种需求，需要进行变革。而且，前期要做好档案馆的文化宣传，让相关单位的员工积极参与进来。如果需要，可以让他们掌握有关的技术，以便他们能够掌握新的过程所需要的知识和技巧，并且引导他们接受并适应新的文档服务理念。第二，引进资讯科技。在电子档案业务流程重构中，信息技术是最基础的支持，但是在某种意义上，它也在某种程度上促进了流程再造。为使其更好地实现，项目的技术清单、系统开发团队、合作伙伴等都需要在实施之前进行确定，并且尽可能地将其融入重组流程中。各行政机关，为在旧系统中保存电子文档和源数据，做好软件和硬件的安装和配置工作。

（3）开展试点工作的推进。在正式推行流程再造前，可以在档案业务流程重构的基础上，注重电子档案与使用者的交互和协作。档案工作要从根本上改变，一切档案活动都要符合使用者的要求，以档案的价值为出发点，不断提高档案的质量。档案不再是单一的价值创造者，使用者既要成为价值的受益人，也要把档案看作创造价值的参与者和合作伙伴。档案工作者要明确档案工作的定位，转变工作观念，增强管理和服务意识。倾听、了解档案利用者的需求，不断提升自身素质，实现自我价值的提升。

七、电子档案管理的发展趋势

信息时代的到来，档案工作从传统实体管理逐渐向电子档案管理转变，电子档案所采用的存储设备主要有移动硬盘和光盘。在云计算时代，电子档案可采用云存储方式，电子档案管理既可以存储在移动硬盘和光盘等介质中，也可以存储在云端的网络空间，随着电子档案数量增大，云空间存储技术是电子档案管理的发展趋势。

随着中国特色社会主义进入新时代，电子档案在国家现代化建设中发挥着越来越重要的作用。应深入挖掘电子档案信息，为利用者提供个性化和智慧化服务，推进电子档案共享服务平台建设，推动电子档案资源跨区域、跨部门共享利用。人们对档案信息资源的开发利用越来越广泛，不仅可以利用电子档案来查阅相关的信息资料，还可以通过计算机网络进行查询下载，为实现资源共享、提高工作效率提供了可能。随着社会信息化进程的加快，电子信息技术与其他领域之间的结合也越来越紧密，特别是与其他各行业有关单位之间的合作更是不断深入，电子档案作为一种重要的载体资源和管理手段也必将发挥更大的作用。

参考文献

[1] 丁家友.大数据背景下的档案数据保全探析[J].档案学通讯，2019（1）：35-38.

[2] 李真.新形势下办公室电子档案管理问题及应对策略[J].现代办公，2020（8）：176-177.

[3] 李勇.探索大数据背景下电子档案管理创新途径[J].现代办公，2020（9）：189-190.

[4] 徐超臣.大数据背景下电子档案管理创新途径分析[J].兰台内外，2020（06）:31+56.

[5] 陈爱华.电子档案管理在高职学校档案管理中的实践探索[J].科技风，2020（9）：73-74.

第三章 电子政务环境下档案工作需要解决的问题

在电子政务环境下，档案工作的对象、内容、功能、载体、方法等都发生了深刻变化，在管理方式上呈现出数字化和网络化的特点。在这一背景下，档案工作人员对如何适应这种新变化，需要进行大量的理论和实践研究。档案工作理清电子政务与档案工作的关系，积极适应电子政务的新形式，有效地履行保存国家记忆的职责，有效解决电子政务环境下档案工作面临的问题。

一、电子政务与档案工作相互依存的必然关系

随着网络的飞速发展，各级政府机关利用计算机处理政务已相当普遍，电子政务应运而生。电子政务是信息技术和现代管理体制的有机结合，本质是以网络为工具、用户为中心、应用为灵魂、便民为目的的现代化政府管理模式。从长远来看，电子政务的根本意义不在于其表现形式，而在于它能否为公众提供实用信息与服务。电子政务不能仅仅停留于静态的政府信息资源，而应最终实现政府信息资源和社会信息资源的无缝整合，真正实现办公自动化、管理信息化、决策科学化的新型管理模式。然而，就目前我国电子政务信息资源的现状来看，存在信息内容少、信息质量低、信息流通缓慢等方面的问题。同时，档案信息资源作为一种重要的原始资源，长期以来一直没有得到社会的重视。因此，开展档案信息资源和电子政务信息资源的合作开发，构建高水平基础信息资源库，是构建电子政务信息资源的合理途径。

电子政务与档案工作定义有着密切的联系，同时也决定了两者之间的相互依存关系。电子政务是指通过计算机、网络、通信等现代信息技术手段，实现政府组织结构和工作流程的优化重组，打破时间、空间和部门的界限，构建一个精简、高效、廉洁、公正的政府运作模式，为社会提供优质、规范、透明、符合国际标准的管理和服务。档案管理工作是以科学的原则和方法管理档案，服务于社会各方面，维护党和国家历史的真实面貌。从广义上说，档案工作包括档案室工作、档案馆工作、档案行政管理、档案教育、档案科学研究、档案出版工作等。档案事业是一种集合概念，是国家行为或国家大事，它具有目标、规模和系统性，影响社会发展。

电子政务与档案工作存在着必然的联系。档案是国家、社会团体、企事业单位和个人在社会实践活动中形成的具有保存价值的历史档案。电子政务信息的来

源可分为两大类：第一类是政府传统行政管理活动中形成的各种历史档案、档案资料，包括各级政府颁布的法规、政策、统计资料等；第二主要是政府部门在电子政务环境中所形成的各类电子、数字化政务信息。可见，政府部门在档案工作中起着举足轻重的作用，电子政务是档案工作的重要来源，鉴定出具有保存价值的电子政务信息将转化为档案工作。因此，二者是紧密联系的两个主体，二者之间的联系是必然选择。

二、电子政务环境下档案工作面临的问题

电子政务已成为国家现代化建设和发展的重要推动力量，电子政务的建立、发展，对档案工作产生了深远的影响。电子政务环境下，各级政府机构对档案工作也提出了新要求：从传统向现代管理模式转变；从以行政为主向行政、法制并重转变；从被动接收信息向主动提供信息转变；注重公共服务向重视公众服务转变。而要实现这些变化要求各级政府机构在传统管理方式的基础上要进行改革创新，建立起适应电子政务环境下档案工作的新体制、新机制和新格局，是当前各级政府机构改革中亟待解决的重大课题。而档案部门在这一过程中扮演着重要角色，其工作开展直接关系到政务系统能否正常运转。

（1）部门职能的变革。我们知道，计算机软硬件的发展速度及更新换代很快，电子文件又不可能脱离这个环境而独立生存。因此，如果按照原定的档案接收时间规定和原来的接收方式，电子文件在几年后有可能很难接收，况且随着时代和人员观念的更新变化，人员流动频率加大，有些信息、数据在原工作人员离开之后，就有可能无法有效掌握。档案部门能否在文件生成时就进行干预，为电子文件归档做好前期工作，这需要以法律、法规、规范和相关规定、办法，按照标准来严格要求电子文件生成者遵照执行，做好前期工作，使电子文件能够长期保管，并且能够有效利用。但是，这一切可能都需要变革机构职能，例如，类似于美国国家档案文件署的职能，即将文件管理职能纳入工作范畴。

（2）内部机构调整。有效地管理电子文件，不但需要对外管理职能的变革，同样需要目前档案馆内部组织机构的适当调整。能否有效、及时地接收大量的电子文件，需要档案馆有专门机构负责电子文件的接收、整理、保管和提供利用。这个专门机构需要有复合型的技术人才及相应的技术平台。

（3）档案工作者的知识结构。有效管理电子文件的基础是档案工作者知识结构以及随工作变化和新技术应用的适应能力。档案馆工作人员的知识结构目前可能还不能完全适应电子政务环境下的档案管理工作。电子文件的管理需要跨学科

的复合型人才，不但需要档案管理学的知识，而且需要掌握 IT 技术的应用技能。目前，无论是院校教育还是在职培养，都很难说已经做好了准备。

（4）物质基础条件。保管电子文件需要相应的物质基础，这主要是计算机软硬件环境和与之配套的基础设施，而这些设备在不断更新淘汰，因此必须有稳定的经费支持。目前，除经济发达地区外，与政府行政机关相比，档案馆相对缺乏履行职责的基础条件，包括场地、设备、运行经费等。

三、电子政务环境下做好档案工作建议

（1）工作定位需要明确。如果认为电子文件若干年后归档不能成立，而需要适时归档，那么，档案馆在电子政务网络系统中的定位需要在系统设计时就要充分考虑。另外，数字档案馆作为电子政务的重要信息资源，也必须考虑档案馆局域网嵌入电子政务网络的方式。对此，必须提前规划，统一设计，统一投入，统一建设。档案馆的工作职责，也有待于向文件管理延伸。

（2）数字档案馆建设。随着数字图书馆的建设，数字档案馆也已经提出，并开始试点。但是，数字档案馆绝不是简单地将原有纸质档案数字化，更重要的是明确数字档案馆如何与国家各级党委、政府的各个部门衔接，这个衔接包括接收和提供档案信息的利用，同时还要明确数字档案馆如何获取民众的档案信息和如何提供信息服务，例如和民营企业的关系。总之，如果数字档案馆能够和数字图书馆一样，成为社会各界所需要的社会资源组成部分，就必须解决好与社会各个成员的信息交互关系，否则，即使所有档案数字化完成，也没有生命力。

（3）相关法律、法规、标准问题。纸质文件的管理已经有比较完善的理论与方法，而电子文件管理虽然有一些标准和管理办法（如 CAD 电子文件归档与管理国家标准等）但还远不完善，更重要的是相关法律、法规问题。同时，缺乏完整的标准体系和标准，如果不能及时制定一套比较完整的管理标准，将会非常被动，因为电子文件增长速度非常快。另外，要制定标准必须首先明确它的标准体系，否则将是混乱的，不完整的。

（4）支持电子文件管理科研工作。电子政务和电子文件管理作为一个新的事物，没有现成的经验可以借鉴，因此，科学研究必不可少。需要组织档案馆有关部门与大专院校、科研院所，联合进行项目攻关研究，且刻不容缓。必须进行的科学技术研究课题可能包括：电子文件管理标准化体系和相关标准（收集、整理、鉴定、归档、保管、利用）；电子文件相关技术问题（生成、传输、接收、存储、转换、迁移等）；电子文件相关法律问题（凭证作用、隐私权等）；电子政务、

电子党务网络中，档案馆的位置，档案馆应对电子政务、电子党务的战略等。

（5）文档一体化。文档一体化并不是一个新鲜的事物，但是电子政务环境下，这个要求体现得更为迫切。文档一体化是从文书和档案工作全局出发，实现文件生成制发到归档管理的全过程控制。文档一体化按照不同的划分方式可以划分为不同的种类：文档实体一体化、文档管理一体化、文档规范一体化、文档信息利用一体化。

电子政务环境下，可以说为文档一体化创造了得天独厚的条件。电子政务的本质就是充分利用信息技术对传统的政府管理模式和流程进行改造，实现政府管理的高效化。在电子政务环境下政府的各种政务活动都将在网络上进行，无纸化办公也将凭借其先进的系统和网络得到实现。在这个过程中必然产生大量的电子文件。这些数量庞大的电子文件将逐渐取代传统的纸质文件，成为电子政务信息新的载体，在电子政务系统中有着极其特殊的作用和意义。就档案部门而言，文档一体化的实现已经进行了很长时间的探索和实践。如何发挥网络的优势，实现档案部门与文书部门的一体化，可以从以下几个方面着手：一是采用通用的文档一体化的管理软件。从目前情况看，办公软件系统与档案系统不兼容、各自为政的现象比较突出，这样就给实行文档一体化制造了很多的障碍。二是建设畅通的网络通道。如今电子政务内网已经成为政府信息交通的主干线，由于各种原因，文书部门和档案部门在网络处于不同的位置，有的甚至是实行物理隔离的，这无疑限制了文档一体化的进行。充分地打通文书与档案部门之间网络的通道，是高效地实现文档一体化的关键。三是建立电子文件中心。通过建立电子文件中心统一管理政府各单位产生的电子文件。各级、各单位档案室将归档的电子文件信息移交到政府电子文件数据中心，中心将各级不同系统所形成的电子文件信息通过文档数据中心系统平台转换为统一数据格式标准的电子文件，并对其进行整理和签订。

四、电子政务发展对档案工作的影响

（1）影响档案业务工作。电子政务活动必然产生大量电子文档，这些文档的存储、运行、传递和使用方式与传统纸质文件不同，电子文档的采集、识别、整理和保管方式也与传统纸质档案存在一定的差异。从收集角度来说，收集电子档案即可完成；从整理的角度来看，电子政务环境下的档案整理工作可以通过多种途径、高效地进行；从鉴别的角度来看，电子政务文件在归档的同时，也要仔细鉴别。这些变化使档案业务进入了一个新的发展阶段，使传统的档案业务模式发生了根本性的变化。

（2）影响档案信息处理方式。在电子政务实施之前，各类政务文件浩如烟海、泛滥，档案室承受着庞大的文件和载体压力。但是，随着电子政务办公自动化技术的不断普及，档案部门办公自动化的应用也迎来了一个大好时机。通过计算机办公自动化技术，实现了各部门办公过程中产生的政务文件。信息使用者只需点击相关操作界面上的按键，即可及时通过网络获取所需信息。同时，由于计算机网络技术的应用，可以将多种信息媒体技术结合起来，以满足不同用户的需求。

（3）影响档案信息化水平。由于电子政务涉及政府部门的核心政务，因此必须针对行业特点制定统一标准。如此一来，各大系统就可以在信息平台上井然有序地运行，让资源共享变得更加方便。同时，由于电子政务所采用的传输、数据格式都是标准化的，可以根据现有的数据和信息增加新的功能模块，所以电子政务的不断推进，可以推动档案信息化建设，使档案工作有了统一的标准，从档案形成、收集再到储存、利用都有章可循、有据可依。

参考文献

[1] 宋婷婷.电子政务环境下数字档案管理策略研究[J].文化产业,2022(8):
4-6.

[2] 郭秋言.电子政务环境下原生数字档案管理研究[D].长春:吉林大学,
2015:45-50.

[3] 肖杨.电子政务环境下数字档案集中管理策略[J].理论观察,2016(5):
94-95.

[4] 章邺.电子政务环境下档案信息集中管理策略构建[J].台州学院学报,
2017（6）：90-93.

第四章　电子文件的有效管理与电子档案的真实完整

随着办公自动化系统广泛应用，电子文件的数量如雨后春笋般激增，为保证电子文件的真实、有效与完整，将有价值的电子文件归档保存已成为档案部门一项重要工作。档案部门要在明确电子文件内涵的前提下，明确电子文件形成与管理原则，确定电子文件的归档范围，提出其归档的质量要求和技术要求，以实施对电子文件的有效管理，从而保证电子文件的真实完整。

一、明确电子文件与电子档案的含义

所谓的电子文件是指在数字设备环境中生成，以数码形式存储于磁带、磁盘、光盘等载体，依赖网络化设备等阅读、处理，并可在通信网络上传送的文件。由此得出：扫描仪扫描后的图像；办公自动化系统中产生、运转的文档；录音笔录制的音频；用数码相机、数码摄像机拍摄的照片、视频等都可以称为电子文件。此外，由于电子文件在生成、运转的过程中都会生成一份源数据和背景信息，电子文件还包括产生、修改过程记录、修改内容；对其生成、运转环境信息记录及操作者的记录信息等。

电子档案是指通过计算机磁盘等设备进行存储，与纸质档案相对应，相互关联的通用电子图像文件集合，通常以案卷为单位。电子档案具有信息的非人工识读性、信息存储的高密度性、信息与载体之间的可分离性、多种信息媒体的继承性、系统依赖性等特点。

二、明确电子文件与电子档案管理职责

想要切实对电子文件实施有效的管理工作，保证电子档案的真实性和完整性，就要求相关档案行政管理部门与职责部门及时沟通、协调合作，明确划分各项职责，具体表现在以下几个方面。

（一）电子文件形成部门的职责

电子文件形成部门的职责是在实际工作中，必须严格按照本单位档案部门的相关规定及专业性要求，尽职尽责地对电子文件的积累、归档等工作进行有序开展。电子文件管理工作需要每一个相关部门的积极参与、协调合作，不是一个人、一个部门就可以胜任的，只有真正把电子文件管理工作放在首要的位置，积极主

动地参与管理工作，才能更好地为完成电子文件形成、保管、累积等工作奠定良好的基础。

（二）电子文件形成单位与档案部门职责

在电子文件的全过程管理中，电子文件的形成单位都要实施全过程的管理，包括系统设计阶段，还有最终电子文件的形成。与此同时，各个相关部门也要将自身的管理职责进行明确，制定出完善的电子文件归档管理制度，共同将电子文件归档工作做好，达到真实、完整的目的。

（1）档案部门的职责。该部门的工作多是与信息化工作部门、电子文件形成部门及时沟通，建立相应的完善的电子文件归档制度。其中，工作重点包括了电子文件归档要求、保管期限、内容、形式等。与此同时，还要加强与本单位信息化工作部门的协调沟通，从而达到办公系统与业务系统真正满足档案管理的要求。另外，档案部门要结合本单位的档案现代化实际管理情况，做到与信息化部门及时有效沟通，确保电子文件真实完整性并满足有效管理方面的功能要求。

（2）信息化工作部门的职责。该部门为确保电子文件的真实性、完整性、有效性及安全性提供必要的技术支持。具体表现形式：成为档案部门与系统开发公司联系的媒介，将档案部门提出的功能需求转为技术语言，并与系统开发公司进行信息交流，使其理解此功能需求并在系统中得以实施；实现在系统日常运行中进行维护工作，确保安全、可靠；对系统内的电子文件进行备份；在系统软硬件环境突然变化时对电子文件进行备份，并记录电子文件的有关格式及所依赖的硬件环境、操作系统和数据库系统等信息。

（3）档案行政管理部门。第一，档案行政管理部门要与信息化主管部门经常进行沟通交流，实现对本地的电子文件归档工作协同管理与监督。第二，由于电子文件的管理工作正处于起步阶段，在实际工作过程中，不能保证足够准确、真实。因此，档案行政管理部门要对电子文件档案管理工作进行准确的引领，通过与信息化主管部门的通力合作，对电子文件实施有效的管理，提高档案归档工作的效率。

三、明确电子文件与电子档案的管理原则

在电子文件管理过程中，档案部门对电子文件要实行前端和全程的控制，即要遵循"确保电子文件的真实、完整、安全、有效，并对电子文件实行全过程管理，确保电子文件归档的质量"这一管理原则。

电子文件的真实性是指核实电子文件的内容、结构、背景信息等，确认其与形成时的原始状况一致。不管电子文件是由业务部门管理还是由档案人员管理，其本身的文件内容和相应的源数据、背景信息都要与原始状态完全一致（管理时形成的新的源数据和背景信息除外），内容、结构、背景信息等没有被非法修改，形式上也没有发生更改。因为电子文件的真实性是保证行政有效性和法律证据性的根本。

电子文件的完整性是指电子文件的内容、结构、背景信息和源数据等无缺损。电子文件的完整性涉及：完整地收集每一份电子文件内容全部信息及相关源数据、背景信息；完整地收集、归档记录社会活动真实面貌所产生的全部电子文件。

电子文件的有效性是指电子文件应具备的可理解性和可被利用性，包括存储系统的可靠性、信息的可识别性、载体的完好性和兼容性等。有效性是电子文件存在和保存的基本条件，若保存的电子文件无法还原输出，即不能被识别和读取，文件中的信息便成了没有任何价值的信息，也就失去了其存在的意义。

电子文件的安全性主要是指电子文件在运行过程中，对系统安全和自身数据安全的一个表现过程。一般情况下，电子文件安全管理主要包括了三个具体的方面：第一，电子文件的修改足够容易操作，也不会留下任何改动的痕迹，这种隐蔽性为很多非法操作提供了较好的温室。第二，由于电子文件是依赖于网络环境生存的，而在当前复杂的网络环境中，很容易遭到非法人员的入侵，以致发生事故，这就极大地威胁了电子文件的安全性，使其很容易发生文件丢失、篡改等情况。第三，因为身份认定技术水平不够先进，不能很好地对操作者身份进行准确认定，也导致电子文件合法操作者不能对权限进行有效控制。总之，上述这些问题都在不同方面影响电子文件的安全性，也是我国当前电子文件实施有效管理工作中需要尽快解决的问题。

四、电子文件的有效管理与电子档案的真实完整面临的问题

电子文件的真实性是指在经过传输、迁移等管理过程后，文件内容、结构和背景信息仍能保持原始状态的一致性。真实性是保障电子文件的基础，是公文行政效力、公文法律证据的基础，也是公文价值得以长久保存的先决条件。电子档案的真实性保障一直以来都是困扰档案界的难题之一。在电子文档形成与管理过程中，如果缺乏有效的管理手段和技术手段，很容易被篡改。二是电子文件、电子档案依赖于计算机软硬件技术。随着科技的不断发展和替代，软硬件环境发生

了变化，为保证可读性，必须对电子文件和电子档案进行迁移和格式转换，而在迁移和转换过程中，电子文件的某些信息会发生变化，如果不采取必要的控制措施，势必会影响到电子文件的真实性。

五、电子档案内容完整性和真实性的保障措施

电子文件的整个生命周期与数据的真实性有关。首先，电子文件产生的最初阶段。就拿文书档案来说，例如 OA 系统，通常有拟稿、审核、签章、排版，整个电子文件生成过程中，都要记录电子文件的生成过程，以及如何保证电子文件在网络上的"可控"。其次，电子档案的归档环节。当一份电子文件及其源数据被档案管理系统捕获时，如何保证"原汁原味"地获取、不被篡改。当完成管理权由前端电子文件生成的业务系统向档案管理系统迁移时，必须附加必要的源数据、唯一标识符等信息，同时保证电子文件转化为电子文档时，保证电子文件的可靠性和真实性。最后，在长期保存的档案管理系统中，保证电子档案在每次数据拷贝或备份过程中保持与原始电子文件的一致性。这些问题属于日常电子档案管理工作中需要思考和解决的问题。

（一）在生成电子文档的过程中确保真实性

电子档案管理与传统的纸质档案管理模式有很大不同。由于纸质文件的物理特性，纸质文件转换成文件时，节点比较清晰，电子文件转化为电子文档，是按照归档要求将电子文件推送到档案管理系统中，其中最重要的就是管理权的转移。以往只注重档案形成结果而忽略档案形成过程的思维模式，在电子档案归档管理中应避免，否则会造成电子档案真实性存疑、不可逆转的风险，而档案管理部门再怎么努力，也不能阻止电子档案退化为"电子资料"。为了避免这种安全风险，必须对前端业务系统进行归档需求的改造，并根据相关要求获取各类源数据，以证明电子文件生成全程可控。这些源数据包括属于电子档案属性的各类源数据，以及各种源数据生成电子文件的业务行为。比如电子文档的生成过程，涉及文档的拟稿、修改、定稿、成文等各个环节，这些环节的每一个操作都会产生源数据，从而保证电子文档的真实性。

（二）确保电子文档归档阶段的真实性

在数字档案馆建设过程中，大量的电子文件从 OA 系统或业务系统中生成，如果这些电子文件都是以实时推送的方式被数字档案室（馆）系统捕捉到的，这

个过程涉及数据转移和接收的各个节点，如何保证电子文件的原始性和真实性。数字签名（又称电子签名），是一种利用公钥加密技术实现数字信息识别的普通实体签名。一组数字签名通常定义了两个互补操作，一种是签名，另一种是验证。数字签名文件的完整性很容易得到验证（不需要骑缝章或笔迹专家），数字签名具有不可否认性。电子签章是业界比较常用的一种电子签章功能，采用文件摘要技术，结合 256 位以上 RSA 非对称签名算法设计的电子签章，使电子签名具有法律效力，能验证印章的真伪，防止文件被篡改，从而保证电子文档的真实、安全、可靠。时间戳技术主要应用于电子档案的长期保存，每一份电子档案都要盖上数字时间戳，以保证每件档案的真实性。

（三）电子档案存档阶段的真实性保障

电子档案数据一般包括各类电子档案或传统载体档案的数字化副本，其中包括结构化数据和非结构数据，纸质传统载体档案数字化副本数据格式包括图片类，如 tiff、jpg、bmp 等，电子档案的版式类文件以综合文书类居多，以 PDF 或者 OFD 为主，声像档案中的照片类以 JPEG 格式为主，录音、录像档案分别以 WAV、MP4 等格式为主。这些数据在存储设备中的变化，在存储过程中是否发生了变化，目前尚不清楚。档案数据的保真与实时还原是当前档案数据资源建设迫切需要解决的问题。在日常工作中，为了在存储器介质损坏或保修期满时重新复制馆藏电子档案数据，档案管理员需要定期将数据转移到新的存储介质中，或在使用电子档案时复制馆藏档案文件，但每次数据转移都可能发生错误，为避免这些错误，可在电子档案原始文件归档之初生成一种"数字指纹"。这是一种数字摘要算法，数字指纹这类字符串对于原始电子文件来说是独一无二的，因此可以用来检验拷贝是否和源文件一样。如果在复制过程中文件发生变化，相关文件摘要（Hash 值）将不再匹配。这种"数字指纹"技术在数字档案馆建设相关标准以及相关示范性数字档案馆实际应用中具有重要意义。

综上所述，只有加强做好电子文件有效管理工作，才能充分保障电子归档工作的正常开展，从而确保电子档案信息的真实、完整。要加快相关领域的发展步伐，为电子文件管理工作提供强有力的技术支持；明确管理原则，尽快解决实际工作中出现的亟待解决的问题；及时查缺补漏，做到有备无患。

参考文献

[1] 张文元.电子文件全过程管理中的监管研究[J].档案管理，2014（1）：

29-32.

[2] 詹逸珂,陈阳.电子文件归档与电子档案移交进馆规范路径——基于流程设计与技术模式的探讨[J].北京档案,2022(3):16-20.

[3] 李耀斌.大数据时代电子文件档案化过程管理研究[J].档案兰台内外,2022(8):15-17

[4] 孙康燕,唐合文,李薇.大数据时代电子文件档案化过程中需要注意的几个问题[J].科技资讯,2020(2):16-18.

[5] 郭秋言.电子政务环境下原生数字档案管理研究[D].长春:吉林大学,2015.

第五章 人力资源档案信息化建设保障条件

人力资源档案信息化建设对企事业单位人力资源管理具有重要意义，快速、准确查找到所需要档案信息，是对人力资源档案信息化建设提出的要求。人力资源档案信息化建设不仅需要规范化的档案管理实体，还需要先进的信息技术和现代化办公设备。通过对人力资源档案信息化建设保障条件的现状与问题分析，提出完善人力资源档案信息化建设保障条件的对策及建议。

一、人力资源档案信息化建设保障条件现状与问题分析

人力资源档案信息化建设保障条件是人力资源档案信息化顺利开展的基础。目前，无论是机关事业单位还是企业单位，都认识到人力资源档案信息化建设的开展不仅需要高素质的管理人员，而且需要信息化工具进行辅助。在过去的几年里，不少单位开始了本单位的人力资源档案信息化建设，但实践中却碰到了不少困难，有的单位以人力资源档案信息化软件开发失败告终，有的单位信息录入设备无法使用、建设停滞等，面对这些情况，为了采取有效措施做好人力资源档案信息化建设，我们要认真思考人力资源档案信息化建设保障条件面临的问题，分析产生的原因。

（一）缺乏对人力资源档案信息化建设重要性的认识

各单位领导者往往关注那些直接产生经济效益的地方，而人力资源档案信息化建设投资的经济效益则是间接的、无形的。人力资源档案信息化建设仅仅是一项辅助工作，没有引起管理者的足够重视，缺乏统一领导和规划，档案管理相对落后，并且各单位人力资源档案管理模式采取多层级管理，存在由组织部门和人力资源多部门管理的现状，档案管理员对档案信息化建设的积极性不高，受此影响，各单位人力资源档案管理过程中缺乏管理资源，无法满足人力资源档案信息化建设所需要软件、硬件等保障条件，影响了人力资源档案信息化建设的步伐。

（二）人力资源档案信息化实体管理不规范

人力资源档案信息化建设依赖于做好规范化的人力资源档案实体管理工作，规范化的基础管理是人力资源档案信息化建设必备条件。而人力资源档案材料因重视程度不够，档案收集工作并没有严格执行，收集档案只是例行公事，并没有

对其投以应有关注；未对收集的档案进行鉴别，优化档案内容；摆放文件不规范、缺失情况屡见不鲜；随意外借档案，不及时催还等不规范的实体管理方式严重制约人力资源档案信息化建设。

（三）人力资源档案信息化软硬件设备参差不齐

人力资源档案信息化软硬件设备参差不齐，不适应人力资源档案信息化建设的需要。软件方面：有些单位采取自行开发人力资源档案信息化软件，有些单位选择购买。而自行开发的软件由各部门提出各项功能模块，功能项及其基础数据就成为固定内容，难以进行更改，由于跟不上管理模式的变化而陷入困境。购买的软件，所有内容都要自己部门来维护，由于没有专人维护，时间长、工作忙、维护跟不上，影响了数据的使用。硬件方面：有些单位扫描仪、打印机分辨率低，扫描速度慢，扫描的纸质档案字迹模糊、无法识别；计算机存储数据容量小，上传与下载文件处理速度慢等因素，影响了人力资源档案信息化建设的进度。

（四）人力资源档案信息化建设的安全面临挑战

在信息化的背景下，一些不法分子为牟取个人私利，借助计算机病毒等技术手段，通过网络传输技术植入计算机操作系统，人力资源档案信息化的数据存在被破坏、更改、泄露、买卖等安全隐患。人力资源档案信息化建设对档案资源信息的访问权限，原则上掌握在拥有用户名和密码的管理人员手中，但也使得用户名和密码被非法窃取而造成数据泄密，使得档案资源被非法访问的可能性大大增加。以上这些情况对人力资源档案信息化建设的安全提出了严峻挑战。

（五）人力资源档案信息化建设缺乏高技能型人才

人力资源档案信息化建设工作纷繁复杂，对于档案管理人员的专业技能和管理水平提出了更高的要求。随着经济水平发展，单位规模扩大，目前，大部分企事业单位的人力资源档案信息化建设人员都是兼职，管理水平低，不能保证有足够的时间和精力投入到信息化建设，进而无法确保档案信息化建设工作顺利完成。有些单位负责档案管理的人员缺乏专业知识，对人力资源档案管理的基本技能的掌握和运用不够熟练，甚至有些档案管理人员不能熟练使用电脑、扫描仪、复印机等设备，不能够运用各种应用软件完成人力资源档案信息化建设各项工作。

二、完善人力资源档案信息化建设保障条件的对策及建议

在企事业单位的改革发展过程中，人力资源档案信息化建设保障条件面临着各种各样的问题，这是我们无法否认的现实，我们应采取有效措施解决人力资源档案信息化建设保障条件，适应人力资源档案信息化建设的需要，促进人力资源档案信息化建设可持续发展，跟上时代发展的步伐。

（一）档案管理者积极把握时机，争取管理者的高度重视与支持

人力资源档案信息化建设不是一朝一夕的事情，它需要档案员具备熟练管理本单位人力资源档案业务的能力，通过档案利用不断向借阅者传递档案信息的重要性，尤其向单位领导提供档案服务时，要强调人力资源档案所发挥的凭证性作用，得到领导认可，引导单位管理加深对人力资源档案重要性认识。抓住每一次档案工作重大检查及重大问题解决机会，向单位领导恰当地提出现阶段档案信息化建设所需要的资金和设备，争取单位领导的支持，努力为开展档案信息化建设争取足够的资金供给、设备配备、人员安排的保障条件。档案管理者充分利用现有的管理条件，积极开展人力资源档案信息化建设。依据国家制定的人力资源和社会保障信息化建设"十二五"规划，以全面提高人力资源和社会保障行政能力服务社会的水平为目标，结合本单位的实际情况与管理者共同制定人力资源档案管理信息化的设计、规划、实施方案及制度规范等。档案管理部门及时向单位管理领导汇报人力资源档案信息化建设情况、利用情况，使单位管理认识到人力资源档案信息化建设的投入能够对单位发展产生无形的效用，进而转变思想，亲自负责，化解其造成的阻力，将人力资源档案信息化建设纳入单位发展的整体规划中，纳入本单位的信息化建设中，使人力资源管理档案信息化工作顺利实施。

（二）加强人力资源档案实体规范化管理流程，为人力资源档案信息化建设提供准确的数据支撑

规范人力资源档案基础管理是人力资源档案信息化的前提。规范的基础管理主要有两个方面：一方面是基础数据管理。人力资源档案材料的收集，需要将个人在不同时间段德、才、绩、能和相关经历材料进行完整记录并归档。档案材料收集不仅要全面，还要具有针对性。将收集到的人力资源档案材料，从表达准确性、观点明确程度和手续完备程度等角度进行认真鉴别，剔除假材料和无价值材

料。如有不符合要求的材料，按时纠正后再完成归档。另一方面是基本业务处理实施过程规范化管理。人力资源档案要以人为单位进行分类整理存放，外借档案及时登记、催还。明确并规范档案的转递、查阅、借用和使用程序，档走人走，避免篡改和编造人力资源档案情况发生。为了防止人力资源档案丢失和泄密，定期或不定期核对档案材料，提高档案的准确性，为人力资源档案信息化建设提供准确数据支撑。

（三）选择合适的人力资源档案信息化系统及硬件设备，完善人力资源档案信息化建设的软硬件条件

人力资源管理档案信息系统建设对企事业单位来说是一个重大决策。无论是自行开发软件还是购买软件都从实用的思想出发，优先建设能够解决实际应用问题的人力资源档案管理系统。不仅与经验丰富的专业人力资源档案管理信息供应商合作，还要有经验丰富的人力资源档案管理人员参与。优先建立便于系统扩展的基础性人力资源档案管理信息系统平台，逐步建设人力资源档案管理信息化的业务模块。人力资源管理系统与人力资源档案信息化建设密切相关，相辅相成。人力资源管理系统在实现系统、机构、合同、薪资、保险、晋级、教培等人力资源管理过程中形成新的人力资源档案材料，人力资源档案材料与人力资源信息相呼应。使用比较先进的 IT 技术，如主流数据库、主流的操作系统，甚至是跨操作系统、跨数据库平台的产品，体现出现代人力资源档案管理的基本思想。采用灵活的结构，处理好"软件灵活"和"操作简便"的关系，尽可能与人力资源管理系统进行有序链接。人力资源管理系统形成数据的真实性和准确性直接影响到人力资源管理水平，而人力资源档案作为人力资源管理的组成部分，它是职工信息的重要载体，是人力资源管理信息系统各个模块的主要信息源，促进人力资源管理系统的开发和利用，合理利用人力资源档案中的信息资源，可以避免采集录入时的重复劳动，节省大量的人力、物力和财力，提高工作效率。

（四）明确安全隐患内容，构筑档案信息化建设的安全屏障

人力资源档案信息建设涉及系统、网络、应用、管理等方面安全条件。系统安全是指档案计算机管理系统的主要功能模块和数据信息不受任何破坏。网络安全是指网络系统的硬件、软件及其系统中的数据保护，不受偶然的或者恶意的原因而遭到破坏、更改、泄露。应用安全是指 Web 站点安全、电子档案信息传输安全，以及在档案信息应用过程之中防止破坏和损坏。安全管理包括技术管理、人

员管理以及法规标准方面的安全。要想确保人力资源档案信息化建设系统能连续、可靠、正常运行，需要在人力资源数字档案馆建设时，就选购操作性能稳定的计算机系统和硬件设备，选择或开发具有加密技术、权限与密级控制的档案数据库管理软件，运用防火墙及隔离工具确保内网与外网的连接安全，运用各种杀毒软件以及采取各种有效的技术手段来确保整个人力资源数字档案馆的安全运行，构建完善的人力资源档案信息安全屏障。

（1）保密等级划分。信息化系统存取登记按层级划分，分别设置超级管理员账号、普通管理员账号、后台监察账号，日常工作使用档案数据生成系统日志永久保存。超级管理员账号可以维护、更新数据，普通管理员只能查询、检索、新建数据，无法更改已生成的数据。如确有信息录入错误，需向主管人力资源档案的领导提出申请，说明理由，经审批后方可使用超级管理账户进行修改。形成一套有效的监控系统，杜绝信息泄露和造假。

（2）保障信息系统的安全、电子数据库的安全。信息管理系统、存储介质要加大科技研发投入，完善保密制度规范，确保人力资源档案信息安全。使用安全可靠的信息管理系统，定期备份电子数据库。杜绝人力资源档案信息系统终端接入因特网，每台计算机必须张贴显眼的涉密计算机标签，注明计算机使用人员，严禁计算机接入外网 U 盘，如需复制数据，请使用一次性光盘刻录，以防止病毒入侵。

（3）加强档案管理人员的安全和保密意识。档案管理人员要不断加强信息保密安全教育，做到责任明确。结合档案保密制度与管理制度，大力宣传档案资料保密知识，树立档案管理人员、查档人员的保密责任意识。档案室电脑更新换代或出现故障，应由信息化部门处理，档案管理员不得请外部维修人员维修，防止泄密。

（五）加强人才队伍建设，提升档案信息化建设人员的工作技能

人力资源档案信息化建设，是利用信息技术实现对人力资源档案实体管理业务体系的承载、优化甚至再造的过程，这就要求人力资源档案信息化建设项目的参与者深刻地理解人力资源档案信息化建设目标，增强档案管理人员的责任心和使命感，提高工作的主动性，也需要具备丰富的计算机应用和档案管理经验。各单位在实施人力资源档案信息化建设过程中，必须实现三个层面的加速，一是加速人力资源档案信息化建设者对信息技术、管理信息化及人力资源档案信息化项目上的认识和技能掌握。二是要提高人力资源档案管理者的计算机应用能力，可以通过教育和培训的方式，提高自身对计算机技术的认识。三是充分地理解和消

化人力资源档案信息化管理系统的本质，从而提高系统的使用水平，进而保证系统安全有效运行。

（六）加强电子数据库建设，构建人力资源档案办公信息化平台

人力资源电子数据库建设是人力资源管理的重要目标之一，它使人力资源管理的重心由传统的纸质管理转向信息化管理，利用计算机、扫描仪等电子设备把人力资源纸质资料扫描进电脑，保存成电子数据，作为人力资源档案管理的基础数据。提升信息化技术的开发与应用，包括将所有手工登记工作流程纳入信息化管理系统，如查阅审批流程、登记查档、记录档案缺失资料等，全部录入系统，形成电子数据库。电子资料库的建成使人力资源档案管理模式全面升级，实现档案管理上下互通，审批流程简化，系统使用感受更贴近工作实际，真正提高人力资源档案的工作效率和档案利用率，突破传统管理模式的束缚，走新型科技化管理的高效之路。

构建人力资源档案管理信息化办公系统，全面推进信息化办公平台建设。基于信息平台和数据共享，结合档案信息管理系统和 OA 办公平台，逐步实现档案信息一体化管理，在授权范围内只需登录一个平台即可使用所有人员信息数据，节约时间成本，可以给日常工作带来很大的便利。人力资源档案电子信息库建设完成后，通过网络技术和计算机应用，实现档案管理与审批并行管理，使档案管理工作真正进入现代化管理领域，使之更加系统化、规范化，使人力资源档案信息化建设管理工作不断地优化创新。信息化项目在计算机终端成熟完善后，通过手机终端将与档案信息相关联的 APP 系统通过手机终端安装，将部分人力资源档案信息共享到 APP 系统中，通过手机终端查看部分个人档案资料，如入党时间、入党介绍人、参加工作时间、学习经历、工作履历等，进一步实现人力资源档案的电子政务一体化管理，以此打造全新的人力资源档案信息移动服务。

（七）制定人力资源档案信息化建设工作流程与规范，确保人力资源档案信息化建设有效实施

人力资源档案数字化工作是信息化建设的基础，要推动档案信息化实现人力资源档案质量跨越式发展，就要着力解决"数字化鸿沟"，根据实际情况制定出符合自身实际的数字化工作流程和规范，明确数字化对象标准，确立数字化人力资源档案从业人员、档案管理人员的责任和义务。真正实现档案数字化、智能化与人力资源档案管理需求相结合，形成高效的档案管理体系，彻底打破人力资源

档案信息化进程缓慢的瓶颈。以此为基础，制定具有针对性、可操作性和实效性的人事档案数字化流程，是向信息化管理转型的重要途径。具体的数字化工作流程要分工明确，不同项目由不同的人分别执行，确保不会出错。

人力资源档案是建立电子数据库的基础，只有确保高质量完成数字化项目人力资源档案，才能使未来档案信息化建设更加顺畅。电子档案管理越早开展，人力资源档案数字化信息与电子档案信息对接工作越快。具体的数字工作流程设置和规范的人力资源档案管理应从以下几个方面着手：

（1）调阅人力资源档案的申请。由于人力资源档案数量庞大、种类繁多，为确保档案数字化流程与人力资源档案交接工作的顺利、安全。按每周申请一批，固定一份工作，人力资源档案日由负责数字化的人员随档案管理员前往档案库房，根据人力资源档案申请单取出相应档案，逐页清点，双方共同核对档案内容、档案目录、人力资源档案数量，确保无差错。待清点完毕，双方需在人力资源档案申请单签上姓名及日期，以申请调档。每天下班前，将已完成的档案资料交还档案管理员，并进行二次清点，核对页数，填写归还表格，双方签字后存入档案柜。人力资源档案中未完成数字化的档案，应于下班时锁入档案管理员指定的临时档案柜，不得随意放置。

（2）对人力资源档案进行整理和核对。整理核对工作对档案管理人员的综合素质要求较高，应安排具有较强专业素质的档案管理人员对数字化档案进行整理、核对。负责核对的人员必须严格按照档案分类要求整理人力资源档案，对照档案目录，逐页查阅档案原件，检查有无遗漏现象，如发现问题，应在档案管理员的指导下改正、标识，重新调整归类，留出空白页编号，确保档案完整无误。如发现人力资源档案存在重复案件或未解密档案时，应及时剔除，并将其拆开装入档案袋，交给负责扫描的人员。审核员在翻阅、拆装文件时必须高度负责、谨慎，不得损坏档案，遵守保密制度。

（3）人力资源档案扫描。负责扫描的工作人员从拆解档案的人员手中接过文件袋，确认了文件的页数，然后用专业的文件扫描仪进行扫描。扫描完成后，按原次序放回文件袋，交给装订人员重新装订；彩色扫描文件，分辨率300dpi，采用 TIFF、JPG 格式存储；对扫描图像不清晰、人力资源档案不符合存储要求的，应重新扫描；可利用图片处理软件，在原人力资源档案图像上，对图片进行剪裁、纠偏、去污、去边等技术处理，增强档案图片的清晰度。

（4）人力资源数据存档。在档案数字化存储阶段，负责专门存档的工作人员要对扫描出来的数据进行认真仔细的核对，与原始档案和文件编码进行核对，确认无误后，将电子档案暂时存放在临时区域，然后交给负责备份的人员，由备份人员核对人力资源档案，确认无误后，将数据存入光盘刻录区，同时进行备份处理；如发现人力资源档案有误，应立即重新扫描。刻录光盘后，档案管理员要检查光盘的内容是否有错误，是否能正常打开人力资源档案，建立电子数据目录，一式两份，打印出来保存。

（5）人力资源档案进行数据对接。指定专门人员使用专用计算机进行数据对接操作。每一份数字化档案文件必须与原始档案资料编号相符，每周提供详细清单，检查档案目录资料及人力资源档案的影像资料，确保档案名称与档案资料库中各实体档案的编号相同，档案页数与资料库内档案的页数相符；建立的每个人力资源档案文件名称与目录数据库中档案编号一致，形成唯一对应的关系，通过软件，将目录数据库与影像档案进行批量对接。

（6）人力资源档案归档。以卷为单位的实体档案，按原排列次序装订，三孔一线，装订牢固。对扫描完成并通过验收的纸质档案按批次列出交接清单，经双方工作人员逐页清点、交还，并在档案数字化处理调卷登记本上签字确认。当天借出的档案，必须于当日归还至临时档案柜锁好，不得将档案带出人力资源档案间，或放置于工作间。每周一次清点，清点后交还人力资源档案，以确保档案安全。

三、人力资源档案信息化管理的必要性与意义

（一）人力资源档案的信息化建设是开展人力资源管理的基础

企事业单位通常实行多层级子公司或事业部管理模式，事业单位实行人事部门主管，各部门分管的二级管理模式，管理幅度、跨度较大，人力资源档案亦呈现多层级管理模式。这种多层级管理模式，使管理信息传递不到位，政策执行不一致，造成人力资源档案管理流程不规范，档案信息传递、更新不及时，未形成系统化的动态跟踪管理，造成员工档案的新材料不能及时存入档案或者档案资料不完整的现象。因此，开展以人力资源管理系统为基础的档案信息化建设，是解决人力资源档案信息化、系统化、规范化的有效路径。

随着经济的发展和科学技术的进步，我国各行业之间的竞争日趋激烈。人才是企业竞争的核心，企业的发展离不开人才，而建立健全有效的人才档案管理体系，是保证企业人才不流失的关键所在。根据我国企业目前的实际情况，企业人力资源档案信息化建设能够极大地提高企业人力资源管理的效率，是企业有效管理人才的必要条件。以往我国企业对人力资源的管理还停留在传统的手工管理模式上，这大大降低了人力资源管理的效率和质量。改变传统人力资源档案管理模

式，运用现代信息技术，实现信息资源共享，提高人力资源管理模式。

（二）加强档案信息化建设，实现人力资源档案管理现代化

长期以来，我国的人力资源档案管理模式一直处于封闭状态，这使得人们对人力资源档案管理的认识不够透彻，无形中增加了人力资源档案管理信息化建设的难度。特别是在我国信息化背景下，人力资源档案管理模式的变革已成为社会发展的必然要求，企业必须进一步重视人力资源档案管理，加大人力资源档案信息资源开发利用的力度，进一步完善人力资源档案的信息化建设，实现档案信息资源的共享。

（三）人力资源档案管理信息化建设需要提高档案服务水平

企业人力资源档案管理的最终目标是实现档案资源共享。传统的人力资源管理模式已无法满足企业人力资源档案信息需求。随着信息化时代的来临，网络技术的飞速发展，人力资源档案信息化建设已成为时代的必然要求。通过快速准确查阅人力资源档案管理信息，解决企业在发展中遇到的问题，实现档案的价值，提高档案的服务水平。

参考文献

［1］吴学哲.论信息化时代加强企业人事档案管理的思考[J].兰台世界，2013，4（增刊）：67.

［2］杨畅.医院人事档案管理若干问题分析及应对[J].办公室业务，2014.（1）:193.

［3］王士娇.如何构建档案信息安全保障体系[J].档案天地，2014.（1）：41-43.

［4］刘玮.在企业中实施人力资源管理信息化建设的对策[J].经济师，2007.（12）:206-208.

第六章　速录技术在档案信息数字化建设中的应用

速录技术是由速记技术演变发展起来的、运用速录机及电子手段对语音信息及其他类型的信息实时采集的应用技术，逐渐广泛应用于庭审、谈判、采访、会议等活动的各个方面实时记录。这项运用速录机设备，从事语音信息实时采集并生成电子文本的速录技术能否应用到档案信息数字化建设的过程中，解决档案信息数字化建设中面临的技术和人员素质方面问题，是笔者所探讨和思考的对象。

一、速录技术与档案信息化建设的含义

速录技术是采用双键并击的原理，运用速录机及电子手段对语音信息及其他类型的信息实时采集的应用技术。其既可以实现文章的高速看打，也可以对音频、视频、会议等活动现场实时听打记录，逐渐成为可以普及的实用技术而被广泛应用。档案信息数字化建设是运用计算机及各种输入设备对档案资料中的文字、图像、视频等信息进行加工、存储、恢复和传输处理，建立人机交互关系，把档案信息转换为二进制代码，通过计算机及其网络对档案进行检索、利用及保护等工作。速录技术通过对汉字的快速录入，将档案内容快速地转换为计算机能够识别的二进制代码信息，增加了档案内容数字化转换的途径，这种新技术促进了档案信息化的进程。

二、速录技术的应用与优势

速录技术对档案数字化建设具有十分重要的意义，是构建档案信息数字化系统不可缺少的关键技术。在实际应用过程中，可以将速录技术与数字信息化建设相结合，充分发挥现代技术的优势，在档案管理和利用方面为人们提供更多优质的服务。随着信息时代的到来，各行各业都在积极寻找新的发展道路，尤其是对于我国档案管理工作而言，构建一套更加完善的数字化服务系统成为当前社会发展过程中最为关注的问题之一。而速录技术是档案数字化建设过程中必不可少的一个环节，同时也是一个必不可少的技术。在现代化网络环境下，传统档案信息管理方式已经不能满足时代社会发展要求，而使用现代速录技术可以将信息录入到现代化档案管理系统中。除此之外，速录技术具有方便、快捷、高效的优势进行档案信息录入工作。

三、档案信息数字化建设面临的问题

在我国各级档案机构的馆藏档案中，除极少部分在其形成过程和前期活动阶段中就采用了数字化记录形式以外，绝大部分档案是纸质档案。针对这一现状，现阶段我国档案信息数字化的中心任务就是对纸质档案信息进行数字化转换。

计算机技术和社会信息化进程的加快从根本上改变档案保存与利用现状提供了可能。特别是档案信息数字化相关的技术手段日臻成熟，使档案信息数字化所需的技术支撑渐趋稳固，档案信息数字化具备良好条件。必须注意到将数量巨大、门类众多、分布广泛的档案进行数字化处理，进而建立档案信息数据库是一项复杂的系统工程，面临着来自技术和人员素质方面的障碍问题。

（1）技术水平方面。档案信息数字化的技术还不成熟。现阶段信息资源数字化的主要方式有键盘录入和扫描（包括图像方式保存和经光学字符识别后以文本方式保存）两种。键盘录入的主要缺陷是速度慢、效率低和成本高；扫描还存在图像质量不高、扫描速度慢以及汉字识别率低等缺陷。目前，档案文本输入的主要方法是键盘输入与光学字符识别扫描输入。键盘输入属于手工作业的方式，效率低、成本高，不适于应对数量巨大的档案信息数字化建设实际需要，一般仅仅作为辅助手段而应用于具有特殊要求的档案信息数字化过程中；而光学字符识别扫描输入则以其先进的自动化信息资源输入技术适合档案信息数字化的需要，但其同时也存在着一些诸如图像质量不高、扫描速度偏低、单位成本较高、辨识率不尽如人意等技术上的缺憾，尤其是汉字识别系统大多针对简体汉字而开发，在识别档案中大量存在的繁体汉字方面则受到很大限制，难以达到"书同文""字同码"的理想效果，成为制约档案信息数字化建设的"瓶颈"。

（2）人员素质方面。在档案信息数字化过程中，最重要的工作是对档案的文本整理和录入。如馆藏珍贵档案多为手写繁体字，甚至包含异体字、通假字与自造字，且行文格式烦琐、标点符号混乱、同形异义、异形同义现象十分突出。此外，由于历史因素而存在的一些避讳方式等，都须依赖专业人员在档案信息数字化之前进行校雠考订、注释说明、整理加工等，以便消除档案在内容方面存在的阅读、理解、利用障碍。由于速录技术普及较晚，档案录入人员还未能掌握速录技术将整理档案的内容快速录入下来。当前我国各部门档案工作中大多采用手工录入方式，不仅效率低下而且也无法保证准确率，因此就需要对录入人员进行专业培训，提高录入人员工作效率以及工作质量。档案信息数字化已成为传统业务方法与现代科学技术紧密结合的一项专业工作，需要一批既掌握档案整理技能又精通速录技术的复合型人才。可见，档案信息数字化专门人才的培养是亟待解决的重要问题。

四、解决档案信息数字化建设的措施

（一）采用速录技术实现档案信息快速录入，解决档案信息数字化建设的技术难题

速录技术与标准键盘不同，标准键盘需要一个字母一个字母地完成汉字录入，每个汉字的击键数最少是 2 次。要想实现快速录入需很高的击键频率，劳动强度极大，且不是一般人所能够做到的。速录机通过特殊的设计，实现了多键并击，即同一时间可以允许多个手指同时按下多个按键，而以这一个组合键来代表一组编码。目前，中文速录键盘一般都借鉴了国外速录机的技术特征，分为左右对称的两个区，利用汉语拼音的原理在两个分区上对称安排音节码，这样从理论上说一次击键动作就可以完成两个汉字音节码的录入，同时采用辅助码的选字词功能和三、四、五、六字词及以上字词的人工分词录入。正是这个原理，使专业键盘有了普通键盘难以比拟的高效率。其记录速度能达到甚至超过人们日常演讲、辩论所输出的信息量，可实现"音落字现、话毕稿出"的记录效果。在技术上将速录技术作为档案信息化数字化建设的一个新方式，不仅能够提高档案信息录入的效率，还能够提高准确率，达到"书同文""字同码"的理想效果。因而，采用速录技术是解决档案信息数字化技术难题、维系档案信息数字化发展的关键所在。

（二）学习速录技术实现档案信息数字化快速录入，提高档案人员的业务素质

在档案信息数字化过程中，如果能够实现专业人员对馆藏珍贵档案的手写繁体字、异体字、通假字、自造字、同形异义字、异形同义字、标点符号的文本信息录入，边说边录入，这将有利于将纸质文件转化成电子文稿，及早地消除档案在内容方面存在的阅读、理解、利用障碍。所以，学习速录技术不仅能够提高档案人员的信息录入速度，还能够提高档案人员的业务素质。现在市场上比较常用的有 E 迅速记机、亚伟速录机等。E 迅速记机的学习系统有音节码的单击训练系统、分句训练系统、高级文章提速训练、错句强化训练、听打训练系统等，每一

步的学习内容像打游戏一样，比较简单易学，通过双键并击的原理和部首辅助码的筛选，大大提高了录入效率和准确率。E迅速记机还有专业录音整理的工作系统。该系统将播放器、文本编辑器集于一体，可以完全使用E迅速记机进行控制，并内置了自主研发的语音自动分片技术，能够实现对音视频文件的数据信息进行智能分析、自动分句和节点控制，可大大减轻用户的工作强度，广泛适用于文稿级、场记级、字幕级等各类型录音的整理工作，是一套高度专业化的工作系统。这套系统能有效实现档案人员实时对各类活动形成的音频、视频等电子信息的文字采集，将其转化为纸质文件与电子文件双重存档。档案人员通过学习掌握速录技能，熟练使用录音整理系统，对档案人员的信息处理能力将会有很大的提高。

随着信息技术的发展，将速录技术作为档案信息数字化建设的一个重要手段，对纸质文件、声像文件等传统介质的档案进行加工处理，将其转变为数字形式的电子媒体并制成档案信息数据库，以数字编码的方式揭示档案所蕴含的丰富信息资源，使之能够通过光磁介质进行保管保存与提供利用，进而拓展档案信息资源开发利用的时空领域，实现档案信息资源的深度开发与广泛利用，为实现网络环境下的档案信息资源共享奠定基础。

参考文献
[1] 韩小婷.速录技巧浅析[J].价值工程，2013（10）:252-253.
[2] 陶虹.速录技术的产生与发展[J].东南传播，2010（2）：124-127.
[3] 罗莹.高职院校速录秘书人才培养的问题与对策[J].柳州职业技术学院学报，2013（12）:96-99.
[4] 毛旭楠.档案数字化建设与数字化档案信息的利用研究[J].兰台内外，2022（11）:7-9.
[5] 李文智.解构与建构：档案信息资源共享通道[J].湖北档案，2011（5）：13-15.

第七章　档案服务中心工作能力建设

档案是历史记忆的重要载体。档案服务中心工作，是维护党和国家历史真实面貌、保障人民群众根本利益的重要事业。为人民服务是档案工作者的宗旨和行为准则，是实现自身价值的根本追求。充分发挥档案存凭、留史、资政育人的作用，让人民成为最大的受益者。档案服务中心树立"人民至上"的价值理念，精准把握利用者需求，依靠科学技术，使档案工作更好地服务人民群众。

一、档案服务中心工作能力建设的重要性

档案工作围绕中心、服务大局，要坚持把档案工作置于国家经济社会发展的整体布局中来谋划，立足馆藏档案资源优势，充分发挥档案工作在党和国家事业发展中的基础作用，做好档案收集、保管和开发利用工作，充分发挥档案资政作用，为全面建成小康社会贡献出档案力量。着力提升档案资源供给能力。档案服务中心管理着丰富的档案资源，既要做到安全保管，又要做到有效利用。随着国家和社会档案查阅利用需求的日益增长、档案资政为民服务需求的增加、民众对档案文化产品的热切期待，进一步强化档案服务供给、提升档案服务能力势在必行。

二、档案服务中心工作能力建设面临的问题

新时代我国社会主要矛盾是人民日益增长的美好生活需要和不平衡不充分的发展之间的矛盾。新时代档案工作的主要矛盾是社会公众对档案信息需求的不断增长与馆藏资源不够丰富、服务手段不够创新、信息共享不够充分之间的矛盾，这种矛盾反映出档案服务中心工作能力建设面临以下问题。

（一）人民至上服务理念认识不到位，重视程度不够

受传统管理模式与思维惯性的影响，档案服务中心工作还沿袭着传统的模式，"条块分割"的弊端尚未割除，"重藏轻用"的思想依然作祟，人民至上服务理念未融入档案服务工作中。新时期，经验得以总结，规律得以认识，历史得以延续，各项事业得以发展，都离不开档案。各层次、各单位，包括普通百姓都要利用档案，档案服务者未能主动参与档案数字化资源建设与服务中；仅关注档案资源管理，忽视档案信息资源整合；只强调网络设施的投入力度，忽视整合完善具

有特色的档案数字化信息资源，致使档案数字化高速公路上"车少货缺"，档案服务中心档案资源建设与服务面临着种种隐忧。

（二）缺乏统一标准规范和业务流程

目前，许多档案服务中心在工作过程中往往只重视购置先进通信设备和高档计算机系统，却忽视教学档案数字化资源标准规范化和业务流程建设，缺乏统筹规划和宏观调控，缺乏管理制度保障，缺乏全局性发展规划，战略约束力尚显不足，致使与之相关的网络建设、理论研究、标准与规范制定、应用软件的开发与手段应用等方面都不同程度地存在着许多亟待解决的问题。如果没有统一的标准，则会产生无序建设的后果。标准化程度低将严重影响数据的共享、传输及网上办公的运行，数据格式不一，影响了流通和绩效的发挥。投入巨额资金建成的档案信息服务系统无法转化为科学发展的催化剂。这些都制约着档案服务中心的工作范围和程度，影响着档案服务的质量。

（三）档案服务中心缺少复合型人才

档案服务中心工作能力建设的重点是在信息技术的武装下，对档案信息由保管向利用服务方向转变，信息技术是其中的关键。档案服务中心工作人员对纸质档案的管理理论、原则、方法和技术已熟门熟路，但不懂电子文件形成、信息的存储、传输、检索、利用等技术；而年轻的档案管理人员仅仅懂得电子计算机技术或数据通信技术，对档案管理的基础知识、管理原则和管理环节却懂得不多。档案服务中心人员是档案系统的操作员，他们往往没有经过服务器配置、网络设置等专业技术培训，出现问题有时只能等专业技术人员前来解决。档案服务人员对各业务环节的熟练操作，对信息技术的掌握程度，严重地影响着档案服务效率。

三、档案服务中心工作能力建设的策略

（一）深刻理解践行人民至上的服务理念

坚持人民至上是中国共产党百年奋斗的历史经验。坚持人民至上的理念，体现了党的理想信念、性质宗旨、初心使命，也是对党的奋斗历程和实践经验的深刻总结。必须坚持人民至上、紧紧依靠人民、不断造福人民、牢牢植根人民，并落实到各项决策部署和实际工作之中，落实到做好档案工作和经济社会发展各项工作中去。

新时代的档案服务中心要牢固树立人民至上的价值理念，不断拓宽档案资源

体系建设，不断提高档案服务人民的能力和水平，才能实现"人民之所想就是档案工作之所想，人民之所需就是档案工作之所为"。随着各级党委政府对民生事业的大力投入，档案在维护公民权益、服务人民群众以及教育启迪后人等方面发挥着越来越重要的作用。人民是历史的创造者，档案服务中心工作能力必须承担起记载历史的神圣使命，在档案从产生、保管到开发利用全过程中，人民都应该是永远的主角。务必要坚守"人民至上"的理念，让档案工作服务民生、服务经济社会发展，让人民群众共享档案事业发展成果。

（二）优化业务流程，提供高质量档案服务

着力提升档案资源聚集能力。档案服务中心依法接收档案并把好档案质量关。针对档案形成主体多样化、档案权属多元化、档案流向复杂化、相关管理职责边界模糊化等现实问题，有必要对档案资源的生成和流向进行系统研究。有利于档案资源齐全、完整、系统、安全，有利于档案集约化、规范化、标准化管理，有利于从档案利用便捷高效的初衷出发，明确档案资源形成、流向、移交、管理的质量标准、业务流程、参与主体、监管职责等，构建主体明确、各司其职、权责一致、共建共享的档案资源管理体系，进一步提升档案服务质量。根据有关档案法律法规，细化各级档案馆接收范围，把数字时代多种新形态、新载体、新领域的档案资源收齐管好，编制档案服务项目清单、指南、标准和规划，有力有序地推进实施，确保国家档案资源依法集中统一管理，提供高质量的档案服务。

（三）坚持开拓创新精神，构建档案服务的新路径

坚持以开拓创新的工作导向，在制度上优化档案服务工作。摒弃"够用就行"的思想，系统梳理现有制度规定，按照治理体系现代化的要求，做好顶层设计，制定、完善相应的法规制度，固化实践经验。从档案的鉴定、开放、查阅、开发等方面入手，对接社会需求，优化制度流程，完善运行机制，加大工作力度，改变滞后局面，逐步提升制度成熟度。

在领域上拓展，摒弃"浅尝辄止"的惰性，提高政治站位，全面对标中心大局工作，立足"党政所需、社会所盼、群众所急、档案所能"，拓宽视野，拓展领域，做到"中心延伸到哪里，档案工作服务到哪里"。完善"异地查档、跨馆服务"等档案利用协作机制，探索区域性档案协作机制。档案服务中心应继续加快档案信息化战略转型，顺应信息技术发展的现实需要，持续推进传统载体档案数字化，加强电子文件归档和电子档案管理，抓好数字档案建设，逐步实现以信息化为核心的档案管理现代化。打造足够强大的档案系统管理能力、足够好的档

案服务中心工作能力、不断满足档案利用者需求的能力。

在手段上创新，摒弃"路径依赖"的习惯，主动顺应发展理念、治理方式、科技革命、社会变迁、群众诉求以及机构改革等大事，推动档案部门和档案工作机制创新、制度创新、技术创新。组建专家智库，针对现代治理、数字时代背景下档案工作发展的重大课题进行立项攻关，重点研究大数据、云计算、人工智能、区块链等现代科技对档案管理的挑战和机遇，提出前瞻性、可操作、能落地的对策措施，让现代科技赋能档案服务中心工作的能力。

（四）着力提升档案服务中心人、财、物要素保障能力

任何一项工作都离不开人、财、物要素保障，档案服务中心工作更是如此。实现档案事业可持续发展，人、财、物至关重要。按照规定，完善经费投入机制，档案工作所需的基础设施配备和维护经费、档案日常管理工作经费、档案信息化建设经费及档案宣传培训等其他经费应当列入年度预算。各地各部门各单位应当建立档案工作经费投入机制，为档案工作足额提供经费保障，并执行绩效评估制度。

完善"硬件"保障机制，健全档案安全治理体系。按照档案"十防"的要求，进一步完善档案管理硬件配备标准规范，配备必要的办公、业务、技术和服务用房，完善档案保管环境设施、消防设施、安防设施、实体和信息管理设施。

四、构建档案服务中心服务管理模式

档案服务中心建设服务型管理模式，是为了实现档案资源的进一步流通和利用，以及档案部门与其他信息服务机构、行业专家学者的合作与交流，使档案服务中心成为各种信息资源的整合平台、专家学者交流学习的平台。

（一）构建档案服务中心服务管理模式的依据

（1）档案服务中心的服务对象是国家、大型组织、企业、个人等。档案资源的种类、数量、科研队伍的专业化程度不断提高，能够为国家、企业、组织等提供专业意见，创造更具价值和可信度的档案信息。

（2）选择服务职能。档案服务中心主要提供数字档案服务，它所能实现的功能更具先进性与控制性，即事前控制与事后评估。事前控制指的是要充分发挥智库档案文化产品的客观性、独立性，为国家、企业决策提供专业性、科学性的建议。

（3）档案服务中心的价值取向。档案服务中心作为具有中国特色的新型智库，要把社会责任放在第一位，紧紧围绕党和政府重大课题开展研究，积极参与党委和政府的科学民主依法决策，推出实用性强、操作性好、公信度高、影响力大的创新性理论观点和决策研究成果。站得高，立意高，善于站在国际视野和全国大局的高度去观察和研究问题，做出有创造性的成果。

（二）构建档案服务中心服务型管理模式

档案服务中心分为资源建设与用户需求两类。

1. 注重资源建设

（1）加强资源建设。以资源建设为主导的平台服务模式，第一步就是要完善档案资源建设基础。即以数字档案资源为核心，同时汇集图书、情报等其他信息资源，进行资源整合、知识挖掘与组织。

（2）对用户诉求的获取。坚持自身特有的研究方向，满足不同用户需求。比如，科技档案利用主要提供科技服务、最新科技成果等，水利档案利用则提供水利知识等，而用户与档案不符的实际问题则可以通过档案服务中心得到有效的解决。

（3）档案服务的提供。可以提供档案服务发布，其他参与服务平台及信息服务机构等智库档案建设主体也可以发布和传播成果，极大地提高了档案部门及档案的社会影响力。从而，档案部门及其主导下的机构也能获取到更多用户对档案的评价，帮助档案部门和档案服务平台更好地发展和进步。

2. 根据用户的需要

（1）提出用户要求。档案服务中心以用户需求为导向，从一开始就明确用户的具体需求，并对其进行精细分析。用户需求分析的深度和广度直接影响资源与用户需求的匹配程度、档案成果呈现形式、用户反馈结果等。档案服务中心工作人员应明确要求查阅者提供相应的咨询与指导，并认真听取查阅人的意见和建议，要不断增强服务意识，热情、友好地服务来访人员，充分发挥服务中心平台的作用，为企业和社会各界提供方便、快捷、优质、高效的信息服务。

（2）研究档案资料。在明确用户的具体需求之后，档案部门可以根据用户的需求，在资源共享平台上选择符合要求的资源，在档案建设伙伴的共同努力下，进一步分析、重组，从而在一个规范化、有序的档案平台运行框架中创造出符合用户需求的档案信息。

（3）发布结果和用户的反馈。数字档案服务中心是以用户需求为导向的，它的发布取决于用户的具体需求。相关的成果向社会公开或个人信息服务平台共享，由用户自行决定。

（三）构建档案服务中心服务型管理模式

注重开放和共享信息资源，在平台式服务模式下，档案部门应注重加强数字档案资源与不同信息资源平台、不同数据库之间的合作，拓展信息来源渠道，共享档案信息。档案建设主体多样、机构与人员多样，档案服务中心的工作必须重视不同身份、不同背景的专业人员的专业优势，注重人员协作，从而极大地提高包括数字档案资源在内的各种信息资源的开发质量。

档案服务中心构建服务型档案管理模式是一项全新的工作，需要建立一个完整的系统，从人员、技术、设施等方面进行改革和创新，从而构建一个完整的服务型档案管理模式。要完善人才队伍建设机制，树立档案工作者是"资源管理者""数据管理者""知识管理者"的意识，建立健全档案人才引进、培养、使用、激励等政策措施。既注重档案行政管理人才队伍建设，又注重档案业务人才队伍建设；既培养一批优秀组织管理人才，又造就一批"大师"和"工匠"，进一步激发档案人才队伍活力。丰富档案人才队伍教育形式，推动红色教育、革命传统教育、形势政策教育、先进典型教育和警示教育常态化，切实加强对档案人才队伍的日常监督管理。对全年各项工作任务进行量化，分阶段、有步骤地推进，确保档案服务各项工作高标准、高质量完成。

参考文献

[1] 宋进之，班晶，李迎珠.基于用户需求的智慧档案馆服务功能初探[J].办公室业务，2021（9）：33-34.

[2] 苏君华，宋帆帆.大数据媒体融合语境下档案信息服务质量：价值、机理及提升策略[J].档案学研究，2021（10）：10-15.

[3] 胡敏.异地查档便民服务——安徽推动档案工作更好融入长三角一体化发展[J].中国档案，2021（10）：36-37.

[4] 邓媛，罗枫.试论信息化背景下科技档案管理工作的创新[J].档案天地，2021（9）：30-33.

[5] 陈萍.智慧城市建设中档案服务工作研究[J].城建档案，2021（10）：21-23.

第八章　基于区块链的档案数据共享可信度机制构建与风险防控因素分析

在大数据时代，档案数据共享是重要的社会治理手段，然而在档案数据共享过程中存在着数据质量不高、隐私泄露、安全风险等问题。数据信息呈现出高密度、高价值的属性，如果承载数据信息采集与传输的平台仍按照原有的运营机制进行处理，就会降低数据信息在固有生命周期内的价值。当此类现象作用于整个网络安全体系中，极易出现因数据共享导致的一系列安全问题，使用户和企业面临数据损毁或被盗取的风险。区块链技术的研发与应用，能保证整个数据信息在交互过程中可以对信息本体的价值进行边缘化处理，数据在网络结构中进行传输，实现全域跟踪的属性，提高信息传输和共享的安全性。从整个区块链技术在互联网中所呈现出的应用属性来看，对同一时间节点下的不同数据类型进行多线程处理，可以同时满足海量数据的传输和共享需求，在一定程度上解决了数据冗余性传输问题，可为用户和企业提供更为全面的保障措施。

一、研究背景

档案是记录历史的载体，是人类社会文明和历史进步的见证。随着信息化时代的到来，我国档案工作发生了翻天覆地的变化，档案管理数字化和服务网络化、科技化水平不断提高，档案数据共享成为社会治理领域的重要手段。然而，在当前数字环境下，由于利益驱使，部分地区还存在着利用虚假档案数据进行"数字敲诈""数字掠夺"现象，致使大量个人隐私信息泄露被非法利用等问题出现。

二、区块链技术与数据安全共享的相关含义

（一）区块链技术

工业和信息化部发布的《区块链和分布式记账技术　参考架构》参考体系结构，将区块链定义为：对等网络环境中，通过透明和可信的规则，实现不可伪造、不可篡改和可跟踪的区块链数据结构。根据开放程度的不同，区块链一般可以分为公共链和非公共链，该链还可以存储一些可执行代码，即操纵数据的"智能契约"，以支持更灵活的区块链在整个领域的应用，整个技术体系呈现的特性如下。

（1）区块链技术的可追溯特点。区块链技术是依据信息在整个网络体系中呈

现的价值进行全过程跟踪，这样可以将数据在不同网络节点产生的状态进行溯源处理，然后全过程保留数据运行痕迹，这对于整个网络体系而言，区块链技术所产生的数据价值可进一步被不同数据采集进行认证处理，提高数据传输的安全性。

（2）区块链技术的不可逆特点。区块链技术在网络体系中的应用是以数据传输属性为核心，体现不同网络节点下数据信息与时间点呈现的关联属性。当此类时间节点内的数据信息进入下一循环中，则将自动对原有的数据传输路径进行锁定，这样便不会产生数据覆盖与修改的问题，以此提高整体数据的真实性，强化信息在传输过程中的信任效果，可以进一步提高数据传输与接收方的整体合作质量。

（3）区块链技术的公开性特点。从实际应用角度来看，区块链技术在具体落实过程中可以看成是基于分布式框架而实现的数据自动化传输与整合，此过程是保证数据在固有的网络框架中通过共识机制强化信息本体在传输过程中应遵循的传输性能，保证数据传输结构与计算范式，可以精准阐述数据价值属性。此类计算属性映射到整个计算机网络中，则是以安全共享的模式实现对不同数据处理和传输的全过程展现，这样便可以保证数据传输接收方与发送方之间同步明晰数据信息的演变模式。

（二）数据安全共享

数据安全共享主要是针对固有网络框架下数据所呈现出的各类属性进行采集、存储、处理等相关联的操作，保证整个数据处理模式不会产生数据泄露与丢失的风险。但是从整个网络环境而言，数据信息本身所呈现出的价值可以真正将虚拟体系向现实体系转变，此类弊端主要是通过价值转换，将催生出一系列的违法行为。从目前网络数字化犯罪案例中可以看出，通过网络实现的犯罪事例逐年增多，这就对数据安全共享平台的建设与应用提出更高的需求，而要想真正实现数据安全共享，则必须以整个网络数据结构为出发点，结合数据信息本身呈现的价值，分析数据承接载体的属性，强化对不同风险侵入路径的管控。只有这样，才能进一步将整个数据交换、数据共享与数据处理进行整合，达到协同管控的效果。在区块链技术的支撑下，数据安全共享体系内呈现出的数据排列特征、数据传输特征等，可以通过区域中心化、可追溯化的属性实现对数据信息的全覆盖检测，这对于整个数据安全共享而言，可以起到一定的推动效果，为我国网络安全体系的建设提供数据支撑。

三、基于区块链的档案数据共享发展现状与挑战

我国对区块链技术在社会治理领域的应用已开展了大量研究工作，但关于区块链在档案数据共享领域的研究相对较少，研究成果也比较零散，缺乏系统性和整体性。

为推动形成基于区块链的档案数据共享新格局，结合高校师生、科研人员及政府部门、企事业单位等对区块链技术在档案数据共享过程中应用现状以及所面临的挑战进行文献分析，发现虽然目前已有多个部门和单位对区块链在档案数据共享领域进行了广泛的研究，但其涉及的研究内容还不够全面，缺乏系统性和整体性。

（一）网络属性方面

伴随着计算机技术的深度拓展，整个网络体系已经与行业领域呈现出深度融合的态势，但是受限于计算机网络本身存在的共享性、实时性的数据传输属性，将造成在资源供给过程中用户本身所产生的信息诉求，是基于信息共享平台规范化运行之上实现的。但是从现有的数据传输体系来看，信息传输数量、信息存储容量呈现出指数型上升的趋势，而此类问题映射到具有开放性、共享性的计算机网络体系中，将加大对固有网络结构的冲击力；特别是在同一时间节点，如果大量的信息涌入网络结构中，一旦超出网络结构所能承载的最大负荷值，则必然造成整体网络的瘫痪，在一定程度上增大数据信息损毁与丢失的风险，如果此类数据被不法分子截取，会使计算机用户面临财产损失的风险。

（二）网络制度方面

数据安全共享机制的建设是作用于整个网络体系中的，它需要通过对整个网络体系呈现出的价值，设定对应的安全管理范畴。从大环境来看，我国目前针对网络安全问题制定的法律法规仍存在一定的空白区，并且整个防控过程仍需要通过对数据信息在传输过程中呈现的各类特点，对相关法制细节进行补充。但是，当用户自身权益受到损害时，如果整个法律规范机制无法针对数据主权实现针对化处理，则将造成用户主体与政府职能部门之间存在信任破裂的现象，增大了数据安全共享平台的建设难度。

（三）用户操作意识方面

从数据信息呈现出的传输效果和运算模式来看，其操控主体是用户，特别

是在智能化技术的支撑下，各大软件系统已经逐步融合到人们的智能生活体系中，利用第三方支付和各类充值平台等，在为人们提供便利的同时，也暴露了人们的隐私信息。如果用户在实际操作过程中未能注重自身操作的安全性和规范性，则在一定程度上将加大数据信息的暴露风险，进而产生一系列的安全隐患问题。

（四）病毒、黑客攻击方面

计算机网络平台的建设可以更好地实现数据安全共享，但是在整个共享机制和平台建设的过程中，仍存在一定的程序漏洞，这就为病毒和黑客等留下了一定的侵入路径，当企业和用户的内部数据库被病毒或黑客控制时，它呈现的数据安全共享模式将处于完全透明的状态。从网络安全风险调查报告可以看出，60%～65%的企业都曾遭受黑客的攻击，这类攻击行为会导致企业内部网络瘫痪，而与之对应的数据安全共享平台无法真正发挥数据交换与对接功能，给用户带来不可避免的经济损失。

四、区块链在档案馆数据共享中的应用模式设计与可行性分析

为了使区块链技术更好地服务于档案数据共享，需要将区块链技术应用于档案数据共享的实践过程中，设计并实现区块链在档案公共数据共享过程中的模式。首先，搭建一个公共信息平台，将各个主体都纳入到这个平台上，并对其进行统一管理和控制。其次，建立一套完善的规则与标准体系。为了实现区块链的可信机制，需要构建一套符合档案数据共享需求、符合信息共享的数据标准及具有可操作性的管理机制。最后，利用区块链去中心化、透明可信等特性构建安全防护体系，对不同主体间的数据进行有效监管，确保信息不会被泄露。

（1）技术上的可行性。区块链由具有前一区块的散列值组成。因此，每一块都是"环"，任何修改都会导致"块"的变化。由于所有后续模块都会发生变化，因此，块链中的数据无法随意修改和删除。这种可追踪、不可仿造或伪造的特性，符合维护电子档案的真实性、完整性、可用性和安全性的需要。该技术能够真实地记录电子文档管理过程中的所有变化，跟踪原始电子文档，有效地处理信息的波动。

（2）管理上的可行性。在区块链网络中，参与块链数据存取的每一个电子文件管理单元中的计算机和其他终端称为"节点"。区块链技术要求在大多数节点对同一电子文件的合法性达成共识后，才能被区块链识别并成为不可更改的记录。

该规则构建了一种信任系统，在没有"公平"第三方干预的前提下，两个没有信任基础的节点能够通过数学和计算机技术来建立信任，并且直接承认区块链中的文件信息的可信度和使用率。电子文件不再需要通过复杂的源数据验证其真实性。

（3）社会可持续发展。对于公民来说，通过区块链建立信任系统，可以增强用户对电子文档的信任，间接增强公民和档案机构之间的信任。对于我国档案业来说，"封锁链"把所有的档案管理单位连接在一起，使档案管理部门能够从一个更宽广的角度，对各单位进行统一的监督与指导。

五、利用区块链技术构建档案数据共享的可信机制研究

基于上述分析，在构建档案数据共享的可信度机制时，可以利用区块链技术对数据采集、存储、管理等过程进行溯源监控，从而保证数据的真实性和完整性。

（一）基于区块链技术的数据安全性分享机制

根据目前已有的资料安全分享系统可以看出，采用区块链技术可以将网络上的资料结点分割成不同的地域，并逐步侦测到目前资料资讯的可信度。在此基础上，根据每个节点的特征，对所有的数据进行识别，使其能够在一定程度上实现对数据的发送方式的实时监测，从而减少由外部干扰引起的数据传送的危险。在实际应用中，区块链技术可以看作是一个以 PKI 为基础的内在数据区的可信程度，其核心是从整体的业务模型出发，结合认证机制、标识机制和用户机制等，来决定各个地区在适当的存取范围中的整体属性。在此基础上，利用不同地区的特征进行精确连接，从而使在确定数据的过程中不受整体的影响。在真实的数据业务处理中，利用可信价值和标识数据自身所具有的传送特性，能够在真实的业务中从用户和接收方进行跨区域的验证，确保了在数据和信息的传递中的稳定和安全，从而避免整个系统结构中存在的安全隐患。

（二）在区块链技术下的网络数据安全分享

从技术上讲，将区块链技术运用到整个网络资料分享平台中，运用精确的运算法则，并与资料架构相配合，完成区块上层区块的参考设计。在这一进程中，为了确保各种类型的数据在共用架构中传递的安全，要对所有的信息进行清晰界定，并在各个架构下对各个节点所提供的数据进行标识和许可，从而确保以后的工作在执行时的要求。从数据传送的观点来看，使用者都是以自己的需求为起点，定义资讯的传送路线，借由使用者的命令完成资讯的授权，确保资讯在网络结构

中的传送是以一种识别、可追踪的方式进行资料传送。在这种方式下，可以在局域网和局域网之间进行数据的实时储存和传送。区块链技术自身的权限职能则是根据分布架构，对各网络体系进行区域化架构，通过资讯分享及传送方式，保证各网络架构均由区块链技术所支持，成为云平台或电脑网络服务器。就整体的数据信息传送来说，可以进一步防止在整个网络范围中的信息主体被入侵或者被病毒所破坏。

在大数据时代，对传统的数据架构运作的需求越来越高。我国档案信息资源呈现出跨区域、跨系统、跨平台等特点，这些数据的汇聚和共享对推进档案信息资源建设产生了巨大作用。要增强网络中的数据信息的安全性，就需要根据其所表现出来的特征，建立一个更加完善的网络安全系统，以确保其在网络中的应用。

参考文献

[1] 张珊.区块链技术在电子档案管理中的适用性和应用展望[J].档案管理，2017（3）：18-19.

[2] 彭如月，马兆丰，罗守山.基于区块链的数字内容服务与安全监管技术研究与实现[J].信息网络安全，2020（10）：49-56.

[3] 张宁.能源互联网中的区块链技术：研究框架与典型应用初探[J].中国电机工程学报，2016（15）：4011-4023.

[4] 工业和信息化部信息中心.2018 年中国区块链产业白皮书[EB/OL](2018-05-21).http://www.miit.gov.cn/n1146290/n1146402/n1146445/c6180238/part/6180297.pdf.

[5] 陈杰姝.基于区块链的物联网数据信息共享安全机制研究[J].数字通信世界，2019（11）：136.

下篇　档案管理实践

第九章　构建工业企业信息一体化管理研究

一、工业企业信息一体化管理概述

工业企业信息一体化管理模式就是对企业内部档案信息和外部信息等各种信息于一体，实行一体化管理，其模式是由若干相关概念组成，包括企业信息资源的类型、概念、内容、特点和作用等。

（一）工业企业信息一体化管理内涵

1.工业企业信息的类型

对于企业信息的类型，从不同角度可以做出各种不同的划分。本文主要按信息来源，将企业信息源可以分为企业内部信息和企业外部信息。

（1）企业内部信息。企业内部信息是指在生产、经营、销售、科研、产品开发、技术改造等过程中产生的管理信息、生产信息、产品信息、销售等信息，它的主要作用是保证企业各项活动的正常运转。企业内部信息资源包括原始记录、技术档案、企业管理资源三大类，其主要是以档案信息为主，包括人才资源、财务、销售、设备、新产品开发、日常生产、广告以及企业会议记录等信息。

（2）企业外部信息。企业外部信息是指从本企业以外获得的各种信息。可以通过公开交流渠道获取的各种出版物，通过市场调查获得的各种统计数据通过购买方法获得的实物，通过参观、走访获得的口头信息等，其主要包括政府各部门文件，客户、市场、竞争对手及图书情报资料等信息。

2.工业企业信息一体化管理的概念、内涵

一体化是指事物之间相互渗透、相互转化、相互制约的变化和趋势。从信息化角度理解一体化，则是指"企业将其每一个生产过程及功能整合到 IT 结构中，在物理连接的基础上达到一种逻辑连接，使企业信息在技术、经济和制度三个维度上的连接达到紧密的耦合状态"。基于以上的认识，我们可以这样理解：一体化就是将相关事物做整体化、协调化发展的研究。从档案信息管理的视角来理解工业企业信息一体化，就是指通过利用信息技术及网络技术把企业内部档案信息与外部再生信息（图书情报、标准化等信息资源）在现有配置与管理现状条件下，建立一个集工业企业内部产生的原始信息与外部再生信息的文献综合开发、利用、服务于一体的综合服务体系，"通过网络共建、资源共享、分布式收藏、远程存取等多种方式"，实现信息各要素之间的协调与互补，使之达到最优化的匹配的同时，还对企业内外部信息管理系统进行优化组合与无缝连接，打破企业内外部信息之间的层层壁垒关系，加强它们之间的协调与合作，实现企业内外信息资源的融合集成，满足用户对信息资源的需求方式。不管对一体化如何界定，最重要的是运用什么样的模式进行构建，这是一体化是否可行的关键。综合学界各专家的观点，按照一体化的本意来理解构建模式，再根据目前工业企业的实际情况，理解工业企业信息一体化管理的内涵。

（1）系统的思想。工业企业信息一体化建设是一项系统工程，它是由各个信息部门子系统最终融合成为企业这个大系统。因此，工业企业信息一体化管理的所有工作都要以系统思想为指导思想。一方面要保证各子系统能够完整地发挥功能。另一方面通过对系统各要素的加工与重组，将企业的内部档案信息资源的功能优势与外部的再生信息资源对应的要素相互转化、相互协调、相互利用，形成一种"内部优势外在化，外部资源内在化"的机制，从而达到配置优化、系统协调、标准统一、各类信息融合集成的局面，从而发挥出系统一体化管理的新功能。

（2）建立统一的信息实体管理机构。实现企业内外部信息一体化管理要解决的一个现实问题就是信息机构的重组。企业信息机构各自为政、职能分割、缺乏统一领导是造成信息孤岛现象和企业信息重复建设的直接原因。因此，在企业信息一体化管理过程中首先要实现机构的重组，建立统一的实体信息管理机构。通过新设并合并部分性能相同的机构方式，建立统一的综合信息管理中心。此中心是在原有的信息管理机构的基础上构建的信息实体管理机构，即以属于不同信息形式的图书、情报、档案、政策标准等文件资料为管理对象的图书工作、情报工作、档案工作、标准化工作、文书工作等信息管理工作，通过建立统一的实体管理机构对其进行统筹规划和整体建设。此中心要尽可能地兼顾企业内部档案信息资源与外部再生信息资源的现有配置与管理状况，按照全局集中、局部分散，通用集中、专用分散的原则，建立纵向有层次，横向协调、多功能、高效率的立体型管理体系，科学地管理工业企业内外部信息。合理配置工业企业内部档案信息资源与外部再生信息资源，打破信息部门各自为政的状态，从而使系统发挥整体功能作用。加强企业内外部信息之间的联系，从整体出发，兼顾各自的特殊性，调动各信息机构人员的积极性，使它们在相对独立的基础上，呈现出适应信息社会需要的更高程度的整体性、统一性、协调性。

（3）脱离文献载体的信息数据网络一体化管理。由于企业内部信息实体和外部再生信息实体在分类依据、方法、管理体系等方面有诸多不同，实现一体化管理的困难较多，因此，本文提到的信息一体化管理仅指脱离文献载体的信息数据网络一体化管理。

随着科技的发展，原来文献信息与载体之间"从一而终"的关系发生了变化，信息已经摆脱了对载体"专一性"的依赖关系，能独立地在计算机之间和网络之间自由往来，利用网络技术可以将分布于不同部门的内部档案信息与外部再生信息资源以网络化方式加以互相连接，及时提供利用，实现信息资源共享。当前信息环境下，企业对内部档案信息与外部再生信息实行一体化管理就要实现计算机、现代信息技术和网络技术的最大价值的开发利用。可以通过充分地运用计算机网络技术等先进的信息技术手段解决长期困扰企业的内外部信息资源分散性、孤立性、封闭性与企业各阶层用户对内外部信息需求的综合性、多样性、开放性之间的矛盾。因此，工业企业信息一体化管理关键步骤就是信息数据的网络的一体化，它是信息一体化管理的关键环节和一体化服务成果的集中体现。但是，在工业企业信息一体化管理中，应用信息技术并使用计算机网络化的整合手段，仍必须以大量丰富的纸质信息资源为基础，因为网络化一体化仍需依托于丰富的实体馆藏资源，以此来保证一体化信息数据库的质量。此外，网络化整合存在一定的风险，保留传统信息资源管理可以降低风险。必须在网络化整合内外部信息同时保留纸质各信息载体原本，配套管理。因此，企业范围内信息一体化管理，采用企业局域网建立企业内部信息系统来实现，形成实体资源分布式收藏，虚拟资源网络化共享，实现企业内外部信息一体化管理的"无缝链接"，保证企业信息用户不受任何时间、空间的限制对企业信息的利用。

总之，工业企业信息一体化管理模式是集各种信息于一体进行综合管理开发，并不是简单地对行业或部门的增加与减少，而是在强调分工与合作。一方面在企业内部实行档案信息同其他信息载体分别管理，另一方面实行各种信息的联合开发，使各种信息内外沟通，相互补充，形成一个统一的开放型信息联合体。在此基础之上实现行业、部门在更大范围、更广领域上的信息资源共享。概括地讲，工业企业信息一体化管理就是为适应企业生产经营的发展目标需要，以及达到企业内外部信息之间资源共享和资源优化配置的目的，立足于企业组织建立的微观管理机制与提供的制度便利，企业各种信息、工作流程、资源条件、管理机构等各方面，实行统一计划、整体编排，讲究合理分工与集中实施的科学结合，以求最大化的整合控制与集成管理，实现最佳的管理效益和信息服务效率。

3.工业企业信息一体化管理的内容

（1）宏观管理一体化。企业信息一体化工程归根结底是一个管理问题，涉及各个信息服务部门之间的合作与协调，使之统一观念、统一步调，改变各个独立的工作系统封闭、孤立的状态，使之成为一个涵盖企业内外部信息资源领域的统一网络化过程。因此，要实现企业内外部信息资源一体化管理在技术支撑的同时，还要建立统一的管理与协调机构，对整个一体化工程实施有力的监管，并树立整合与共享的观念，增强合作意识。只有实现了宏观管理的一体化，才能使各个独立的工作系统在统筹安排、全面规划、协调发展下，建成统一的企业信息管理保障体系。

（2）中观管理一体化。中观管理一体化主要是指资源管理系统一体化，即将各独立部门所使用的信息管理系统和硬件设施进行一体化管理。随着现代存储技术和检索技术的进步及网络技术的飞跃发展，企业各部门在信息系统的构建和信息设备的配置上已初具规模，但是，由于信息服务部门各自为政、独立开发，导致所构建的系统（包括档案管理系统）的体系结构和信息资源标准、类型各异，致使信息孤岛形成。然而，计算机网络将企业内部档案信息和外部再生信息的一体化管理从理论变成了现实。通过利用技术手段，构建统一的企业网络平台，联结各个机构的应用系统，实现企业内外部信息资源的统一建设、管理、检索和利用。

（3）微观管理一体化。微观管理一体化强调过程管理，它是信息一体化管理的核心，过程管理一体化是发挥企业信息一体化管理效率的关键。过程管理一体化强调以用户服务为中心，打破传统的管理方式，以提高工作效率和方便企业各阶层用户为目的来分配人力资源，从而达到在成本、质量、效率等方面取得显著进展。过程管理一体化主要包括技术标准、信息生成前端控制、业务流程、综合管理、服务系统及人才培养等管理的一体化。

4.工业企业信息一体化管理的特点

（1）针对性。企业是市场的主体，对市场的变化也很敏感，因此企业信息一体化管理必须立足于现实，满足企业实际需要，根据企业经营范围与各阶层用户对信息需求内容的不同而有所不同，避免资源的闲置和浪费。这种针对性，通常指的是可以直接作为决策依据需要的实用信息。因此，具体实用是对信息的基本要求，即：一是关注各阶层用户对信息资源的当前需求和长远需求；二是在管理方式上要有针对性，要考虑各阶层用户对信息需求的差异性与个性化；三是资源利用方式要具有易用性和便捷性。

（2）多元化。企业信息一体化管理的多元化既包括信息一体化管理主体的多元化又包括信息一体化管理渠道的多元化。信息一体化管理主体的多元化是指参与到信息一体化管理中的人不仅包括企业的决策层、控制层和管理层，还包括了企业的基层员工。这种全方位的信息资源共享一方面能够提高信息资源的使用效率，另一方面可以加深企业信息资源共享的程度。信息一体化管理渠道的多元化是指信息一体化管理利用现代信息技术和网络服务进行多层次的管理，这种管理打破了时间和空间的限制，使信息资源的数量和结构都有了进一步的扩大和优化。

（3）效益性。企业是以获取经济效益为目标的，这就决定了效益性是企业信息一体化管理的出发点和归属点。企业信息一体化管理实施的前提和基础就是能够提高企业的经济效益，增强企业的市场竞争力。

（二）工业企业信息一体化管理的作用

1.避免信息孤岛

有利于实现企业信息资源共享。在传统信息管理模式下，各信息管理部门之间相互独立、不相往来致使信息孤岛现象普遍存在，无法实现信息交流与共享，从而使企业信息运用的效率降低。这必将导致企业各类信息交流不畅，影响企业信息资源的开发、利用和宣传，制约企业的发展和经济效益产生的一系列亟待解决的实际问题，因此，建立工业企业信息一体化管理模式，将企业各信息部门的子系统、业务流程、人力资源等进行整合，实行一体化管理，搭建一个信息中心服务平台，使企业内外部信息通过网络平台就可以跨越各自部门和实体的局限，相互利用，做到资源合理共享，只有这样才能保证企业信息流畅通、工作效率提高、竞争力提升。

2.集中管理，有利于节约企业成本

企业进行信息一体化管理，对分散在各信息管理部门的各类知识信息与资源进行集成，统一管理的同时，有利于集中人力、物力、财力，改善企业信息部门的管理条件，避免浪费。第一，实行信息一体化管理，可以将多种信息资源及信息应用系统进行一体化管理，这样可以加强企业各信息部门的联系与沟通，避免信息封闭，减少企业在信息活动中的风险性与不确定性，为企业带来信息成本上的节约。第二，实现信息一体化管理，可以使企业集中将技术、人力、物力、财力资源投入在一个管理部门里，加强企业信息管理部门（图书、情报、档案、文书部门、标准化部门）的整体实力，解决信息资源整合所需的企业信息化资金以及设备人员方面短缺的困难，避免信息资源无效保存所导致的浪费和价值生命的缩短，可确保信息价值最充分的利用，从而大大提高信息利用率和信息质量，避免时间上的浪费。第三，实行信息一体化管理，将各类信息活动要素集中起来，使其形成优势互补，使它们的价值都得到最大的发挥，降低企业成本，从而实现企业效益的整体提升。

3.优化资源配置，有利于提高信息利用率

由于工业企业内外部信息管理部门隶属于不同的行政主体，其工作环境不同，不论在资金来源、信息管理，还是工作对象等方面都存在各种差异，从而导致信

息中心的重复建设和多头管理。同时，由于企业内部的档案信息和企业外部的情报信息或文献被人为割裂开来，用户很难从某个单一的系统内获取所需的全部信息；同时，由于对用户需求缺乏全面的认知，各信息管理者缺少对各类用户信息或文献检索过程中的业务和责任需求的分析，使得各信息系统缺乏对过去、现在和未来信息利用的需求的全面考虑，导致各信息部门之间缺乏横向和纵向的联系，给用户查阅带来巨大的困难，信息资源的利用率普遍较低。因而通过实行信息一体化管理可以使文献管理和信息管理由单一、分散向综合、系统化发展，从而能够优化人力资源、财务资源和物质资源的配置，企业员工通过网络系统，更便捷地、多角度地获取各类信息，从而提高各项资源的利用效率，实现信息的增值服务。

4.增强管理人员的思想意识，有利于提高服务水平

企业传统信息服务观念大多重视信息实体的管理，并被动地为员工提供信息服务。但在他们眼里，只有传统的内部纸质档案信息，对企业内部档案信息本质及邻近事物的关系缺乏足够的认识，其结果是对新型信息视而不见或重视不足。此外，企业内有些员工只承认外部信息资源，未将现行文件和企业内部档案信息作为企业情报重要组成部分纳入企业情报系统，因此，必须加强各信息之间的协调与管理，进行信息一体化建设。让他们充分认识到企业信息管理不能单纯为管理而管理，管理的最终目的在于开发利用，这样不仅可以调动管理人员的工作积极性，让其充分认识到信息在企业发展中的作用和地位，使其充分发挥主观能力性，提高服务水平，为企业创造更大的效益。

5.衍生新生信息，有利于提高企业技术创新和市场竞争力

对企业来说，信息资源是其适应环境、技术创新、获取竞争优势的关键性战略资源。企业信息资源的开发和有效利用程度是一个企业成败的决定性因素之一。企业信息一体化管理是通过对企业内外部信息活动诸要素之间的有机交融和整合，使其形成有效的互补、竞争、协同机制，实现企业有效的组织、控制、开发和利用信息资源的全过程，有效地解决"信息孤岛"等问题，从而更加全面地、有效地提高信息资源开发、利用的整体效能。因此，只有实行信息一体化管理才能为企业各阶层用户提供及时准确的量化数据信息，才能实现从实体管理向信息管理和信息服务的过渡，才能对各种信息综合开发，衍生出新生信息，使得企业信息资源整体效能倍增，充分发挥内外部信息的潜在能量，进行技术创新，从而提高企业的全员素质和经济效益，为企业技术创新和提高企业市场竞争力奠定坚实的基础。

6.加强对外宣传，有利于塑造企业形象，弘扬企业文化

首先，企业文化是企业在其自身发展过程中形成的一种行为规范和共同语言及其产品风格、企业精神及职工的价值标准等。企业文化是企业在激烈的市场竞争中谋求发展的重要的手段之一，这有利于对外提高企业自身的信誉度和知名度，也有利于对内提升企业员工的精神面貌，从而使他们在企业良好氛围中积极工作。而企业文化的塑造过程则需要以企业信息资源整合为基础，只有通过企业信息资源一体化管理，全面分析企业内外部各种信息，才能从中总结提炼出适合企业未来发展方向的企业精神，以适应现代企业在市场经济中发展的需要。而在另一方面，企业文化的塑造对工业企业信息资源一体化起到促进作用。良好的企业文化将给企业信息资源管理提供优质的运行环境，并有助于提高企业信息部门的管理水平和工作效率。

其次，现代企业需要通过各种宣传来扩大它的社会知名度和树立良好的企业形象。企业宣传需要用大量的有关企业状况信息来宣传自己，实行一体化管理可以将企业内外部信息进行整合、集成后，通过网络向外发布，这样不仅可以加大了企业的宣传力度，也方便企业与外界的交流，更好地为企业发展服务。

（三）构建工业企业信息一体化管理的必要性

随着社会的进步，信息技术的快速发展，工业企业在管理活动中产生的信息知识总量在急剧增加，企业用户渴望从信息部门得到不受时间、空间、地域、借阅限制的多元化的个性信息服务，而从中获取内容新颖全面、类型完整、形式多样、来源广泛的信息，从尽可能广的空间、尽可能短的时间获取尽可能多的有价值的信息。企业的这种全方位、综合化的信息需求显然已不是单独的内部信息管理机构所能满足的，企业需要打破信息管理机构各自为政的单一制管理体系。因此，对企业内外部信息资源建立一个完整、统一的信息服务系统，实行一体化的信息管理，对企业各类信息资源进行有效整合、集成已成为一种必然趋势。

1.构建工业企业信息一体化管理的内在动因

（1）企业信息管理手段落后。在企业信息化程度普遍提高的背景下，企业员工对信息的需求产生了根本性变化，企业员工在所需信息的数量、质量、介质上都发生了变化，促使企业信息管理部门和工作者改变其原有的工作方式，通过多种渠道和方法提供综合准确精练的信息服务。在市场竞争异常激烈的今天，企业决策者和科技人员不但对信息的需求量越来越大，而且对信息质量的要求越来越高。由于信息部门各自为政，纵向发展的封闭系统，独立的管理体制很难满足现代企业各阶层人员对信息的质量的要求，更不能适应开放社会信息纵横交流的需要。因此，企业要想适应深化改革和转变经营机制的需要，就必须从本企业的实际工作情况出发，建立一套适合本企业信息管理模式，从而实行企业信息一体化管理，可以充分开发各类信息资源，并以现代化网络为管理手段，从而更好地为企业的生产和经营服务。

（2）信息供给不足。众所周知，在现代网络环境下，面对飞速更新的海量信息资源及用户的全新需求，而又在企业购买经费相对不足的情况下，企业仅凭自己的力量不可能拥有所有的信息资源，而依靠企业自身有限文件和档案信息是很难最大限度地满足现代企业发展中所需的信息需求。系统论里的贝塔朗菲定律认为：整体的属性和功能大于孤立部门的总和。将企业现行文件、档案信息等内部信息和图书、情报、文献资料等外部信息进行统一管理，使各类信息之间形成相互协调、相互支持的融合关系，从而使它们各自的功能得到最佳的发挥，以此达到资源共享的最大化。

（3）物质资源的浪费。我国的信息资源缺乏有效的整体规划，由于企业信息管理机构条块分割严重，在信息的日常管理、设备的重复购置等工作上会耗费大量的人力、物力、财力，造成物质资源的浪费。加之信息资源的软硬平台不统一，资源关联程度差，信息资源数据库、应用系统的异构度高，服务观念的不一致，行政管理机构的非协调性等原因而形成了信息孤岛，而信息孤岛之间缺乏必要的沟通与合作。这种人为的信息割据局面使得企业业务和数据重叠冗余大、完整性和一致性难以得到有效解决，严重地影响了企业信息管理人员对各类信息资源间共同开发和同外界的信息交流，以及影响着企业内各类人员对信息的利用，这必然导致工作效率的低下。

（4）信息资源质量差。随着企业采用各种应用系统，在企业的数据信息飞速增长的情况下，企业面临着信息过剩、信息污染的严重局面。由于企业内各种信息分散保存及操作界面的不同，导致信息不能统一管理和共享。又由于企业信息中过多的冗余数据信息，都是一些原始数据，经过提炼、开发的供企业决策的高层次信息较少，不能满足企业适应信息社会环境和提高管理水平的需要。

（5）信息资源分布不合理。网络环境下的企业业务流程复杂，传递范围跨区域、跨时区，它们在不同地区、不同部门产生海量数据，而这些信息资源又不分层次地保存在各自的部门或是分公司内，每个地区或部门各自为政，信息封闭，相互之间的沟通存在着严重的滞后现象，从而导致各阶层用户无法从丰富的数据中提取所需要的信息。

2.构建工业企业信息一体化管理的外在动力

（1）企业信息资源共享意识提高。企业信息一体化建设一直处于我国工业企业信息化建设发展的前列。随着我国社会信息化、企业信息化建设的推进，社会信息资源共享程度的提高，企业用户信息意识的觉醒，尤其是人们对档案信息、图书、情报、国家政策标准、市场等各类信息有了新认识，打破了各信息之间的界限，使信息资源达到了共享，为企业内部档案信息与外部信息资源的共享创造了良好的环境与氛围。而信息意识与信息资源的共享观念逐渐深入人心，企业界对实现信息资源的集成与共享的呼声也越来越高。近年来，我国许多企业进行信息整合，其成功案例也很多。如上海宝山钢铁集团公司、武汉钢铁公司等公司都实现了企业信息资源整合，并通过整合达到了促进企业发展的良好效果。信息资源共享理念得到了社会和企业界人士的普遍认可。

（2）电子政务的发展。企业电子政务建设是我国电子政务开展的一个重要的内容。它要求企业整合所有可以公布的企业信息通过电子政务系统向社会公布，这就为企业档案信息资源与外部信息资源的一体化管理提供了有利的环境支撑。此外，政府在宏观领域内通过不断调整组织、投资、技术等方面的政策，并通过电子政务系统向外界公布，这为企业创造了良好的发展环境。政府这一举措必将带动企业信息化的建设、企业信息一体化工作的开展，对企业影响力具有重要作用。因此，电子政务的建设为企业档案内部档案信息与外部信息资源统一管理提供政策、资金、技术等方面的支持，从而加快企业信息化进程并促进企业信息一体化管理的实现。

此外，在电子政务网络的推动下，企业利用局域网与政府的电子政务系统相连接，收集一些利于企业生产经营外部信息，如一些政策法规、科技信息、媒体新闻等公共信息，以此来丰富企业的信息资源，从而为企业档案信息与外部信息资源一体化的建立提供便利条件。同时，《政府信息公开条例》的颁布也为企业信息一体化的展开提供了一定的法律支持。从我国政府对电子政务发展的要求来看有两方面需要转变："第一，要从信息网络分散建设向资源整合利用转变；第二，要从信息系统独立运行向互联互通和资源共享转变。"这两个方面也为企业信息一体化工作明确了目标。因此，电子政务实施对企业档案信息与外部信息资源的一体化实施与发展具有十分重要的影响。

（3）企业内部各阶层需求信息的迫切性和多样性。企业档案信息与外部信息的一体化管理的目的是开发利用。在当今瞬息万变的信息社会，其信息资源具有多、杂、乱、更新速度快等特点，用户迫切希望能够在这样繁杂的信息环境中获取自己所需要的信息。在市场经济环境下，用户所需要的信息，往往是单一的企业原始信息或知识信息或技术经验和知识图书文献等信息已不能满足企业内部各阶层工作的需要。他们既需要比较系统的理论依据、参考资料，又需要原始的档案资料，还需要最新的科学情报信息。这种需要不仅要求及时、准确、全面系统，而且还要手续简捷,利用方便,用户需求信息的这种迫切性和多样性,则是实现企业信息管理一体化的外在动力。企业信息一体化可以实现企业原始信息和再生信息在提供利用过程中的优势互补,只有这样才能满足各阶层用户对信息量和信息种类的需求,提供快而准的量化数据信息,才能为企业的生产建设、经营管理更好地服务。

（四）构建工业企业信息一体化管理的可行性

（1）信息构成具有相同性。按照信息论的发展规律,企业内外部信息内容构成虽各具特点,但它们有着共同的本质,都是通过一定物质载体存贮和传递的知识信息构成的,企业内外部信息都是以文字、图形、音频、视频等手段承载知识,均属于人类体外知识信息库。只是企业内部信息注重于原始的知识信息,企业外部信息注重于最新的知识信息。它们是企业社会实践的结晶,都具有可扩展性、可替代性、可传输性和可共享性的特点。在此基础之上,企业实行内外部信息一体化管理就有了可能。

（2）作用目的具有一致性。从作用功能看,企业内外部信息管理工作都是为用户提供信息资源的一种服务性工作,其服务对象是企业的生产、设计、技改、管理等方面,都以领导机构的决策者和技术部门的技术人员为服务对象,其目的都是传播科学文化知识,促使企业用户进行横向交流,保证企业文化知识的有效利用,为企业的生产、工作、科学研究提供科学知识信息,为促进社会和企业的发展服务。具体而言,企业内外部信息的共同目的都是为企业提供信息服务,这就具备了构建信息一体化体系的物质条件,这也就决定目前是有条件把不同的信息渠道沟通起来,并及时准确、系统全面地向企业各阶层用户提供广泛服务。

（3）管理方法具有统一性。由于企业信息的构成及作用目的相同,因此信息在管理要素和环节组成上几乎相同,都要经过收集、加工和整理。在信息的输入、加工、存储、输出方面,都要经过分类、存贮、统计、保管、检索、编辑和利用等基本环节,它们的管理方法具有统一性。同时,它们的服务程序基本上也是相同的,只是有所侧重而已。无论是企业内部原始信息还是外部再生信息他们都共同担负着信息服务的重任,相互之间又有着密切的联系,因此在它们的形成和利用过程中,必然发生互相转化。实行一体化管理有利于促成这种转化,而内外部信息管理方法的统一性也便于对企业信息管理部门进行统一领导、管理、监督和指导。

（4）应用技术具有通用性。网络环境下采用现代化技术是企业内外部信息管理共同发展方向。特别是都以计算机技术,电子光电技术、通信与网络技术、光盘检索技术等在企业信息管理中的应用，实现了企业信息资料加工自动化、存贮的缩微化、检索传递的网络化。企业在信息的业务管理、编目、检索与利用等工作环节上应用技术的通用性，为企业信息一体化管理提供了技术保证，突破企业内外部信息的传统界限，在更大范围、更广阔的空间内为企业各阶层用户提供资源共享。

二、构建工业企业信息一体化管理的依据

（一）构建工业企业信息一体化管理的依据

1.信息管理理论依据

任何事物的建立与发展，都必然有某种理论基础的支持。企业信息一体化管理也不例外。对信息一体化的理论基础进行研究，是企业信息资源一体化实践发展的内在需要。企业信息一体化实施过程包含各种理论，其中信息管理理论和知识管理理论的引入为企业信息资源一体化管理的实践以及模式建立提供了理论依据，并深刻揭示了企业信息一体化管理的本质，反映了信息一体化发展的客观规律，能够有效地指导企业信息一体化管理的研究与实践。

（1）相关原理的阐述。信息增值理论。一般情况下，人们将信息在运动过程中出现的信息的量、质和价值的增加，称为信息增值。信息增值是一个动态的过程，它赋予信息产品新的内涵，并使其在以后的利用过程中提高效用，实现信息增值。简而言之，信息增值就是指通过一定的措施对信息的价值进行充分挖掘，增加信息内容价值和与之相关活动效率，其原理主要包括信息集成增值、信息化增值及信息开发增值。

（2）信息管理的服务原理。信息管理的目标、手段和方法均以服务为宗旨，这就决定了它必须以服务用户来求得生存和发展。其"信息管理活动过程中产生的所有行为都是为了满足用户的信息需求，以提高用户服务的水平和质量为最终目标"。因此，在信息资源的开发与建设上要提高了信息的可用性和易用性，以便于各阶层用户利用。

（3）信息管理的增效原理。首先，信息管理是为了节约个人、组织和整个社会使用信息的费用，其目的就是提高他们的信息活动效率。其次，信息资源和信息产品都是智力产品，它们都是为了使利用者提高活动效率，产生实际效益而开发出来的。信息资源及信息产品的价值体现在它能够使人们的行为更有目的性、更有效率。从信息管理、资源开发到知识管理，都体现了信息管理的增效原理。

（4）信息管理理论的应用。基于以上对信息管理相关理论的阐述，对工业企

业而言，信息管理的目标就是在采集、序化、开发信息资源基础上，提高个人与组织的活动效率，从而提高整个企业效率。企业实行信息一体化管理，就是对企业内部档案信息与外部再生信息进行采集、筛选与过滤，在企业大量的、零散的、低价值的信息中提炼、分析与综合，对无序信息进行加工与处理，使其有序化，并建立可用的信息资源体系，通过技术手段对信息资源进行开发和挖掘，形成高质量和可用的决策信息资源，提高其信息使用价值，从而为企业各阶层用户提供高效的信息服务，以此来提高各阶层用户的行为效率和决策水平，实现信息价值增效。实行信息一体化管理是按照一定的管理模式构造成一个有机整体系统，从而更大程度地提升了企业信息的整体性能，解决企业单一信息资源利用的缺陷问题，将实现企业信息资源整体功能 1+1>2，企业可利用它们做出战略决策，促使企业得到潜在的竞争优势，获得直接或间接的经济效益。可见，信息一体化管理是现代企业节约成本、提高效率、实现可持续发展的有效手段。

2.知识管理理论依据

（1）知识管理理论的阐述。知识管理的概念是近些年在我国出现的，国内外学术界从不同的角度揭示知识管理的本质，对知识管理的理解还没有达成一致的看法，还没有统一的定义。笔者经过不同角度的综合，总结出有关知识管理的一般性定义：知识管理运用计算机进行整理和存储。具体而言，知识管理包括三方面的内容，即知识资源管理、信息技术管理、人的管理。知识资源管理是知识管理的对象，它包括显性知识和隐性知识。显性知识指可以用规范化和系统化的语言进行传播，也叫编码知识，可以用语言、文字、数字、图表等清楚地表达，以文件、数据、档案、图表、影像、程序等显示的结构化或半结构化的信息。可见，显性知识是记录型的知识信息，它易于通过记录和管理，主要包括经验、技巧、诀窍、思维能力等"。实际上，隐性知识是技能知识和人力知识集中存储于人们的脑海里，是难以用文字记录的，是人们在日常工作的取得经验的体现，是高度个人化的知识，难以掌握利用现代技术，在合理的组织机构下，对知识资源进行收集、组织、创新、扩散、利用、开发连续动态的管理过程。知识管理强调显性知识和隐性知识的共同管理，同时还强调显性知识和隐性知识相互结合与转化。知识管理的最终目标就是实现知识共享。知识管理不仅强调了知识的重要性，更强调了知识共享的价值。知识共享的实现是通过各种直接或间接的交流活动及利用现代技术，打破空间限制，共享一切可用的知识成果，使其在组织内的知识得以补充和更新。

（2）知识管理理论的应用。在信息时代里，知识已成为企业最主要的财富来源，推行知识管理就要推动企业内部档案信息资源和外部再生信息资源的一体化管理。知识管理的主要目标就是在管理好显性知识的同时，充分发掘企业隐性知识，促使两者之间的相互转化，实现企业的知识共享与创新，实现知识增值，从而提高企业竞争力。

企业信息一体化管理的任务不仅仅是开发原有的企业信息资源，为企业工作服务，更为重要的是挖掘内外部信息中的隐性知识，加速推进其线性化的过程，从而实现企业知识资源的共享与创新。从显性知识的定义可知"显性知识一部分来源于组织在自身各项职能活动中直接形成包括制作和收到的文件、档案；另一部分来源于组织通过收集、购买、交换等方式从外部获取图书、报纸、期刊、数据库等。"企业的内部档案信息和外部再生的图书、情报等文献信息作为企业活动的记录，凝结了企业员工在从事各项活动过程中获得的认识、体会、经验和教训以及涵括了企业外部收集到的所有的信息，是企业最主要的显性知识来源。而隐性知识蕴含在人的大脑之中，其重点是对人力资源的管理。又由于企业内部档案信息和外部再生信息是企业知识共享的重要资源，企业各类信息只有向自身能够交流及共享的方向发展，才能实现企业内的知识共享。因此，企业信息管理部门不应该仅仅只是作为保存企业信息的场所，更重要的是要承担起企业内外信息交流的任务，将知识管理理念引入到企业信息管理工作中，使其成为企业的知识宝库。

总而言之，企业显性知识正是由企业档案信息和外部再生信息所包含的信息经过系统加工而得来的，企业隐性知识是应结合本单位实际工作情况，将储存在人脑中的个人的经验、观点、技巧和诀窍进行归纳提炼，将个人的知识提升为企业的知识。企业信息资源一体化管理无疑可以将知识更好地提炼和获取。企业信息部门要加强分工与合作，积极运用现代信息技术，通过数字化，对大量杂乱无序的档案信息与外部再生信息进行整合与开发，充分挖掘企业信息中所蕴含的知识，为企业实施知识管理搭建基本的信息共享环境的同时，也必然符合知识管理的目标，促进企业内外知识得以共享与创新，从而实现知识增值。将知识管理理念和模式导入企业信息一体化管理，它是信息管理的延伸与发展，不仅保留传统信息管理的优势，而且拓展和放大其管理功能，促使其管理机制变得较为灵活、高效、柔性，因此，信息一体化既能以子体系方式更好地支持企业知识管理，又能为自身的实施寻找到有效的新途径。企业知识管理的核心目标是知识创新，通过知识共享的途径来完成此目标。对企业信息一体化来说，其主要职能是提供优质、快捷的显性知识资源服务，推动企业的这一特色知识资源在企业范围内，实现广泛、理性的开发利用，同时还要兼顾自身隐性知识的共享。

（二）构建工业企业信息一体化管理的实践依据

1.工业企业各部门协调发展的需要

企业管理受诸多资源因素的影响，尤其受最弱项资源限制。企业就像一个木桶，由许多个部门木板组成，而各部门木板不能协调发展，其绩效水平直接制约着整个企业的前进和发展。而就目前工业企业的情况来看，其原有的纵向伸展的独立的信息体系，在某些方面已制约着企业各部门创效益、求生存的发展需要。因此，企业要想通过管理使木桶"容量"达到最大化，就要加强内部管理，合理配置企业内部各种资源——信息一体化管理，综合开发企业内部档案信息与外部信息，以满足生产、科研等部门系统化信息需求，做到信息资源利用的最大化。使其物尽其用，以解决影响企业发展的最短的那块"木板"的限制问题，这样在提升了短板能力的同时，促使信息管理部门与生产、科研等部门进行协调发展，共同进步，以增强企业的战斗力和竞争力，使企业利益达到最大化。

2.工业企业参与市场竞争的需要

随着社会主义市场经济的完善和发展，企业已经转变为自主经营、自负盈亏的企业法人，并随着企业外部竞争力量的进入，企业经济运行范围将扩大至全球，原有的企业经营方式难以与世界接轨。众多企业纷纷进行了改革，改变落后的管理体制，注重知识化、信息化管理。工业企业想要在激烈的社会竞争中求生存与发展，就必须及时准确地掌握先进的经营理念和技术、国内外市场动态、政策动态等各种市场信息，并适时做出正确的决策，以此来强化工业企业自身的竞争能力。而单一的内部档案信息已无法满足企业参与商场竞争的需要，只有通过综合、有效、及时的国内外信息和企业内外部信息的综合分析才能取得。因此，企业要想在市场竞争中站稳脚跟，就必须实现工业企业信息一体化管理，从本企业的实际工作情况出发，建立一套适合本企业信息资源整合信息系统，弥补各信息之间的缺陷，降低信息交换成本，充分开发整合信息资源，并通过内外部信息网络管理模式为企业的生产经营和科研工作提供高效优质的服务，以适应参与社会市场竞争的需要。

3.工业企业适应社会时代变革的需要

当今，在知识经济时代，其经济的本质特征是：在整个社会生产系统中，知识产品的生产居于主导地位，支配着物质产品的生产，脑力劳动成为人类劳动的主要形式。其核心思想是以知识和信息为基础，以高科技和信息的广泛利用为特征，通过知识和信息的合理应用来推动生产效率的提高和实现经济增长。因此，一个企业要实现自身经济增长，需要知识作为坚强后盾，必然需要一种全新的管理理念、管理模式和管理方法与之相对应。企业内部档案信息和外部再生信息同属知识载体，从知识管理的角度审视企业信息管理，可以促使企业信息管理很好地适应时代的变革和外部环境变化的要求。在企业实行信息一体化管理则要求企业信息管理要从过去对信息实体的管理转向注重对信息内容即知识的管理，并用知识管理的理念强化企业信息的开发与利用，实现其管理的智能化服务，实现信息知识创新和资源的共享，最大限度地实现知识的价值，充分发挥知识在经济生活中的作用。

此外，在全球网络化的环境中，互联网是人们快速获取信息资源的最佳渠道。它为企业用户在全球范围内获取信息服务提供了有效的手段和途径。企业内要实现知识管理必须以现代通信技术和整个信息资源网络系统为支撑，同时，首先保证工业企业内外部信息一体化，然后组织统一网络，并与互联网连接，既便于实现文献交流与信息共享及优势互补，也利于节约网络投资，统一信息管理，实现知识共享，以应对环境变化对数字信息的冲击。

（三）构建工业企业信息一体化管理的技术依据

1.计算机网络、信息技术发展的需要

随着现代网络、信息技术的发展，BBS、FTP、Telnet 等服务手段的出现，为企业信息一体化管理打造了良好的技术基础和生存环境。特别是数字化技术、数据库技术、网络通信技术、多媒体和超文本等技术的广泛应用为数据库的数据采集、异地存取和文献传递等提供了强有力的技术支持，打破了时间、空间、地域的限制，使企业内外部信息资源共享及信息服务全面的一体化管理提供了可能。现代信息技术具有惊人的处理速度、精确的计算能力、极强的记忆力和严谨的逻辑判断能力，能进行科学计算、自动控制、多媒体技术应用等，且凭其信息获取、加工、存储与传输等能力，在企业信息资源共享中起着基础性作用。而且数字签名技术、信息加密技术、防火墙技术、防病毒技术等则为企业内外部信息共享的安全性提供了技术保障。为此，工业企业要利用计算机网络和现代信息技术搭建企业自身产生的档案信息和外部再生信息的一体化管理数字化平台，促进了信息服务的交叉与融合，并完成同国内信息基础设施与互联网的对接，使工业企业既可以充分利用系统内、国内乃至国际信息资源，又能通过网络将自身的发展成果与社会共享。目前，工业企业为提升企业的经济效益和竞争力，将现代信息技术和管理技术大量应用于企业信息的基础建设、产品研发活动、生产制造活动、企业管理活动、企业商务等活动中，搭建的各种现代信息系统和管理系统，为工业企业提供先进、高效的智能化运行环境。信息技术在企业中具体应用如图 9-1。

在企业的应用都是伴随着信息技术的发展而产生的，这为企业档案信息与外部再生信息资源的一体化管理系统的建设创造了良好的条件，将其与这些管理系统相结合必定能起到良好的效果，并为企业信息资源整合的实现提供了技术支持。总之，现代信息技术在企业的广泛应用，使企业内外部信息的高容量存储、信息数据的格式转换、高速传输等成为可能，并为工业企业档案信息与外部再生信息资源整合共享，实现一体化提供了有效的技术保障和实现手段。

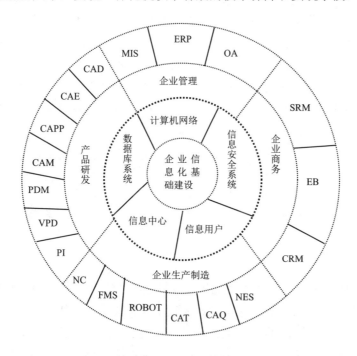

图 9-1 信息技术在企业信息化建设中的应用

注:CAD 计算机辅助设计、CAE 计算机辅助工程分析、CAPP 计算机辅助工艺规划、CAM 计算机辅助制造、PDM 产品数据管理、VPD 虚拟产品开发、PI 产品研发、NC 数字控制系统、FMS 柔性制造系统、ROBOT 工业机器人、CAT 计算机辅助检测、CAQ 计算机辅助质量管理、NES 制造执行系统、CRM 客户关系管理、EB 电子商务企业管理信息系统、SRM 供应商关系管理、OA 办公自动化系统、ERP 企业资源计划、MIS 企业管理信息系统

2.电子商务发展的需要

随着电子商务的发展，我们不再只是将它看作是一种技术，而是将它看作是一种管理理念，这种管理理念越来越多地体现了企业内部、企业之间的合作协同关系。随着世界经济一体化的愈演愈烈，企业内外部信息资源一体化成为管理理

念的发展趋势，而电子商务无疑为"整合理念"提供了理论基础和技术平台。电子商务为企业跨部门资源整合提供了两种以往想做而难以做到的途径和手段：一是电子商务为企业乃至社会提供跨部门资源整合的技术平台和管理基础；二是电子商务为企业乃至社会提供了非系统化的技术平台和管理基础。

自 2005 年起，国家陆续制定发布了《关于加快电子商务发展的若干意见》《中华人民共和国电子签名法》等法律法规，这些法律法规的颁布为企业内外部信息资源的一体化管理提供了法律支持。随着我国网络基础设施建设的发展，我国企业信息化进程进一步加快，推动着企业信息资源整合。电子商务环境下的企业内外部信息整合，实行一体化管理将成为企业发展新趋势，成为企业内外部信息资源进行一体化管理内外部推动力。可见，随着企业规模的扩大，企业能否继续获得竞争优势将更加有赖于它能否有效地对企业内部和外部信息资源进行一体化管理。现代企业管理者只有不失时机地抓住电子商务带来的发展契机，采取有力措施，在大力发展电子商务的同时，也要为实现企业档案信息与外部信息的一体化整合创造条件，达到提高企业信息共享、壮大企业实力、提高企业经济效益的效果。

三、构建工业企业信息一体化管理实践目标、方案与原则

（一）构建工业企业信息一体化管理的实践目标

彼得·德鲁克说："一个领域如果没有目标，这个领域的工作必然被忽视。"企业信息管理面临困境，日益边缘化，从根本来讲就是因为其以备查询的目标不明确，没有融入企业整体目标，缺乏主动性和挑战性，也缺乏目标实现的阶段性和层次性。因此，建立工业企业信息一体化管理模式首先需要对企业信息管理的目标体系进行设置，使所有企业信息管理活动都围绕这个目标进行，并且需要对目标进行细分，使目标具有层次性和可实现性。

企业以营利为目标，但企业信息本身并不直接生产或进行营销，所以也无法直接产生经济效益，其价值需要经过内外部信息加工整理后实现。企业内部档案信息和外部再生信息作为一种重要的知识资源，其显著特点就在于转化为生产力，为生产营销服务，创造收益，进而实现其价值。企业信息一体化能促进企业战略的实现，为企业生产研发提供动力，并对促进组织内的学习合作、增强客户满意度和忠诚度产生影响，而这些影响其实最终也为企业增值贡献力量。

1.总体目标

企业内部档案信息与外部再生信息管理作为企业运行的一部分，其目标设定

应当从企业全局考虑。企业以追求利润最大化为目标，也决定了企业所有部门的设立和活动的开展都应该服务好这个目标。因此，企业信息一体化管理也应该以企业成本效益为出发点，通过对企业内部与外部信息的有机融合，使信息资源的整体属性与功能大于各孤立部分的总和，从而有利于企业信息由分立到整合，最后达到 1+1>2 的效果。工业企业信息一体化管理的总体目标是在一定组织的领导下，运用现代企业管理理念和先进的信息技术，对现有的企业内外部各种信息资源、信息系统及其管理要素进行一体化的采集、优化、集成、管理和分析，以构建工业企业信息资源管理与运作平台，实现企业内信息资源的共享、数据的互联互访，提高信息利用率，并生成满足不同层次用户需求的新的信息集合体，在已有信息的基础上实现信息价值的增值。以此来支撑企业技术创新与战略发展，提升企业核心竞争力，进而为企业的管理和决策提供有力的信息支持，实现企业经济效益和社会效益的最大化。

企业信息一体化管理是一项有着实实在在目标的具体工作。同时，又是一项长期的工程，需要分阶段来完成。这个总体目标为这项工作的各个阶段目标提供了一个方向，利于各方面工作在开展过程中能够尽量地避免偏差提供保障，促使各方面工作按照统一的路径发展下去。

2.阶段性目标

（1）标准化建设。要实现企业内部档案信息与外部再生信息的一体化管理，首先要具有统一的规范标准，如果没有统一的标准，任何一体化工作都无章可循，最终会以失败而告终。由于工业企业信息一体化管理涉及图书情报、档案、标准化工作的规范标准，数量庞大、类型繁多。只有使分散、孤立、混乱的信息资源置于统一的标准规范下，才能将原本独立的企业内部档案信息与外部再生信息系统连结成为一个有机的整体，充分利用计算机网络的优势，从而为用户提供一体化全方位的服务。逐步建立企业信息一体化工作所需要的规范和制定相关标准，是实现企业内外部信息一体化管理的前提和根本保障。因此，在企业范围推出并建立和完善的信息资源管理标准体系，已成为企业信息一体化管理的首要目标。

（2）网络化建设。在当今网络环境中，企业内部档案信息作为一种富有现实价值和历史价值的原生信息，它本身的管理对于企业信息共享和利用是非常必要的，但更重要的是要实现与企业外部再生信息资源的融合与集成。因此，通过建设和整合统一的企业信息网络，将企业内外部信息在一个信息管理系统内实现无缝连接，为企业用户提供高效一体、全方位和深层次的信息一站式服务，最终完成各信息子系统的一体化管理，从而发挥信息的整体的最大功效，实现整个企业系统的信息资源共享。

（3）服务集成化建设。信息服务集成是指在企业信息通过集成一体化管理基础上，综合利用现代信息技术，对信息各种服务进行融合、一体化管理的过程，从而为用户提供综合的信息服务环境。实施信息服务集成，就是对企业信息技术、信息资源、服务功能、人员、机构等信息各种要素进行整合，实现整体功能的优化和质变，使用户得到动态的、在时间和空间上一致的、不同格式或属性差别的信息服务，从而构建起面向企业各阶层用户的高效能、综合化的统一服务检索平台，在实现企业信息资源的共享与共用的同时，又使企业内外部信息得到快速高效利用。

（4）资源信息化建设。企业信息化的目的在于通过信息资源的开发与利用，促使企业业务及其流程得到积极的改造，从而提升企业活动的效率和水平，增强企业竞争能力，更好地实现企业目标。企业内外部信息是企业信息资源的重要组成部分，而拥有大量有价值的信息资源则是企业宝贵的财富。面对庞大繁杂的企业内外部信息，要想提高管理水平和服务质量，必须加快资源信息化建设，减轻管理人员体力劳动，提高工作效率，促进企业信息工作由传统管理模式向现代管理模式转变，通过利用信息技术，对企业内部档案信息与外部再生信息资源进行开发、优化以此来提升企业信息的整体效能，充分发挥企业内外部信息资源的价值。企业资源信息化是一体化思想与方法在企业信息一体化管理实施过程中的创造性的应用，其关键是企业信息流一体化，它不仅符合信息资源一体化管理的思想和要求，同时也代表了企业信息化发展的趋势和方向。

（5）信息安全建设。在计算机和信息技术迅速发展的环境下，企业信息一体化管理是基于一个相对开放的网络环境而开展的，其信息资源的安全有效是极其重要的。而在此环境中，企业中大量以数字代码形式存在的信息资源时时要受到多方面的安全威胁，如网络病毒、黑客攻击、人为破坏、自然灾害等引发的系统问题等。由于企业内部档案信息的特殊性，它是企业在生产、经营管理、科学研究活动的真实记录，是企业财富的重要组成部分，特别是涉及企业商品专利、核心产品研发档案，这部分档案属于高度机密，直接涉及企业的核心业务，直接决定企业在市场竞争中的地位，关系到企业的生存与发展，因此，我们必须把这些信息的使用和获取限制在一定的系统和部门内。如何确保企业信息在开放的网络系统中安全地存储和传输，最大限度地消除其不安全性，实现信息利用过程中信息的真实性、完整性、可鉴别性、防止不安全因素对信息资源窃取、篡改、破坏等，这已经成为当前网络环境下企业信息一体化管理实现的关键性问题。

（二）构建工业企业信息一体化管理的实践方案

1.构建工业企业信息一体化管理的组织机构

（1）组织机构的设置。信息组织机构是构建企业内外部信息一体化管理，实现企业信息资源共享在组织和管理上的保障。建立和健全、合理规范的信息组织机构，对于构建信息一体化是十分必要的。基于前文分析的基础上，要在工业企业实行信息一体化管理，必须建立一个能全方位接收和处理信息的职能机构。这个机构要集企业内部档案信息与外部再生信息于一体的企业信息管理机构和信息收集服务基地，它以企业内部档案信息为主体，兼容外部再生信息（图书情报、标准、政策等），并对这些信息进行综合研究、开发、共享和统一管理。按照此要求，企业应将本着精简、高效、共享的原则，将原有的内部信息管理部门和外部再生信息管理部门（图书情报、标准、政策等信息管理部门）进行合并重新组建一个信息管理机构，统一名称为"企业综合信息管理中心"。职能管理上，实行公司领导（总工程师）负责制，这样可以使企业最高层能领导并直接掌握企业信息的焦点，管理控制战略层与运行控制层都能参与信息的管理与控制，直接获取不同管理层次所需的综合信息，实现信息系统运行的扁平化。此中心由档案信息中心、图书情报信息中心和标准化信息中心组成，三大中心下各设有相关业务部室。其组织机构如图9-2所示。

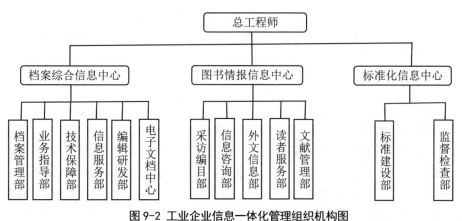

图9-2 工业企业信息一体化管理组织机构图

（2）组织机构的职能。企业信息综合管理中心的主要职能和任务：首先是根据企业对信息、知识的利用需求，对企业信息资源管理进行统筹、协调、组织规划企业的信息工作；其次是全面收集企业内外的各种信息和知识综合开发，并以规范的形式存入企业信息资源数据库；再次是通过网络服务系统，提供信息增值服务，发挥各类信息的整体效益。各部门具体职能任务如表9-1如示。

表 9-1 企业信息综合管理中心各部门职能

部门	职能
档案管理部	负责各类档案的接收、整理、保管、统计、利用等工作
业务指导部	负责各级单位的档案服务指导、执法监督、检查，以及各种档案法规、规定的具体执行宣传等工作
技术保障部	负责整个中心的网络管理、大型硬件设备管理及相应的软件开发
信息服务部	负责档案信息、文献信息的参考咨询服务、查询服务及复制服务、交流服务及三个中心"定题检索"的专利服务及数据库参考咨询系列业务
编辑研究部	负责企业内外部信息的采集、加工与开发利用等工作
电子文档中心	档案文件的数字化加工及数字档案信息中心的建设
采访编目部	负责三个中心文献信息资源的采访、购置和集中编目
信息咨询部	负责企业科技成果的交流、转让服务、专利申请事项的办理及学术交流活动的组织等工作
读者服务部	负责图书文献阅览流通、外借办证、互联网管理及读者的宣传辅导业务
外文信息部	负责引进技术的翻译及推广应用等工作
文献管理部	负责文献信息的采集、分类、编目与管理等工作
标准建设部	负责企业技术标准化体系建设、起草企业标准、行业标准及有关外联等工作
监督检查部	负责企业各职能部标准化工作的监督、检查和指导工作

2.构建工业企业信息一体化管理的制度体系

企业信息制度是现代企业制度的重要内容之一，是为保证企业信息流高效流通而实施的一系列制度的总和。在工业企业中，信息管理工作网络化已成为一种必然，而实行信息一体化管理模式是企业信息管理的革命性变革，建立与之相应信息一体化管理制度体系是能够保证信息工作的顺畅运行，提高企业员工的信息素质，营造以信息为中心的企业文化，使信息资源能够快捷、准确、有效地为企业各项工作服务，进而提高企业的生产效率和经济效益。因此，建立统一、规范的企业信息制度体系是科学管理企业信息的先决条件，是运用现代信息技术管理企业信息的技术保证。只有建立健全信息管理制度体系，减少管理中的重复劳动和因不必要的行为而造成的混乱状态，才能为企业信息一体化管理模式得以顺利构建打下基础。

由于信息存储载体及对网络运行环境的依赖性，信息资源的保存、利用方法不同于传统的纸质载体，必须建立一整套新信息一体化管理制度体系，使各类信息的管理更信息化、程序化、规范化、科学化，确保信息资源形成各环节人员的责任及信息采集、加工、整理的方法，明确信息检索、利用要求，使其方便信息资源的共享利用，又满足企业内部信息安全、保密的要求。本文结合工业企业的实际情况，对原有信息管理部门的现有制度规范进行扬弃与革新，打破各部门的旧制度框架，有选择、局部性地吸收，保留适合一体化管理的制度要素，并将其有机融合起来组成崭新、高效的、切实可行的一体化制度，其内容如图 9-3 所示。

3.构建工业企业信息一体化管理的系统平台

根据国内工业企业信息管理现状分析与企业信息管理系统需求分析，在上述信息一体化构建目标的基础上，结合企业信息一体化管理的内容及其机构的自身特点，科学、合理设定相应的系统功能，使其更好地实现系统平台的构建。

（1）工业企业信息一体化管理系统平台的功能。该系统的目标是通过实现企业资源的整体优化，使企业各阶层用户能够广、快、准、安全地共享所需要的企业内外部信息资源，根据这一目标，该系统平台应具备以下几方面的功能：第一，企业间信息资源共享功能。对于多个企业间实现信息共享，需提供有效的机制和管理手段，以便更好地解决企业在大规模、分布式环境下的共享。第二，可扩展的数据存取功能。信息一体化管理系统需要有一个信息接口，以便文档信息或者其他信息可以比较流畅地导入到信息一体化管理系统中，以此来规范数字化信息。第三，企业各信息系统整合功能。通过对企业各部门的信息资源进行有序整合，解决"信息孤岛"问题，从而提高企业信息资源共享的效率。第四，发挥知识信息功能。使用数据挖掘技术，在海量的信息中发掘出所需要的知识，从而提高共享的信息资源的质量，以解决"信息超载，知识不足"问题。第五，强大的检索功能。信息一体化管理系统应该能够使用户在企业信息库的任一指定范围，进行关键字、主题词及全文等检索，快速、方便地检索出所需的信息资源。第六，分级权限管理功能。信息一体化管理系统的每个使用者都应有自己的用户名和密码，使用真实合法的用户访问该系统，系统管理员可以根据不同的需要对此设定权限范围，为提高信息资源共享中的安全性。第七，协同工作功能。此系统要保证一体化机构的各工作人员相互协调、统一工作，还要保证能与企业内其他信息管理子系统协调一致，以此来维护信息一体化管理系统的运行（图9-3）。

（2）企业信息一体化系统平台的构建。信息一体化管理系统应依赖于企业整体的信息管理系统平台来构建和运行，并通过主体中心系统的高效运作，带动一体化信息管理子系统功能的全面发挥。因此，信息一体化管理系统不仅要涵盖自身的基本构成要素、功能模块，而且还应通过网关、群件、中间件等技术与企业其他信息管理子系统有机集成，共同以企业整体信息管理系统目标为中心来发挥作用。笔者结合工业企业信息管理的实际情况，提出一个面向工业企业信息管理系统平台模型（图9-4）。

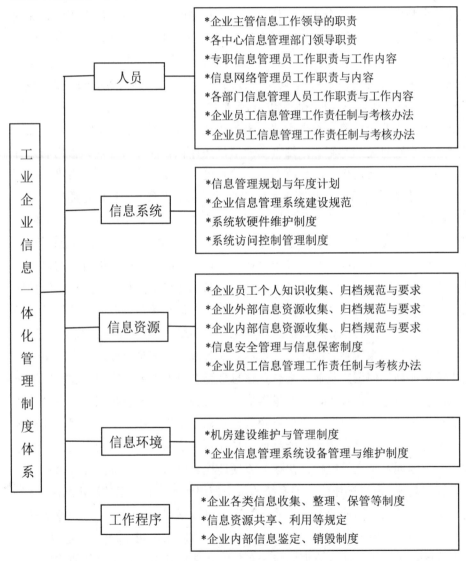

图9-3 工业企业一体化管理制度体系

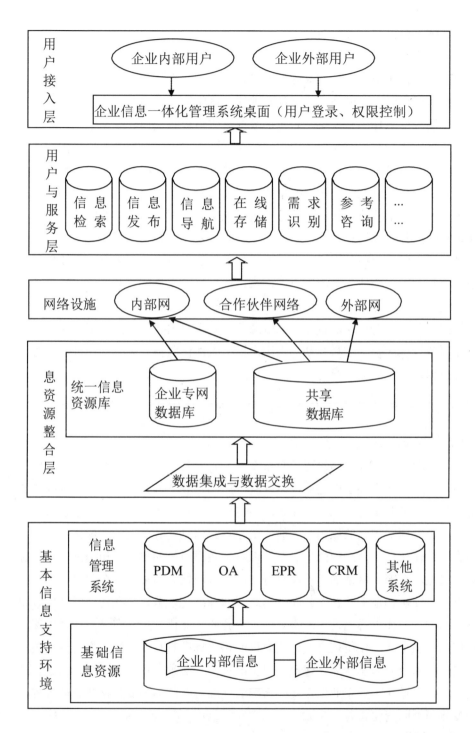

图 9-4 工业企业一体化信息系统管理平台模型

该系统平台模型共分为四层:

第一层为基本信息支持环境,即工业企业信息来源于相关部门的业务信息,它还包括 PDM、ERP、OA、CRM 等系统,企业信息一体化管理系统通过与各业务系统的集成,对企业内外部信息资源进行一体化管理。

第二层为信息资源整合层,它包括数据集成与数据交换和统一信息资源库两部分。数据集成与数据交换要利用中间件和群件等相关信息技术实现异构数据整合共享。统一信息资源库包括整合后的共享数据库和企业内网数据库。普通个人用户和企业用户通过互联网访问共享数据库的信息,企业员工可以访问共享数据库,也可以访问企业内网数据库信息。这样既实现了用户访问界面的统一,又可以通过权限控制实现信息共享,还保护了企业非公开性信息的安全。

第三层为应用与服务层,它是企业信息管理的出发点和落脚点。企业信息资源建设要紧紧围绕企业各阶层用户的需求,选择优先支持的企业业务,统筹规划应用系统建设,以此来提高各信息部门的综合服务能力。

第四层为用户接入层,企业信息资源的需求用户主要是企业员工,通过一些个性化服务设施加强交流与互动,为用户提供人性化服务。同时,通过该层对访问进行控制,能够保证系统内资源的安全。

(三)构建工业企业信息一体化管理的原则

1.标准规范原则

由于工业企业内外部信息资源数量庞大、质量参差不齐、媒体与格式多样,在网络环境下,如果要实现企业信息联网、达到企业资源共享的目的,标准化和规范化是实现工业企业信息一体化管理的前提条件,企业信息一体化建设只有自始至终地遵循标准规范的原则,才能使工业企业信息资源建设工作健康持久。企业信息一体化作为一个严密的信息系统,对其数据质量的要求是相当高的,其标准规范又是一个庞大复杂的体系,只有在信息资源标识、描述、存储、查询、交换、管理、使用和检索等各个方面做出统一的标准与规范,并在资源的开发、组织管理的过程中加以遵循,才能实现信息资源的一体化管理。但又因技术迅速发展和信息动态变化,使得信息一体化建设的相关标准具有专业性、变动性、关联性,这就要求企业信息一体化建设的"标准规范"必须是适应整个企业信息管理发展需求的,适应工业企业工作实际情况的标准,并能够随着数据和外部各种环境的变化而不断变化。

2.整体优化原则

所谓整体优化原则是指运用一定的技术手段和方法,通过对一体化管理各要素进行有意识、有比较的选择，对其进行优化、整合，使得各要素能够以一种充分发挥各整合要素优势的方式结合在一起，从而实现整体的功能倍增或功能涌现，并最终实现整体优势及整体优化的目标。

3.经济适用原则

经济适用原则主要从两个方面反映出来：一是通过遵循针对性和适度性原则，就是指根据一体化管理的目标和用户的特定需求，在企业现有的技术力量、资金能力等有限的情况下，有针对性、适度地选择信息资源、挑选恰当的整合工具和整合方法，通过以最优化理论与方法，进行较少的经济投入来整合与组织信息资源，使整合后的资源达到功能倍增的效果。二是遵循效益性原则，就是指企业信息管理过程中要重视投入和产出的关系。"投入"指企业对内外部信息进行一体化管理的过程中人力、物力、财力的消耗。"产出"就是企业信息一体化管理后信息的增值效益。只有"产出"大于"投入"时，才能产生效益，达到预期盈利目标，否则只会造成人力、物力和财力的浪费。因此，工业企业信息一体化工作必须遵循经济适用的原则，讲究经济效益，将经济适用的观念贯穿企业信息一体化开展的每个环节，使企业信息一体化工作适应企业的发展状况，只有服从和服务于企业的经济目标，才能获得自身生存和发展的空间。

4.开放共享原则

企业信息资源一体化管理的最终目标就是实现企业内外部信息共享，而共享的一个重要前提就是信息资源的开放性。由于企业各部门彼此间使用的软硬件平台各有不同，要保证在不同信息平台下实现资源的共享，就必须跨越各组织界限，利用开放性的网络环境，构建一个具有良好的互操作性计算机软硬件平台。又由于所有的信息资源都存在一定程度上的共享，不存在有绝对不共享的封闭，只不过共享的范围大小不同罢了。由于受传统信息管理模式和人们封闭观念的影响和制约，使得数量众多的信息资源共享的范围极为有限，信息用户也由于受地域等因素的限制，往往只局限于某一特定的群体。网络环境下，由于开放的互联网使各企业内外部信息资源融入企业信息资源大系统中，打破了条块分割，各自为政的现象，扩大了信息共享范围，提高了检索和信息资源发挥的效率，满足企业各阶层用户的需求。因此，在企业内部档案信息与外部再生信息实现一体化管理过程中应体现开放共享的原则，对企业信息的一体化管理进行宏观调控，使各信息部门树立共享的新观念。

5.拓展服务原则

拓展服务原则是指信息资源一体化的发展有不间断性，并在建立信息一体化系统和为用户服务的过程中，以服务为最终目标。一体化后的信息管理系统应根据信息数据的变化和用户需求的变化随时地进行快速、准确、灵敏地扩展调整和拓展服务功能，以满足用户的个性化服务需求。而一体化机构的主要职能是为企业各阶层用户传递和提供档案知识、情报、图书、信息，支持和推动企业信息的知识和技术创新。这种职能属性决定了一体化机构作为专门收集、加工、存贮、开发企业信息的部门，具有专业、特殊的信息服务。因此，一体化信息管理系统既要本着体现自身特色的同时，又要应考虑本身特有功能，将特有信息知识在技术系统环境中呈现，拓展服务，促使信息一体化管理发挥独立作用和特色属性。因此，只有企业信息不断地更新，使信息管理处于一个连续动态的整合过程，企业信息一体化管理才能维持其生命力。

6.保障安全原则

保障安全原则是指采取必要的安全保障措施来确保企业内外部信息安全，避免企业在信息一体化工作开展过程中因泄密、利用不当等因素给企业造成重大损失。计算机、通信与网络的综合技术平台，是实现企业信息一体化管理信息共享的技术平台，其具有较强的开放性和广泛性。但其在带来数据共享等优越性的同时也相应地给信息资源一体化管理带来了极大的安全威胁。因此，企业应针对网络环境下信息资源一体化管理的具体特点，制定出切实可行的安全管理规定，为企业信息共享的安全性提供制度依据和管理保障。

四、构建工业企业信息一体化管理的制约因素与策略

（一）构建工业企业信息一体化管理的制约因素

随着现代社会不断向着信息化和网络化的方向发展，给企业信息管理工作引入许多新鲜元素，信息管理部门在企业中的地位也发生了根本性变化。而一些企业信息管理工作也随着企业管理环境的变化而变化，这给企业信息管理工作带来许多困难，致使在企业信息一体化在实践发展中存在许多制约因素，这些因素成为信息一体化管理得以在企业内有效实施的瓶颈。主要表现在如下四个方面。

1.管理体制不健全

目前，我国工业企业信息管理体制是按照信息内容分散保存在各自管理部门，企业内部档案信息主要由企业的档案部门主管，而外部再生信息资源主要由企业科技部门主管。因此，就形成了这种条块分割的管理体制，缺乏独立行使职权和跨部门的一体化管理的常设机构，也致使了企业内外部信息管理系统相互独立、封闭，互不往来，使各信息管理部门间难以形成相互合作、协调的关系，使企业对信息管理缺乏全局性的发展规划，也由此造成企业内外部资源分布不合理、信

息资源单一、资源重复、信息部门服务功能弱化、难以整合的局面。

（1）各自为政的管理阻碍了信息一体化发展。各自为政的管理致使企业大量信息资源长期分散保存在各生产部门，处于非统一管理的状况，这种无序管理，致使企业大量信息资源处于闲置状态，阻碍了信息的正确流向，使其失去有效的利用价值。首先，由于企业内外部信息形成主体隶属关系与信息运行环境的不同，导致内外部信息资源形成"各自为政"的管理，由于信息建设的水平低，故难以实现对原始数据的有序整合和深度加工。其次，企业内各信息管理部门"以我为主"的建设模式，对企业内部档案信息与外部再生信息资源的一体化管理产生了不利影响。信息资源的形成既与部门职能活动有关，又取决于形成者的主观能动作用。"以我为主"的建设模式，将会造成信息价值的取舍及信息流向只受制于行使职能的需要，而不能从企业整体利益出发，缺乏有利于企业发展需要、方便各阶层用户利用要求的强烈意识和宽广视野，这对企业信息资源的一体化管理带来诸多的不利因素。

（2）多头服务体系阻碍了信息一体化的发展。企业现有的服务体系是通过各自独立的网络向各自的企业用户提供信息利用服务，这种多头的服务体系，阻碍了信息流动和重组，使需要企业信息的用户无法通过网络界面，获取完整、全面、准确的信息。虽然，可以通过网络技术对企业内各种信息进行整合，使得一体化管理成为可能，但是，这种网络化系统运行平台，缺乏统一规划、整体建设标准，致使企业内部信息与外部信息无法进行统一加工、开发，也不能提供整体性、系统性的统一检索与利用的一站式信息服务，从而使一体化管理无法达到预期目的，制约了一体化发展。

2.基础设施建设不足

企业实施内部档案信息与外部再生信息一体化，必须基于信息网络环境，才能实现信息的高速运转，才能在企业内实现信息资源共享。近几年，我国企业信息化水平在不断提高，但企业信息管理部门的信息化水平，特别是信息基础设施建设严重失调，与现实需要严重脱节，这有悖于信息一体化管理的要求。因此，企业信息基础设施建设不足仍然是当前工业企业信息一体化管理的主要制约因素。

（1）硬件基础设备建设不足。在企业管理中，各部门硬件设施建设是体现企业现代化建设的宗旨。但是，随着现代企业的发展，企业信息一体化管理对企业内部档案信息及其他部门的各种信息的综合管理与使用取向提出了新要求。那就是企业必须要有一套与信息一体化管理体系相适应的硬件环境。企业硬件设备主要是指网络服务器、存储设备、数字化设备、安全保密设备等硬件设备，它们是信息管理的载体和工具。从现有的企业管理的实际情况看，企业信息管理中硬件基础设施建设严重不足，特别是企业内部信息管理的档案部门，多是单机操作，缺乏信息管理所必需的最基本的自动化设备，信息设备远远落后于企业发展的需求。而外部再生信息管理部门如图书情报、标准化管理部门更是无统一、专用信息管理设备，大多信息都由其业务人员个人管理，因此，信息硬件基础设备建设不足，严重制约着各企业信息一体化的实施与发展。另外，信息网络是企业内部信息管理部门自身局域网与企业外部信息管理网络及企业其他部门网络连通等相关的信息技术保障。信息一体化只有依赖信息网络这个物质基础条件，才能实现。而就我国目前网络发展水平来看，出于经费等原因，企业信息网络建设并不乐观，各内部网络之间互联互通程度低，一体化的趋势还不是很明显，总体上还处于一种相对孤立与分散的状态。

（2）信息应用系统建设不足。在信息网络环境下，企业要实现信息一体化管理，达到企业内所有信息资源共享的目的，就需要对大量分散在企业各部门的信息资源进行科学管理，合理地开发和利用。而要达到这一目的就必须充分利用现代信息技术构建一个资源数字化、服务网络化的多功能信息资源管理系统，这是实现一体化管理的基础性条件。然而，我国大多数企业所用的信息管理应用系统主要依靠国外公司推出了自己的产品和方案，功能各异，标准格式不统一，不适用于工业企业信息管理的需求，因此，为实现信息一体化管理，推出适合本企业自身实际需要的应用系统刻不容缓。

3.政策标准体系尚未形成

（1）法律政策体系尚未形成。由于企业信息一体化是在网络条件下才能实现的，而网络的开放性、信息传播的广泛性和快速性等特点，会造成信息在其网络整合和提供服务的过程中面临着一些信息资源分配、文献信息利用与信息安全、著作权以及利益分配等问题，故需要相关的政策和法规作保证。我国虽然出台了一些法律法规，大多都是涉及信息设施、信息技术、信息产业、信息与知识产权、信息公开、信息安全保密等方面的内容，这些法律规章原则性强，而实际操作不够明确，仍不适用于工业企业信息一体化建设。而一些有关商业秘密和数据保护等方面的法律、法规的制定仍落后于技术发展和环境变化，仅靠企业自觉和不具法律强制力的条例来约束企业信息管理过程中产生的不正当行为，这使信息一体化建设过程中不能做到有法可依。

（2）标准体系尚未形成。在信息化社会，计算机和现代通信技术在企业中得到普遍应用，企业信息化建设是工业企业建设重点工作。但是由于我国经济发展不平衡，信息资源建设的标准体系进展也相对滞后，没有形成统一的标准体系，从而导致各信息服务系统建设存在各自为政的现象，使各信息系统之间难以进行交流，造成了大量信息重复的现象，严重制约了信息资源共享，也给企业信息化建设工作造成极大的损失和浪费。虽然企业信息化建设已经起步，但由于各信息管理部门在建设标准方面，没有考虑通用性与兼容性，企业内信息化建设缺乏一个统一的标准，对标准化把握得不严格，在实际工作开展中出现了各建设部门各行其是，从而导致各信息部门之间无法互联互通，阻碍了企业信息网化的形成。此外，在企业信息数字化建设方面，需要数据格式转换、通信规则、检索语言等技术标准，但这些标准规范的制定已超出了各信息部门的工作范围，制定的标准要满足不同系统、领域的工作需求，这要求各类信息管理部门之间共同协作完成，这无疑给信息化工作带来难度。此外，在企业信息化建设中，标准问题并没有受到足够的重视，其中信息存贮和著录格式、软硬件配置等方面的标准还处于空白。可见，标准化已成为企业信息一体化建设的薄弱环节，在一定时期内，仍将是影响信息一体化建设的重要因素。

4.利益平衡机制有待提出

企业信息一体化管理，将企业内各信息管理部门之间传统的互助合作的非利益性的伙伴关系改成一种互利互惠的利益性关系。由于在信息一体化管理体系中的各信息管理部门属于不同系统，各部门所拥有的信息基础、基础设施、经费来源等方面存在较大的差异，导致各参与方的能力不平等，在资源一体化建设中的投入也将各有侧重。由于在企业内缺乏有效的利益平衡机制，致使企业内信息资源管理部门之间难以在决策权和利益分配方面达到理想效果，这将很难形成有效的合作，这制约了信息一体化管理体系发挥其应用。与此同时，又由于各信息管理部门强化部门的利益，担心其经济利益受损，不愿意进行信息共享，从而有意或无意地设置信息互联互通的壁垒，阻挠内外部信息资源一体化建设。因此，必须建立一种利益平衡机制，使各信息管理部门收益与成本平衡，减少各部门之间不必要的冲突与摩擦，促使其能够积极地参与一体化管理，从而达到企业信息一体化实现为用户提供方便、快捷服务和信息共享的目标。

（二）构建工业企业信息一体化管理的策略

企业实行信息一体化管理，是一项长期而艰巨的工程，且在建设过程中必然要受到各种因素的制约。因此，要有计划，有步骤、有策略地开展企业信息一体化工作。在当前情况下，笔者认为应从组织管理、政策标准、经济保障、技术支持、人员素质等方面统筹考虑，构建企业信息一体化管理的策略，从而在宏观上和整体上清除制约其发展的不利因素，为企业信息一体化的全面实施提供持续、良好的运行条件。

1.组织管理

任何一个宏观管理项目的成功运行都需要一个强有力的组织来统一协调、指挥。企业信息一体化管理工作的开展，组织是保证。只有建立健全相应的组织结构，对信息一体化工作进行统一的规划与管理，才能保证企业信息资源体系的完整统一和企业内外部信息资源的建设与开发。从而使得各种资源能够发挥最大的作用，实现企业内各种信息资源共建共享。通过建立"企业综合信息管理中心"打破传统信息管理模式下企业信息分布的局限性，打通企业内外部各种资源的界限，通过实现有效的知识组织和知识交流来推动企业内外部信息一体化管理。企业信息中心是企业内部档案信息与外部再生信息"多位一体"的企业信息管理机构和信息服务基地，它以企业内部档案信息为主体，兼容图书情报、标准政策等外部再生信息，并对这些信息进行综合研究、开发和统一管理。组织的职能在信息一体化建设中得到有效的发挥，需要着手做好以下几方面工作：

第一，明确企业信息管理中心的领导机构。由于企业信息一体化建设过程中，涉及的内容较多、范围较广，因此，需要由企业总工程师统一领导和部署，有目的有计划地对各部门进行分工，协调各部门之间的关系，合理调配技术力量，开展标准建设、技术攻关、项目建设等工作。具体工作的实施由下设各部门担任，这样既增强了企业内部档案信息管理部门与外部再生信息管理部门之间的互补性，又不影响其内部的规范管理。第二，企业信息管理中心的建立需要相关制度来保障。通过制定有关规章制度和办法，明确企业信息中心的管理范围、工作责任和义务，力求做到从制度上明确企业信息管理中心的职能，赋予其在企业信息采集、加工、分析、开发及外部信息获取方面的权利，确保其职能的行使，为企业信息一体化管理提供保障。第三，对企业信息管理中心提供资金支持和技术保障，保证其各部门在外部信息获取、人员聘用等方面有充足资金来源，并定期向企业综合信息管理中心提供先进技术和设备，辅助对企业深层次信息的开发。

2.经济保障

经济实力是在企业进行一体化管理时必须要考虑的因素，因为企业信息一体化工程管理从其所需计算机设备、通信设施等硬件设施，到数字资源数据库系统建设、建立网站、信息开发等软件设施，再到网络化的管理与利用、人才的引进与培养等都需要投入大量的资金。因此，强有力的经济保障是企业信息一体化管理顺利进行的关键因素。为保障信息一体化建设的资金投入，可以从以下几个方面努力：

第一，国家、地方政府应加大企业信息化资金投入力度，面对薄弱地区和资金实力较弱的企业，国家可采取设立信息化投资基金等措施，帮助、扶持企业信息化建设。

第二，企业要转变经营方式，建立与信息化社会发展相适应的现代企业信息管理体制。企业力争将信息化建设项目列入地方政府或行业系统的专项建设规划中，以获得更多建设经费。同时，企业应加大对信息部门信息化的投资力度，以企业信息管理现代化促进企业的发展。

第三，由于企业各项资金投入都与企业经济利益挂钩，对能为企业创造直接效益的部门愿意投入资金，而像档案信息部门及外部再生信息管理的图书情报、标准化等为企业间接产生经济效益的部门备受冷落，投入资金较少。企业信息部门要想谋发展，获得企业的重视和较大的资金投入，就必须建立互动机制，拓宽建设渠道，充分动员社会和企业各方面力量，利用一切可利用的资金，来开展企业部门信息化工程。如信息部门要加强与企业的生产、销售、科研等部门的合作，将信息转化为有利于企业建设的知识资源来指导企业的经营方式，从而给企业带来相应的经济效益和社会效益，以此引起企业领导及各部门的重视，提高企业对信息部门的资金投入。也可以与大型跨区域 IT 企业优惠联合，利用其异地市场政策和形象开拓需要，获取资金、技术和资源服务等。

3. 政策标准

（1）法律政策体系建设。在我国，企业信息资源整合建设立法与管理中存在着不对称性，缺乏权威的法律政策保障体系，因此制定推行相关法律体系是信息资源建设的基础和前提。企业信息一体化的实施是在开放的网络化的条件下实现的，这就不可避免地造成在信息资源在一体化与利用过程中信息被私自下载、非法复制处理、擅自对外发布信息、信息被恶意修改、攻击等问题，这就涉及专利法、隐私权、著作权、信息安全等方面的相关法律规定。如果没有健全的法律政策体系作保障，就会造成企业信息一体化建设过程中各环节的不一致，一体化程序无法可依的混乱局面。因此，建立与完善国家信息公开，信息资源整合、一体化和共享等方面的法律法规，使企业信息一体化建设在法律、政策上得到保护。近几年，我国出台了一些关于著作权、信息安全等方面的相关法律规定，如《关于数字化制品的著作权规定》《知识产权保护条例》《计算机信息系统安全保护条例》《计算机软件保护条例》等法律法规，其法律体系相对比较完善。国家于 2005 年 4 月 1 日颁布并施行了《中华人民共和国电子签名法》，这是一部细化了的技术法律，对电子文件生成、传输、储存起到根本性的保障作用。但是，随着各个企业信息化工作的迅速发展，又出现了很多新问题，原有法律法规内容滞后，已不能全面地解决这些问题，而对于企业信息一体化这方面的法律政策更是空白。因此，这需要从企业信息资源建设的实际情况出发，不断地制定和完善法律法规，并随着企业信息一体化发展而不断对其修改、加强、完善相关的配套法规，从而有效保证企业信息一体化工程建设的有序进行。

（2）标准体系建设。建立标准体系是实施企业信息一体化管理的前提和保证，但是，目前工业企业信息一体化建设过程中涉及的相关标准较多，标准体系建设尚不完善，制约企业信息一体化的发展。在企业内外部信息管理的档案部门及图书、情报等信息管理部门已广泛按照《档案著录规则》《中国图书馆图书分类法》《分类标引规则》《文献著录条例》《主题标引规则》《情报与文献工作词汇基本术语》《机读目录软磁盘交换格式》等标准实施管理工作，这为信息一体化标准体系建设奠定了良好的基础。但是，要实现信息一体化管理，资源网络化共享的目标，就要制定统一标准体系。除了要协调和统一企业内外部信息一体化建设过程中所涉及的信息、计算机、通信设备的通用性等基础标准外，还要推动企业信息管理部门在业务技术标准、信息管理标准和信息服务标准等方面的建设，其内容如图9-5所示。通过标准体系建设来加强网络和数据库的统一管理和建设，以此为信息一体管理和实现资源在企业内共享提供良好的政策环境。

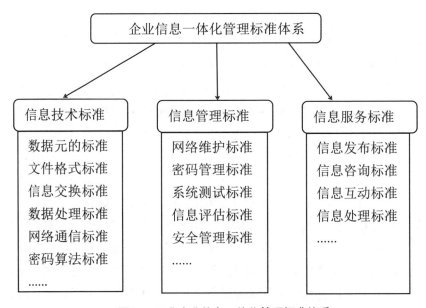

图9-5 工业企业信息一体化管理标准体系

4.技术支持

企业信息一体化管理需要先进的信息技术为依托，充分利用现有信息网络，在各信息管理部门的系统中构建统一的技术平台。因此，只有在以一定信息技术支持的基础上，构建企业信息一体管理所需的信息资源体系才能够顺利进行。信息一体化管理是一项技术性很强的大规模的技术集成系统工程，它在建设过程中利用一些高新技术，对企业内部档案信息与外部再生的图书情报、标准政策等信息资源进行整合、开发、利用和提供服务。要达到这一目的，必然离不开相关信息技术的支持。

（1）数据处理技术。企业在信息一体化建设过程中要对内外部各类信息进行去粗取精、去伪存真，要针对用户的需求选择有价值的信息，利用信息处理的相关技术，把重要的资源信息化，提供优质的信息化服务。可利用的数据处理技术包括：数据挖掘技术、自动标引技术、信息抽取技术等。

（2）数据存储与组织技术。面临企业的大量杂而乱的内外部信息资源，如何对其进行有序的存储和管理，并使之建立内在联系，整合到一个信息系统中，使其达到整体功能大于各信息单元之总和，充分发挥信息资源的价值和作用，必须具备相关的技术条件才能实现。可利用的技术包括：数据库技术、数据组织技术、数据转换技术、数据描述技术、数据存储与压缩技术等。

（3）分类、索引和检索技术。为规范整合后的企业内外部各类信息资源，并对其进行统一的分类，需要应用相应分类、索引技术，才能满足企业信息的利用要求。其相关技术包括：集成检索技术、跨语言的信息检索技术、概念检索技术、多媒体技术、智能搜索引擎技术、网络信息检索技术等。

（4）集成技术。企业内外部信息资源由于分散地存储在各自独立信息系统中，基础设施与应用系统平台的使用都没有遵循一个统一标准，而实现信息一体化管理则要求将这些异构的系统实现无缝链接，因此，必须将集成技术应用到一体化建设中。集成技术包括：中间件技术和基于协议的整合等技术。

（5）安全技术。信息化背景下，企业内外部信息资源共享，安全技术水平直接关系到网络信息的安全和企业信息资源的共享。目前，国内外所采用的安全保护技术主要有防火墙、硬件隔离技术、加密技术、访问控制技术、认证技术、身份识别技术、数字签名技术、密钥管理技术等。

5.人员素质

信息一体化管理是一项科技含量很高的知识创新工作，它是一个集企业经济知识、信息知识、科技知识、语言知识等多元化知识的一体化管理体系。要实现企业内信息资源共享，就要加强现代信息技术的应用和信息加工专项技术的研究，不断地开发利用信息资源，实现其价值和效益。作为一名综合信息管理人员，必须具备多方面知识，如计算机、网络方面的知识和信息资源开发、组织、管理方面的经验。同时，还要具备较强的开放观念和资源共享意识。在信息资源一体化建设工作中，管理工作者的操作水平直接影响一体化建设的成效。因此，只有不断提高信息管理人员的综合素质，才能使企业信息资源一体化更优质、更高效地开展。目前，从企业的实践情况来看，信息管理部门的现有人才队伍，不能满足企业信息一体化建设的要求，企业可以从以下几个方面着手保障人才的需求：

第一，建立激励机制，充分调动信息管理人员的工作积极性。企业应改善以往对企业信息管理人员不关心、不重视等现象，通过建立人才配置机制、绩效机制、奖励机制、教育培养机制等激励企业信息部门人员的工作热情和创造力，挖掘管理人员的工作潜力，充分发挥其聪明才智，为企业的发展做贡献。第二，引进培养高层次人才。采用多种优惠政策，引进各专业的本科、硕士研究生等，特别是具备较高外语水平综合型高素质人才，为企业信息管理部门增加新鲜血液，优化人才结构，使之满足企业信息化发展的需要。第三，加大业务培训力度，培养高素质人才。形成一套科学的教育培养计划，加强一体化高素质、高层次、高技能人才的培养。同时，从资金上给予支持，推行在职教育与继续教育，不断更新管理人员的知识结构，使其补充最新的信息管理理念、管理方法和管理技能，提高其创新意识和适应工作变革的能力，为建设更加完善的一体化管理系统注入活力。第四，加强人才之间的交流。加强企业内外部门之间的合作与交流，将高素质人才的技能、经验、技术、方法、意识挖掘出来，实行其他人才的共享与利用，形成区域间的人才互补，形成团体优势，从而提高团体智慧、知识水平和增强创新能力。

参考文献

[1] 何振，蒋冠. 电子政务环境下企业图书、情报、档案一体化探析[J]. 档案学研究，2005（6）：47-50.

[2] 刘斌蓉. 信息环境下电力企业图书、情报、档案一体化研究[J]. 技术与市场，2011（4）：70-71.

[3] 孙曙明. 信息资源共建共享与图书、情报、档案一体化管理的探讨[J]. 档案管理，2008（2）：88.

[4] 高玉芬. 谈企业信息一体化管理模式的构建[J]. 黑龙江档案，2011（6）：97.

[5] 邵文蓉. 试论档案、图书、企业信息的一体化管理[J]. 港口科技，2006，（11）：13-15.

[6] 师迅东. 企业信息化建设评估标准研究[D]. 湘潭：湘潭大学，2008（5）.

[7] 李亚东. 档案信息资源网络共享模式研究[D]. 苏州：苏州大学，2008（4）.

[8] 高鹏，罗文阁. 建立档案、图书、情报一体化信息中心之我见[J]. 邯郸职业技术学校，2010（2）：79-81.

[9] 陈勇跃. 电子政务信息资源整合研究[D]. 武汉：武汉大学，2005（4）.

[10] 韩杰. 基于电子商务的企业信息资源整合[J]. 知识经济，2009，(18)：117-118.

[11] 蔡文彬. 基于知识管理的企业信息资源整合与服务研究[D]. 杭州：浙江大学，2008（5）.

[12] 黄杰. 企业信息资源集成管理研究[D]. 武汉：武汉理工大学，2005（5）.

[13] 刘雁. 基于图书、情报、档案一体化的信息资源共建共享[J]. 科技情报开发与经济，2009，(12)：93-94.

[14] 锅艳玲，于会萍. 基于网络的图书、情报、档案一体化管理模式探讨[J]. 河北科技图苑，2006，(3)：30-31.

[15] 颜景红. 林业科研单位图书情报档案一体化管理的探讨[J]. 防护林科技，2010，(11)：10-11.

[16] 张笑宇，谢海洋. 论知识经济时代的企业档案工作[J]. 山东档案，2011，(10)：27-29.

[17] 周建皎. 制造业企业档案信息管理系统研究[D]. 重庆：重庆大学，2006（5）.

[18] 孙学敏. 企业档案、图书、情报一体化管理是现代企业信息管理的必然趋势[J]. 云南档案，2004，(2)：28-30.

[19] 李华. 企业档案图情报一体化研究[J]. 档案与建设，2006，(11)：44-46.

[20] 徐拥军. 企业档案知识管理模式——基于双向视角的研究[J]. 档案学通讯，2007，(5)：51-53.

[21] 王秋. 试析图书档案文献一体化服务[J]. 兰台世界，2007，(3)：23-24.

[22] 徐寿芝，陈俊武. 图书、档案一体化与资源共享[J]. 盐城师范学院学报，2006，(12)：110-113.

[23] 舒任颖，肖文建. 图书、情报、档案管理制约因素与对策分析[J]. 情报资料工作，2006，(4)：28-31.

[24] 徐楚雄. 图书情报档案一体化管理的理性思考[J]. 云南档案，2009，(11)：62-64.

[25] 王乃文. 企业信息资源共享模式研究[D]. 湘潭：湘潭大学，2011（5）.

[26] 刘春仙. 现代企业的发展促进档案、图书、情报一体化建设[J]. 档案天地，2006，(12)：24-25.

[27] 张芳霖. 信息时代图书、情报、档案一体化管理研究[J]. 档案学通讯，2003，(3)：84-87.

[28] 郭红. 建立现代企业信息一体化档案管理模式[J]. 山西档案，2008（2）：39-40.

[29] 邢文杭. 企业图书情报档案信息化发展之路[J]. 科技创新与应用，2012（11）：316.

[30] 沈涌. 数字信息资源整合策略与服务共享模式研究[D]. 长春：吉林大学，2009（6）.

[31] 侯艳笃. 电子政务信息资源整合的概念与内容[J]. 湖北档案，2006（6）：13-15.

第十章　档案倾心服务农业职业教育
助力乡村振兴

新时代新要求，农业职业教育发展需要新动力。档案作为农业职业教育的重要资源，更应发挥好其服务作用。乡村振兴，产业是基础，人才是关键，科技是保障。农业职业教育聚焦扛稳国家粮食压舱石重任，实施了一系列高质量发展的政策、制度、标准。在乡村振兴战略背景下做好农业职业教育特色档案服务，以发挥优势和提升基础作用，档案工作应该承担什么任务，发挥怎样的作用，是需要档案工作者深入思考的问题。

在乡村振兴战略实施背景下，档案工作作为促进乡村振兴的重要组成部分，需要深入研究其在推动乡村振兴中发挥的作用，研究服务方法。档案服务农业职业教育是档案工作者满足农村职业教育发展需求的一项重要工作。当前农村职业教育中存在着农村学校与农村劳动力双向流动缓慢、对新知识和新技能培训滞后、人才培养模式不适应当地产业发展需求、对农村职业教育缺乏重视等问题。为了促进农业职业教育发展，加快农业现代化步伐，深入分析档案服务农业职业教育在乡村振兴中的重要作用。

一、档案服务农业职业教育助力乡村振兴面临的问题

农业职业教育是指以培养农业生产经营管理人才为主要目标，在特定的环境下，通过一定的组织形式、教学方式和教学内容对从业人员进行技能培训，从而使其掌握某一行业或领域中所需要的专业知识和技能，以适应社会经济发展需要。农业职业教育机构是培养农村技能型人才、发展农村经济和推动乡村振兴不可或缺的重要组成部分。目前，农业职业教育作为教育机构，有责任也有能力承担起乡村档案机构建设的领路人，促进乡村档案事业健康发展。

（一）设备条件差，信息不发达

一些乡镇的档案设施不完善，硬件设施相对落后，保管条件差，未达到档案"八防"要求，档案保管存在着安全隐患。有些乡镇甚至没有专门的档案室，只是放在办公室，没有任何的安全保障。一些乡镇甚至把档案材料随意地堆在档案室里，不能及时进行分类，把档案室变成了一个"杂物间"。有的乡镇还没有建立档案管理软件，没有配备电子档案。有的乡镇虽然有档案管理系统，但由于使

用不当，没有按照"存量数字化、增量电子化"的要求做好档案信息化建设工作。

（二）群众对档案的认识不够深

大部分人对档案的重要性认识不够清楚，对档案的收集不全面。对档案管理不到位，利用也不够细致。长期以来，人们对档案工作的认识和重视程度都不高，总是把档案管理当成可有可无的工作。虽然有专职的档案管理员，但因其政治素质和专业化程度不高，档案工作不规范、不系统。同时，由于档案管理人员随意调整，上下承接不到位，工作断档等因素，导致了档案材料的丢失。例如，领导者需要一份先前的重要文档来确认或准确地确定一项任务。然而，因档案工作人员频繁更换，档案管理不规范，致使档案缺失，严重影响决策的质量与成效。这些问题导致了决策不及时、准确，严重影响了乡村振兴战略实施。

（三）教育培训不到位，能力素质低

由于不重视档案工作，开展集中培训和专题培训较少，导致档案工作人员政治素质和业务技能水平不高。近年来，有些地区档案局开展了档案整理业务培训班，并组织相关单位的档案工作人员参加培训，收到了一些效果，但由于培训时间短，加之参训人员多为兼职，繁杂的事务使参训人员难以集中精力进行专业培训，才学到一些皮毛就被赶上"战场"。在巩固脱贫成果、衔接乡村振兴档案整理、专题培训等方面，缺乏针对性的培训，多是以会代练，内容单一，学员很难掌握必备的专业技能。

（四）缺少监督与引导，缺少标准化

各级档案工作单位对各相关单位、基层单位的监督、指导不到位，许多基层单位在收集扶贫档案的时候，往往会想当然地认为哪些重要哪些不重要，根据个人主观臆断是否收集归档，至于规范化和标准化更不可能，这样收集的档案，就会显得杂乱无章，难以及时、高效地为巩固脱贫成果、实现乡村振兴而提供帮助。

（五）示范带动作用弱，服务水平低

由于档案工作的宣传力度不大，导致了村民对档案资料的了解和使用不足。这些内在的难题亟须外部力量的引导和突破。各级档案工作部门在组织人员集中整理、巩固脱贫攻坚档案成果，衔接乡村振兴系列档案材料。同时，还要深入调研，调整工作思路，用心用力指导基层建立一批巩固脱贫攻坚档案成果、树立乡村振兴档案整理归档示范村，带动各级各部门提升档案整理归档的规范化标准化程度。

二、档案工作服务农业职业教育，助力乡村振兴的途径

（一）提高农业职业教育服务乡村振兴档案价值认识

提高农业职业教育服务乡村振兴档案价值认识，直接关系到档案资源建设者与档案工作管理者对做好档案管理工作初心。档案工作者需进一步提高认知、树立乡村振兴意识、转变思维、强化服务，在服务乡村振兴实践中转变观念、主动作为，助推乡村全面振兴发展。要把服务巩固脱贫成果、有效衔接乡村振兴工作作为当前最重要的政治任务和第一民生工程，充分发挥职能作用，为巩固脱贫攻坚成果、促进乡村振兴取得巨大成效提供优质高效的档案服务。

乡村振兴战略为高职院校创新育人模式，实现高质量内涵发展提供了新契机。推进农业全面升级、农村全面进步、农民全面发展，对高职院校在人才培养质量、专业建设、师资队伍素质和社会服务能力等诸多方面提出新要求新课题，"倒逼"高职院校不断深化教育教学综合改革，着力内涵式发展，不断拓展和推动高职院校高质量发展。重新认识农业职业教育服务乡村振兴实施过程中所形成档案的社会价值，记录乡村振兴发展的档案也将突破地域限制，具有国家意义。

（二）勇担使命，加强组织领导，建立档案管理工作机制

顺应新时代发展要求，在有效衔接脱贫攻坚与乡村振兴过程中有所作为，是当前党和国家对职业教育改革发展提出的新要求。应把做好农业职业教育服务乡村振兴档案管理作为一项重要的政治任务纳入助力乡村振兴战略总体规划，同安排、同部署、同检查、同考核。建立工作专班，明确专人负责，定期听取档案工作情况汇报，研究解决相关问题，确保高质量、高标准、高效率完成农业职业教育档案管理工作。建立健全农业职业教育服务乡村振兴档案工作机制，明确了档案管理工作由党委统一领导，档案部门监督指导，各部门组织协调，相关单位负其责的工作机制，分工协作，协调联动，切实抓好职业教育服务乡村振兴档案形成、收集、保管、利用工作。加强农业职业教育服务乡村振兴档案管理信息化平台建设，提高服务能力。

（三）立足农业职业教育实际，强化乡村振兴档案资源建设

农业职业教育锚定乡村振兴、当好维护国家粮食安全"压舱石"和争当农业

现代化建设排头兵使命，围绕"贸工农结合、种加销一体、一二三产融合"发展需要，集聚政校企行多方资源，通过筑牢"为农"底色，建设农业职业教育高地，增强了人才供给能力；通过创建"兴农"典范，深化校地共建，打造政校企协同发展共同体；通过打造"强农"平台，深化产学研合作，赋能农业农村发展。档案工作者立足农业职业教育，积极主动参与档案形成，收集和整理是丰富档案资源体系的有效路径。档案收集按照"谁主管、谁负责、谁形成、谁归档"的原则，进一步规范、细化、明确农业职业教育服务乡村振兴文件归档范围和档案保管期限，科学设定归档范围，确保各单位在收集材料时，做到"应收尽收、应归尽归"，同时着重做好农业职业教育服务乡村振兴工作中形成的图片、音像、实物等珍贵资料的收集工作，为档案收集齐全、规范整理统一标准奠定基础。

严格按照档案整理规则进行分类、排列、编号、编目，做到著录标准，格式统一，规范整理。档案管理部门依托网络数据平台，加强档案数字化管理，结合信息化时代的发展要求，学习和信息技术相关的新知识和新技能，尤其是加强计算机、互联网等现代化技术的应用，通过信息技术实现乡村档案信息的收集、整理、管理和保存，提高农业职业教育服务乡村振兴档案管理信息化水平，更好地满足时代发展的要求。

（四）做好农业职业教育服务乡村振兴档案的开发利用，助力乡村振兴

在乡村振兴战略背景下，档案部门要积极主动为农村职业教育提供服务，进一步完善乡村振兴战略的相关档案保障工作。档案在农业职业教育服务乡村振兴工作中发挥着"业务全渗透、结果全记载、过程全监督、数据大服务"的重要功能，具有十分重要的数据支撑作用。发挥档案资源的优势，助力农村职业教育发展为社会公众提供档案信息服务，接续服务乡村振兴，提高档案工作围绕中心、服务大局的能力和水平，充分发挥档案服务农业农村发展智库作用。要紧紧围绕乡村产业、人才、生态、文化、组织五大振兴工程，深度开发农业职业教育服务乡村振兴的档案信息资源，最大限度地满足农民对档案的利用需求，为乡村振兴提供档案支撑。一是营造友好的环境，提供良好的服务。档案室应改进原有的档案接待习惯，建立更加友好、优质的服务接待窗口，与其他服务一体化建设联合，统一接受群众对档案的咨询与查阅，免除多窗口利用的弊端。同时，创新档案服务模式，树立主动服务的理念，为群众提供精准的档案代办服务，满足农村政务改革的需求。二是利用现代化技术，为民众提供便捷的档案服务。在档案网站上

开展档案信息服务，让群众足不出户，就能了解乡村振兴工作方针政策，维护自身的合法权益。三是弘扬传统文化，发挥"农业职业教育"档案育人功能。档案部门要因地制宜地举办各种展陈，进农村、走街头，开展档案宣传，提供档案咨询，引导群众利用档案。让农村普通群众走进档案室，把已开放档案和政府公开信息送进千家万户，把档案服务送到百姓身边，最大限度满足农村群众在享受党的为民惠民政策时的获得感、幸福感，为助推乡村振兴做出应有贡献。还要举办各种形式的档案展览，以档案还原历史，以档案记住乡愁，让父老乡亲在细品乡村历史画卷的同时，感受乡村振兴发展历程。

总而言之，在乡村振兴战略实施的过程中，档案工作倾心服务农业职业教育，助力乡村振兴发挥着重要的作用，但是受到传统管理理念的影响，为档案管理工作的开展提出了更高的要求，实施难度加大。为将乡村振兴档案的价值充分发挥出来，需要在档案管理部门的配合下，对档案管理进行科学部署，重点对档案管理实施过程进行检查，总结工作经验。档案管理人员需要树立正确的档案管理意识，转变传统的工作思想，给予档案管理工作充分重视，从细节入手，有效提高档案管理水平，发挥其在乡村振兴战略中的服务效能。

参考文献

[1] 倪丽娟.乡村振兴战略视域下乡村档案资源个性化建设探究［J］.档案与建设，2022（1）：37-40.

[2] 杨沛林、马丽娟.依托高校科技服务平台助力乡村振兴的研究与实践[J].吉林农业科技学院学报，2020（6）：15-17.

[3] 张炎培.巩固脱贫成果服务乡村振兴——"十四五"时期青海精准扶贫档案工作探究［J］.中国档案，2021（5）：24-25.

[4] 马红岩.做好精准扶贫档案工作，助力乡村振兴［J］.山东档案，2021（6）：79-80.

第十一章 加快推进高职院校
档案信息化建设工作探究

高职院校档案工作是高等职业教育事业发展的基础工作。档案作为学校重要信息资源，档案信息化建设是数字化校园的重要组成部分，是提高工作效率的必经之路。为此，我们要加快推进档案信息化建设，提高档案管理水平，让档案"藏以致用"的功能得到充分发挥，从而更好地为高职院校的发展建设服务。新修改的《中华人民共和国档案法》颁布后，对高等职业学校的发展必然会产生影响。

一、推进高职院校档案信息化建设重要意义

档案信息化是高校档案数字化、网络化、规范化的一种新的档案管理方式。新修改的《中华人民共和国档案法》（下文称《档案法》）提出："学校、企业等单位要加大对档案的投入力度。"新修改的《档案法》指出："国家鼓励、支持在教育、科技、文化、卫生、城乡建设等方面所产生的各类文件，依照法律法规对其公开。"我国高等专科学校档案工作在培养和科研方面有着无可取代的地位。高等职业学校的档案信息化已经是当前高等职业教育发展的一个重要内容。

（一）档案信息化建设有利于各行业信息互联互通

在宏观层面上，计算机和因特网已经把人类的生活带入了一个全新的世界。在这一背景下，各种信息资源如雨后春笋般涌现出来，人们对于数据信息的开发和应用日益多样化。不同行业、不同领域对信息化建设提出了迫切的需求。《档案法》最突出的特点是加强信息化建设，充分反映了我国现行法律制度的特点。充分体现了国家高度重视档案信息化建设，为高等职业学校在新技术背景下的档案管理提供了新思路。高等职业院校档案管理工作是国家信息化进程的直接反映，高职院校依托政府力量加强档案信息化和数字化建设、加强不同行业、领域档案信息管理方面的互联和互通，促进国家经济的快速发展。

（二）《档案法》在高职院校档案信息化建设的重要作用

《档案法》增加了"档案信息化建设"一章，包括7项法律条文，包括各有关部门的职责，信息系统建设，电子档案法律效力、电子档案管理与接收、数字

档案的建立与档案管理数字化资源的共享与使用等各个领域的档案信息化，修订的力量之大，可以说是史无前例的，高职院校也是我国高等教育系统中不可缺少的一部分，必须严格落实执行。

（1）为档案信息化建设工作提供了一个清晰的认识。《档案法》中明确提出"各级人民政府应当将档案信息化纳入信息化发展规划，保障电子档案、传统载体档案数字化成果等档案数字资源的安全保存和有效利用。档案馆和机关、团体、企业事业单位以及其他组织应当加强档案信息化建设，并采取措施保障档案信息安全。"这条规定对政府机关、团体、企事业单位在档案信息化方面法定责任做出了明确的规定。在信息化建设中树立全面规划的理念，确保档案数字化的安全性与完整性。以高效利用为目标导向，对高职院校档案信息化工作起到了积极的引导和推动作用。

（2）明确档案信息化建设的工作内容。《档案法》指出"机关、团体、企业事业单位和其他组织应当积极推进电子档案管理信息系统建设，与办公自动化系统、业务系统等相互衔接。" 此条款是对档案信息化有关的系统平台和兼容性的规范，能直接推动高职院校档案工作发展。对推进档案管理信息系统建设与高校档案信息化平台建设相结合，协同发展。

（3）明确电子文件的合法性。《档案法》明确指出。"电子档案应当来源可靠、程序规范、要素合规。电子档案与传统载体档案具有同等效力，可以以电子形式作为凭证使用。" 由国家档案主管部门联合相关单位制定。这明确了电子档案的基本要求和法律地位，为确保高校电子档案的完整、准确性和安全性的保障提供了法律依据。

（4）健全、完善电子文件相关制度。《档案法》是档案界的母法，我国有关档案一切法律、法规都均以此为依据。以前颁布的国家标准《电子文件归档与管理规范》、各级档案部门发布的《电子文件归档管理规定》，都是以《档案法》为参考标准。《档案法》实施以来，电子文件的收集与管理工作的实施相关法规必然会进行相应的修改和完善。随着发展，电子文档的大量产生和存取逐渐变成了一种趋势。档案工作的规范化，需要有一个规范化的行业标准，所以必须进一步健全有关的电子文档系统。

（5）加强档案信息工作的时效性。新的《档案法》中建议将档案信息化建设列入政府的发展计划之中，并确保电子档案和档案数字化成果的安全保管及有效利用，并强化了办公系统的 EMIS 建设，一环扣一环。这是我国档案信息化工作的一个重大飞跃。信息化建设列入管理工作的一项内容，提高了档案信息化地位，也会更迅速地转变为工作成效。

（三）高职院校信息化建设是自身发展的需要

近几年，随着高职院校规模的不断扩大，学校信息化进程迅速，各种文件载体也随之增多。从单纯的纸质文件到各种形式的档案，如光盘、电子等。由于原始的实物载体在整理、保管的各个环节中都需要大量的人力物力。由于受储存空间、保存时间等因素的制约，档案必须定期鉴定、销毁，不能永久保存。只有实现档案信息化，才能保证学校在教学、科研、学历认证等活动中产生的文件的完整性和安全性，才能发挥档案在教书育人中的重要作用。一是学校档案资料的数字化、网络化，使档案使用者不受时间、空间的限制，可通过电脑、手机等设备查询所需资料。这样既简化了工作，又提高了档案的质量和速度，保证了档案资料的使用期限。二是满足教师和学生对信息的需求。宏观上，信息化时代，人们对便捷、快捷的需求日益强烈。从大量信息中获取必要的信息。高职院校档案工作与高校不同时期、不同领域有着密切的联系。高校要有效地组织、管理和挖掘信息，包括档案的收集、整理、鉴定、保管、检索、编研、利用和统计。利用现代档案保存与管理技术，实现档案信息化建设。及时、准确、完整、高效地向师生提供必要的、可靠的、数量庞大的档案资料，有助于提高档案工作效率和档案公共服务水平，为学生和教师提供优质的信息资源利用服务。

二、制约高职院校档案信息化发展建设的瓶颈因素

（一）档案工作的制度和机制不健全

大部分高职院校由于自身条件有限，没有独立的科室，大多依附于党政办公室、图书馆等部门，这种机构设置相当于教辅部门，淡化了高职院校档案室的行政职能。而且由于人员编制的原因，大部分档案负责人都是由党政办公室领导兼任的。由于行政事务繁忙，又有"外行领导内行"的情况，使档案管理工作变得更加困难，在一定程度上削弱了档案管理职能和影响力。

另外，由于各种原因，各单位没有配备专兼职的档案管理人员，档案管理各个环节比较松散，长期处于"无岗、无人、无责"的状态，严重影响了档案资料的收集质量，使有价值的档案无处归档，造成室藏资料匮乏。大部分高职院校虽已制定相关档案管理制度，但执行力度不够，缺乏有效的管理措施，致使许多档案管理制度无法落实，教职工对档案各项制度"视而不见"，档案工作运行机制不健全，严重制约了高职院校档案事业的长远发展。

目前，部分高职院校还没有建立和实施电子文档管理制度，没有具体实施信

息的规定，如数据接口标准、数位标准，电子文档管理无法可依、无规可循。高职院校电子档案存在着管理不规范等问题，很难实现电子档案的共享与利用。

（二）档案信息化意识薄弱

（1）档案管理意识不强。随着高职院校的建设和发展，档案管理水平不断提高，档案管理逐步步入规范化的轨道。档案在高职院校教学科研中的作用日益凸显。师生员工具有一定的档案意识，建立了一定的信息化基础。但在新形势下对档案信息化的重要性认识不足，对档案管理工作的重视不够，对档案管理现代化的必要性、紧迫感不强，缺乏热情。有的人认为，档案部门送来的纸质资料，只是简单的收集、保管，档案管理人员也扮演着"仓库管理员"的角色。只要资料不丢失就行，不需要信息化，这些传统观念严重阻碍了档案信息化的开展。

（2）对档案信息化的认识不足。部分院校领导、档案管理部门对档案管理工作重视不够，学校信息化建设和档案信息化建设管理不到位，造成档案信息化与校园数字化建设分离脱节。从学校层面来看，在高职院校整体信息化规划中，档案信息化建设常常被忽视、边缘化；在档案部门层面，由于缺乏事先的规划和积极地融入，使高校档案信息化建设困难重重。

（3）不重视电子文件。高校档案管理人员对电子档案存在认识误区。认为工作中形成的电子数据不属于档案，与档案管理无关；把电子档案误认为是不可信的、不安全的、不可靠的、无法管理的。并且认为与纸质档案一样，无需特殊说明。特别是一些高职院校在办公自动化系统和业务系统中缺乏电子文档存档功能，缺少电子文档管理信息化平台。

（三）档案信息系统的硬件基础设施不健全

档案基础设施建设是开展档案信息化工作的重要条件。建立和完善档案基础设施，是实现档案工作的重要条件。目前，我国高职院校档案管理工作条件得到了较大改善，多数档案部门配备了计算机、打印机、扫描仪等信息化设备。但随着信息技术的飞速发展，计算机等设备相对落后，功能较弱，仅能维持日常的档案管理，对高精度图像、文档处理的速度相对较慢，使档案信息化建设难以开展。

（1）档案收集不足。由于受传统观念的影响，档案管理人员收集的多是纸质档案，对电子档案的收集很少，甚至不收集。随着信息时代的到来，一些部门已经改变了文件信息的传递方式，由原来的邮寄发文通知改为官方网站发布，如"国家精品课程建设通知"和"评审结果"等，都是通过中国高职教育网站进行的，如果不认真、及时地收集，这些重要文件就不能及时归档，导致信息收集不完整。

（2）检索手段落后。传统的档案管理都是以手工操作为主，档案信息服务主要是手工服务，查一份档案必须先在宗卷的分类目录中查找，然后按目录再翻阅厚厚的纸质档案，这样的操作耗费的时间、人力、物力太多，致使绝大部分档案无法快速、准确地利用，这种传统的检索方式严重滞后于人们对档案信息的快速查找。

（3）单一载体。高校档案以纸质载体为主，磁盘、光盘等载体档案数量较少。纸质载体的档案易于长期保存，但无法实现跨时间和空间的传递和打印。只有亲自到该档案保管地实地查阅，才能获得所需档案资料，严重制约了资料跨地域利用。

（四）档案信息化方面薄弱的专项资金支持

由于各地区财政状况不同，高职院校经费有限，生源不足，学校领导为了学校的生存与发展，往往只注重教学、校园基础设施建设，无暇顾及档案管理，在信息化建设上投入甚少，更无专项资金可言，资金的渠道问题，严重制约着高职院校档案信息化的发展。

高职院校信息化工作具有系统性、长期性，经费支持必不可少，缺乏经费是高职院校档案信息化建设中普遍存在的问题。一是资金和硬件的问题。为实现档案资源的信息化，学校必须投入大量资金，扩建校园内网，以适应档案信息系统对宽带及各种辅助设施的需求。二是底层应用程序的开发滞后。在高校档案信息管理系统建设过程中，为了保证系统软件的版本更新，维护整个系统的运行效率，需要大量的文件查找、修改和传输，由于经费分配的问题，无法充分发挥档案管理软件的功能。调查发现，部分高职院校使用的管理制度比较陈旧，急需更新，但由于没有得到学校的资金支持，目前效果不大。三是档案信息化成本较高。如今，外包档案的数字化定价，一张纸的价格在 0.2~0.3 元之间，一张破损的纸张在 0.4~0.5 元之间，如果将所有的档案数字化，所需要的资金将会是一个天文数字，就算是"性价比"极高的档案，也要花费大量的金钱。调查发现，由于经费问题，一些高校档案馆工作人员曾多次向学校提出申请，但未获批准。由于各地区的财政状况不一样，高职院校的经费和生源数量都很少，为了学校的生存和发展，领导们只注重教学和基础设施的建设，根本无暇顾及档案管理，在信息化建设上投入的资金很少，也无专项资金可言，资金的渠道问题，严重制约着高职院校档案信息化的发展。

（五）档案信息化人才队伍薄弱

高职院校档案信息化建设是把档案和信息技术相结合的现代化管理模式，对人员的专业技术要求较高，而高职院校档案信息化建设相对落后，人才配置严重不合理，高职院校信息化专业人才稀缺，加之档案人员少，工作繁杂，导致档案信息化建设进展缓慢。档案馆馆员的工作理念、资料质量直接影响着馆藏档案的质量。在大数据时代，我国档案数字化正向数据化方向转变，电子档案数量逐年增加。电子文档、语音、音频等传统媒体所带来的各种数据，如微博、微信、各种 APP 等，具有多样性、分布广泛的特点，对档案工作者的素质构成了严峻的考验。高职院校负责学校信息化工作的人员较少，多数为非全日制人员，且对计算机技术并不熟悉，在数据挖掘、网络应用、系统维护等方面存在一定缺陷，无法胜任档案信息化工作。

三、加快推进高职院校档案信息化建设策略方法

（一）完善档案工作的体制和运行机制

（1）建立专门的情报机构。高职院校档案信息系统是高校信息资源开发与管理的重要组成部分。档案工作应列入学校工作规划，高职院校应结合自身实际，将档案信息化纳入年度工作，加大经费投入，建立专业信息管理部门，确定各部门工作目标，甄选高素质人才，实现档案信息化工作任务到人、责任到人，为档案信息化工作奠定基础。高等职业院校档案工作的顺利开展，必须依靠学校档案工作委员会、档案部门和相关部门的配合。职业档案人员的三个网络化管理架构是一起工作的，因此每个级别的员工都要明确自己的职责。根据《高等学校档案管理办法》建立高校档案馆档案管理制度，明确各部门、各岗位职责。

（2）健全管理机制。档案管理是一项功在当代、利在千秋的工作。学校要重视档案工作者，消除其顾虑，确保档案队伍的稳定。一是建立档案管理人才评价机制，提高档案管理人员素质。要把档案干部纳入单位培养、选拔任用范围。鼓励有志于档案事业的优秀青年积极投身档案事业。二是要重视档案价值创造，对默默从事档案工作、为学校档案事业做出突出贡献的部门和人员给予表彰和奖励。三是建立健全的考核机制，加强管理，规范考核，激励考核。鼓励开展档案科学研究和管理创新，提高档案管理人员的积极性和主动性，从而促进档案事业的高质量发展。四是加快高职院校档案信息化建设，健全档案组织机构，健全档案管理制度，规范档案管理信息化工作流程，使档案管理各环节工作都有法可依、有

章可循。同时，高职院校要实施有效的档案管理，把档案工作纳入考核体系，确保档案资料的完整、丰富，为高职院校档案信息化建设提供系统、完整的数据资料。

（3）加强制度保障。高职院校档案管理工作不仅仅是接收、管理电子文档，而是档案管理工作。目前，一些高校只制定相应的电子文档编制制度，并没有规定电子档案管理的其他方面，出台的规章制度不够完善，应扩大高校档案管理部门的关注范围，以现实需要和问题为导向，要根据学校的实际情况，建立与学校信息化建设规划相符的信息制度体系。从管理、技术、应用三个层面建立健全高校档案信息化体系。管理层面主要包括：制定电子文档的归档范围和保存期限；规范档案管理制度，明确专兼职档案管理人员的信息安全保密要求，如电子档案整理、分类管理流程、数字外包规范、安全保密规范等；技术内容包括：电子数据的交接与接收、电子档案的存储技术、纸质档案数字化技术体系等；应用层面的主要内容包括：用户视角下的档案资料检索与利用系统。

此外，通过对高校档案管理人员的调查，了解高校档案信息的传递和利用安全性，普遍认为网络环境下的信息失窃风险较高，但目前我国高校档案信息系统的安全规范尚无统一标准，应结合高职院校的实际情况，根据国家有关网络安全管理规定，制定适用于本校的法规和标准，从而为高职院校信息化工作提供坚强的保证。

（二）强化档案意识

高等职业院校领导和教职工对档案工作的认识和重视程度决定了他们对待档案工作的态度。因此，应结合学校教育教学活动和学生平台活动，大力普及和宣传档案知识，增强人民档案意识，使领导和教职工了解档案工作，认识档案对高职院校的发展建设有着不可替代的重要作用。同时，档案部门要通过专业、高效的服务，使档案工作走入群众的视野，提高档案的知名度，使学校领导、教职工转变观念，提高认识，把档案工作纳入领导的议事日程，纳入学校的发展规划。

（1）更加重视档案信息工作化。《档案法》对高校档案信息化目标进行了全面规范，全面推进了高校档案管理的现代化，为高校档案信息化工作提供了法律保障。高职院校档案信息化建设包括基础设施建设、档案信息资源建设、标准规范建设、应用系统建设、安全保障体系建设、人才队伍建设等多方面。高职院校要把档案信息化建设纳入学校信息化建设规划，加快档案数字化建设，保障档案安全利用；要根据本校的具体情况，统筹规划，有针对性地实施。

（2）进一步认识到电子文件管理的重要性。《档案法》明确规定电子档案与传统实体档案具有同等法律效力，并具有凭证功能。随着高职院校办公自动化水平的不断提高，各单位在起草文件、办理业务过程中产生了大量电子文件，这些电子文件并未按归档要求归档，造成实体档案与电子档案双套管理不到位，无法达到标准化、规范化的目的。因此，要转变观念，增强意识，加强档案管理，建立符合规范要求的档案信息管理体系和相关标准，促进电子档案双套管理向单套管理转变，开创档案管理新局面。

加强电子文件归档工作。加强电子文件的归档意识，制定电子文件的归档管理办法，建立电子文件归档制度，指定专人负责电子文件的归档，把电子文件的收集、整理、归档、保管、利用纳入文书处理程序和相关人员的岗位职责。督促兼职档案管理人员及时收集学校网站发布的信息并及时下载归档。同时，按照档案来源原则，实行年度检查。对兼职档案管理人员进行培训，针对不同岗位的档案管理人员，对档案特征的录入也有不同的要求，通过分类指导，努力做好档案的归档和管理，确保档案资料的安全有效利用。

建立检索电子目录的方法。为了加快档案信息化建设，有效地扩大档案信息存储空间，有利于师生员工通过网络方便、快捷、高效地查找所需信息。制作档案电子目录，实现手工检索向电子检索转化，具有重要意义。根据教育部要求，结合高校档案实体管理工作实际，构建了档案信息化建设体系，科学合理地分类，做到目录对应实体。档案目录的录入应根据档案的档号、题名、文号等类别进行录入。有档案管理软件的可以直接录入软件，如档案管理分为党群管理、行政管理、教学管理三大类，每一类都有相应的党群档案管理系统、行政档案管理系统、教学档案管理系统，然后将档案分门别类地录入相应的档案管理系统中，并对这些系统的阅读权限进行密级授权，这样既能有效地控制机密档案，又能及时为利用者服务。

实现多个载体的信息存储。针对目前档案主要以纸质载体为主的状况，利用扫描技术将已形成的纸质档案转换为电子档案。根据档案实际大小调整分辨率，确保上传电子档案的清晰度，采用文件转换技术，确保档案完整、安全。按照档案数字化、传递网络化、存储增量化、服务自动化、信息共享化的原则，整合档案数据和网络资源，建立数字档案馆，以丰富的载体形式满足档案跨地域的网络查询需要。

（三）加强档案信息系统软硬件设施建设

档案信息化建设是我国档案信息化建设的重要环节。在网络建设过程中，应尽快建立健全学校内部网络，实现各单位信息资源共享。各单位加强信息资源共享，提高档案资源利用和服务水平，促进各单位之间的协作交流共享，增强档案管理职能。根据用户不同的需求，不断优化档案网络建设，积极开拓各个层次档案信息站点，使用户档案查询和利用功能更加智能化，不断满足智慧校园建设对信息化技术的需求。

　　档案部门在购置硬件设备方面要进一步调整，统一购置标准、型号等新型硬件设备，满足档案信息化建设的共享、利用和传输。在相关软件系统方面，建立统一规范的档案资料，改善单一业务模式，从智能化的工作需求和服务需求出发，建立业务衔接紧密、自动化的办公平台。同时，学校档案管理系统要严格按照国家有关信息建设的法律、法规、行业规范。在充分展示信息的准确性、全面性和时效性的前提下，进一步推进高职院校档案信息的整合、收集、管理，实现高效的档案信息化管理。同时，由于学校档案管理经费有限，需要与时俱进，深入挖掘，深入调研，严谨分析，合理设计，合理施工，避免重复施工，确保档案信息安全规范。此外，高等职业院校领导应重视并大力推进高校档案信息系统建设。在软件、硬件及维护方面，采用专业人员管理系统，确保软件系统稳定运行。

　　随着信息化水平的不断提高，传统的档案管理系统已不适应高职院校档案管理的需要。因此，应不断完善各种信息服务，不断完善档案信息系统的各项服务功能，真正改变传统档案管理模式，全面评价档案信息系统服务效能，使档案管理信息管理与利用过程中出现的各种问题得到有效解决。确保电子文件接收端口开放，不留空隙。随着信息时代的到来，档案的产生方式和管理方式发生了巨大变化。目前，要按照电子文件管理的各个环节来实现档案管理的各个功能，将档案管理和网上办公系统有机地结合起来，实现档案信息的收集、整理和归档，利用整个流程，避免电子档案和纸质档案之间的交换过程变得复杂，必须改变接收方式。另外，要完善档案信息管理系统的统计功能。

　　在信息化背景下，档案工作面临前所未有的机遇，同时高职院校也面临着巨大的发展机遇。由于工作方式影响着传统的档案管理工作，无法全面分析档案信息的统计分析，而在办公自动化模式下，档案信息的统计分析都是由计算机完成的，因此在建立档案信息系统软件时，必须充分利用计算机等技术手段进行统计分析，以便为高职院校师生提供可靠的信息参考。同时，高职院校应根据自身的实际情况，购置必要的软件和硬件设施，以满足高校档案管理工作的需要。在信息化方面，应加强与其他学校的交流，合理购置设备。这样既保证了采购设备的技术水平，又避免了浪费。如此，才能降低档案信息化建设的成本，才能为档案信息化建设提供有力的物质保障。

（四）强有力的财政支持

档案信息化是一项系统的工作，投入大、见效慢。在高职院校档案信息化建设中，充分的资金支持是高校档案信息化建设的重要保证。为此，必须建立健全信息资源投资体系，统筹安排和实施资金。将档案信息化经费纳入学校专项经费，并将档案管理与系统运行纳入预算，为高职院校档案信息化工作提供依据。为项目提供专项资金。档案管理部门可与其他单位联合立项、向有关部门申请、拓宽融资渠道、引入社会资本，形成常规预算、专项投资、自筹、社会参与等多种形式的资金支持。同时做好专项资金使用，统一调度学校信息资源，根据实际需要调整经费，做到经费到位。合理分配使用软硬件，运行维护，教育培训等各项经费使用。

（五）加强人才队伍建设

人才是档案信息化建设的关键。档案管理人员素质的高低，直接关系到高职院校档案管理水平、档案信息化程度。针对当前档案管理人员知识结构不合理、专业技术人员短缺等问题，高职院校应加强档案管理人才队伍建设，为档案管理信息化提供有力保障。首先，高职院校应通过多种途径、渠道引进计算机专业人才，加强档案知识培训，使之适应档案信息化发展的需要。其次，根据学校的实际情况，对档案人员进行针对性的学习培训，加强与其他高校的交流，提高档案业务水平和个人素质，打造一支高、精、专的档案人才队伍，更好地为学校档案信息化工作服务。

（1）提高从业人员政治素质。档案工作是党和国家事业发展、社会治理过程中不可缺少的基础性、支撑性工作。要不断强化责任感和保密性，严格遵守国家保密法、档案法等有关法律法规。为了保证档案的真实性，保证档案绝对安全，依法办事，服务社会各项事业。

（2）优化人员配置结构。档案工作是一项专业性很强的工作，它要求档案工作者具有较高的专业技术水平，档案收集、整理、鉴定、销毁、保护、开发利用等各个环节。从师生权益的角度看，要全面认识档案工作的内涵、适应新时代需要，进一步完善档案管理人才结构。一是加大引进高学历、高层次专业技术人才的力度。把引进档案专业人才纳入学校发展规划，严格把关。有步骤、有系统地引进高学历、高层次档案人才，尤其是具备档案、计算机专业教育背景的复合型人才，逐步提高档案专业人员的比例，真正做到档案人员队伍素质最优。二是建立严格的考核标准，对调入人员进行严格控制。在单位内部转到档案部门时，设立转岗硬性规定。保证调入人员具备良好的工作条件和热情。有感情，有精力，能做好档案管理工作。三是合理配置专兼职档案管理人员，适当增加专职档案人员比例，开辟一条固定岗位通道，减少兼职档案人员流动，保障档案工作的连续性和可持续性。

（3）分级培养。加强专兼职档案人员管理，立足高职院校整体工作，根据学校发展的特点，结合档案工作的具体情况，制定了档案管理专业和兼职人才培养方案。一是专业档案工作要以"专"字为重点。继续进修，通过培训和业务交流，不断提高专业水平。开展全局性、前瞻性、开拓性的研究和管理改革和创新，充分发挥档案专业管理人员的主体性和指导性作用。二是要注重"实"，同时兼顾兼职档案管理人员在高职院校档案管理体系中占有重要地位，通过培训、锻炼等方式不断提高实战技能是做好档案工作的基础，提高档案标准化水平的重要保障。三是突出特色培训。一方面，教育平台组织开展无时差、无限制的专业培训，解决线下培训覆盖范围小、时间短、轮岗代训等问题。通过互训、特岗特训等方式提高专业知识水平。另一方面，要重视在职信息化技能的培训，高职院校员工的培训和技能培训不能仅仅依靠上级部门，而是要结合学校和自身的实际情况进行专业培训。通过培训提高档案管理员的技能，定期进行考核，激发档案管理员的积极性，培训结束后进行考核，获得毕业证书。

只有充分契合高校的发展规划和目标，才能正确地判断学校档案管理的发展方向，从而有效地推动档案管理工作。

参考文献

[1] 赵俊.大数据时代高职院校档案信息化建设研究[J].兰台内外.2019(1)：9-10.

[2] 李文庆，赵艳华，刘秀平.信息化环境下的高校档案管理探析[J].河北大学学报（哲学社会科学版）.2011（6）:157-159.

[3] 孙婧.浅谈高职院校档案信息化建设[J].档案天地.2014（8）.74-75.

[4] 柳青杨.转变观念、放眼未来、积极稳步推进学校档案信息化建设[J].现代企业教育，2008（7）：69-70.

[5] 徐淑凤，董娟.付燕.信息时代高校档案管理工作面临的问题及对策[J].内蒙古师范大学学报，2004（5）:119-121.

第十二章　高校档案服务工作的创新途径

随着高校的不断发展，高校档案服务工作受到了越来越多的重视。在信息技术日益发展的今天，高校档案服务工作也应顺应时代发展趋势，通过创新来提升档案服务质量。在新形势下，新的教育模式和教育观念不断改变着人们对传统教育的认识，也对高校人才培养提出了更高的要求。高校档案作为重要的一项服务工作，与教学、科研、行政管理等工作密切相关，为教学科研提供了重要信息。

一、高校档案服务工作创新的重要意义

高校档案服务工作的重要性，可以从《普通高等学校档案管理办法》中得到一定的启示。《普通高等学校档案管理办法》明确提出，高校要将档案管理工作作为高校的基本工作，并将其纳入到整个高校的管理体制中。高校档案管理的内容主要有教学档案、学生档案、科研档案、党政工档案等。在一定程度上，档案材料是学校教育和科研工作的一个缩影，在学校发展和规划中发挥着举足轻重的作用。

（一）做好高校档案服务工作是提高高校档案工作质量的一项重要措施

高校教学档案的内容主要有：文字资料、影像资料等。这些教科书通常是教师知识、文化、教育方式的集中体现，是教师和学生在教学实践中的辛勤劳动成果的累积。高校的教学档案材料为以后的教学工作提供有价值的参考，同时也为广大师生提供有价值的教材。高校教研室通过对高校的教学档案分析，科学评价教学效果，不断推动教育教学改革，提高教学质量。

（二）做好高校档案服务工作促进大学科研工作的一项重要举措

大学的一个重要目的是进行教学和科学研究。高校的档案管理是高校科研档案工作的一个重要组成部分，包括实验数据、实验方法、实验成果、实验目的、实验经费等。科学研究档案可以全面地反映学校的教学研究状况，全面地检视教学工作中出现的问题，从而使科研工作得到更好的发展。

（三）高校档案管理是高校学生工作的一个重要组成部分

学生档案是学校的一项重要工作，它记录了学生的个人信息、学习成绩、身体状况、家庭背景等。大学生档案是高校学生管理工作中的一项重要工作。一般而言，大学里的学生少则数千，多则数万。而学生的总体状况，包括学习状况、身体状况、家庭状况等，都是学校在进行管理时所要掌握的原始数据。通过对学生的学习状况的调查，向他们颁发奖学金。通过对学生的兴趣和特长的认识，有针对性地进行培训。掌握好学生的档案，可以更好地为他们提供升学或找工作等方面的建议。在高校学生管理工作中，档案工作发挥着举足轻重的作用。

（四）加强高校党建工作，发挥高校党建工作的积极作用

党政工作是学校赖以生存、发展的一个重要环节。党政文件管理是高校人事管理、组织管理、科研管理和院系管理中的一个重要环节。高校党政档案是高校干部人事档案、高校党员档案、高校政务档案等档案的重要组成部分。高校党建工作对于高校教职工、高校党团组织、高校政治生态建设都有着重要的作用。高校党建工作是高校党建工作的重要组成部分。党政档案管理在行政机构改革、院系调整、教职工绩效考核、人事调动管理中发挥着举足轻重的作用。

二、高校档案工作中应注意的问题

高校的档案管理是伴随着大学的发展而不断发展的，但是，随着我国高等教育的国际化，高校的师资队伍数量急剧增加，档案管理信息化、专业化程度的提高，使高校的档案管理工作呈现出与时代发展不匹配的特点。

（一）高校对档案服务管理不够重视

高校档案管理已经不能满足高校快速发展的需求，高校规模大，管理模式日新月异，而高校的档案管理还处于"人工"的状态，高校档案管理的重要性还没有在高校管理者心中留下深刻印象。在管理上，过于重视高校的教育科研功能，而忽略了档案管理对教育科研和校园管理的积极影响。

（二）高校的档案管理方式不够完善

随着信息化进程的加快，高校档案工作已全面步入了信息化时代，但目前高校的档案工作还处于相对滞后的状态，一些院校还处于手工作业的状态，许多高校还没有较为先进的信息化管理体系。高校档案管理信息化水平低，管理模式落

106

后，档案建设、分类、检索手段落后，档案利用率低，不能充分发挥档案在学生教育培养、科研过程控制、重要资料保存和优化记录等方面的作用。而高校档案管理的人才培养和训练也相对落后，这使得档案管理人员很难适应现代档案工作的要求。当前，我国的高校正逐步建立档案管理体系，由于缺乏大学校园网络的信息平台的支持，不能全面实现档案管理的信息共享，致使高校的档案信息更新速度较慢，利用率较低。

三、高校档案服务工作的创新途径分析

（一）积极开展档案信息资源建设，加强信息和数据整合

当前有高校档案加快了信息化建设的进程，这是高校档案服务质量得以提高的关键所在。近年来高校招生人数不断增加，教职工数量相应增多，信息呈现出快速发展的态势，这也对高校档案工作带来了较大的挑战。为了全面提高档案管理水平，则要借助于信息化手段，加快推动档案服务的创新发展。在当前高校档案工作中，需要建立高校档案信息管理系统，并构建完善的档案信息化系统标准，积极推动高校档案信息化建设与高校教育信息化保持同步，实现档案信息的科学归类、整理和检索，构建完善的高校档案信息化重审体系，整合各类信息，实现高校档案信息的统一管理。另外，建立档案信息数据库，及时对档案信息进行更新，方便档案信息检索。针对档案信息安全积极采取有效安全防护措施，通过设置系统操作应用权限或是加密保护等方式实现对档案信息的安全管理。

（二）重视档案管理，全面提升档案服务工作的水平

由于档案管理工作的质量直接关系到高校各项工作的有序开展，因此在高校发展过程中，需要重视档案管理，全面提高档案服务水平。对于高校管理者不仅要重视档案管理工作，还要加大投入力度，进一步建立健全高校档案信息化管理系统，加快推动高校档案的信息化和数字化发展，为高校档案服务质量的提高奠定良好的基础。同时，高校档案管理人员也要注重自身的专业素质的提升，并在日常工作中重视自身的学习和培训，掌握现代化技术，熟悉对档案信息化进行操作，从而为档案利用者提供高效、优质的档案信息。在高校档案服务创新发展过程中，档案管理人员要树立良好的服务意识，深刻认识档案工作与其他工作之间的紧密联系，提高自身的专业水平做好档案工作与各部门的工作有效衔接。主动为高校其他工作的开展提供重要的信息支持，积极参与信息统计和分析工作。通过为档案需求者提供档案信息，全面提高高校档案服务效率，构建档案信息化网

络，加快推动档案信息的共享。高校档案工作者必须与时俱进，积极创新服务方式，拓宽档案信息服务渠道。主动适应形势的变化，积极探索新的服务方式和方法。具体来说，高校档案工作者应根据自身专业知识、技能和工作实际，主动与学校相关部门进行沟通，寻求学校有关部门支持和帮助，不断拓宽档案服务渠道。同时还可以通过互联网、局域网等现代化的信息手段和先进的信息技术，建立起电子资源库并向社会提供查询服务。

（三）规范档案管理利用制度

在当前高校档案服务工作中，需要进一步规范档案管理利用制度，简化档案服务流程，提高档案检索效率，全面提高档案服务水平，从而为档案利用者提供更多的便利条件。在具体建立健全档案管理利用制度过程中，还要打破传统体制的束缚，将档案科学管理与服务有效结合，简化档案利用过程中的流程。即在确保档案信息安全的基础上，尽可能地去掉档案利用过程中一些多余的步骤，这样档案利用者能够快速高效地查询到自己所需要的档案信息，有利于档案服务工作效率的全面提高。

（四）建设数字化、网络化平台

高校档案工作中要加快馆藏目录数字化系统、全文数据库和多媒体数据库的建设步伐，为档案网络利用提供方便。同时要扩大文本、视频、声频等数字信息的收集范围，及时对电子文件进行归档，通过建设各类数据库，打牢档案利用和服务的科技应用基础。此外，高校档案服务工作还要运用多种查询方式，改变以往查阅目录式的单一服务模式，要建立磁卡阅读区、纸质档案阅读区、微档案阅读区、声像档案阅读区等机读目录，建立兼有传输、检索和利用功能的一体化服务。

（五）挖掘用户潜在需求

只有全面满足档案使用者的需求，才能有效促进高校档案服务水平的提高，而档案使用者的需求除了线下的需求还有潜在的需求，对用户的潜在需求进行挖掘，可以有效促进高校档案的可持续发展。档案用户由于文化层次、兴趣以及职业等各个方面的不同，对于档案利用的需求和频率也呈现出一定的差异性。根据使用者对于档案的利用频率，可以将其分为尚未利用型、偶尔利用型以及经常利用型。对于偶尔利用型，高校档案管理人员可以采取试探性的营销策略。譬如，在档案网上创建专题数据库，采取多种档案主体服务进行开发的方式，对档案用户进行试探，在此基础上将该类型用户的潜在需求有效激发出来。对于经常利用型用户，高校档案管理人员可以通过 Web 使用模式挖掘技术分类技术对潜在的用户进行发掘，在此基础上采取聚类分析的方式进行分析，并且通过对该类用户进行登记，包括用户兴趣、学历和职业等，对用户利用档案的趋势和动机加以了解，在此基础上将特征相同的用户群有效划分出来，对其潜在的需求进行深入挖掘，并在此基础上针对这类用户提供个性化的定制服务或者开展特定的宣传策略。

（六）利用大数据开展有针对性的智能服务

高校档案的智能服务根据不同用户群体的需求，积极采取多种形式的服务方式来对档案用户提供及时、准确的档案信息，为档案用户提供专属性服务。特别是基于大数据时代背景下，档案管理工作的最终目的即是提供档案的利用，因此要注意在确保归档电子文件法律效力的基础上，积极向用户提供利用服务。同时档案部门还要与网络时代办公的需要相适应，充分地利用技术管理手段来将各类档案资源转变为用户便于利用的信息，使师生在任何地方和任何时间内通过登录学校档案网页，利用注册的用户名和密码即能够获取到自己所需要的档案信息。同时，高校也可以将一些开放的档案信息全文数字化后上传到网上，供档案利用者使用。学校档案部门还要针对档案利用者网络行为数据进行分析，更好地为档案利用者提供更具针对性的档案信息服务。

另外，当前高校档案服务工作中，可以基于大数据环境下来拓展档案服务方式，推动档案服务方式的多样化发展。传统的档案服务方式就是档案室进行查询，在当前信息技术的支撑下，档案利用者可通过电话、邮件或者是实时咨询的方式进行档案信息的查阅。并且网络的发展可以进行远程的信息查询。学校档案管理部门也可以利用信息化技术来为用户提供广泛性和个性化的服务，利用互联网公布的信息以及新闻事件等广泛性的信息，也可以根据用户的个性化需求，推送一些比较具有针对性的信息。

高校档案服务工作的创新发展不仅需要档案管理人员树立长期服务意识，同时还要基于档案利用者角度来进行换位思考，从而对工作方式方法进行不断创新，落实好高校档案服务机制，全面提高档案的服务水平，为高校档案工作的有序开展奠定良好的基础。

参考文献

［1］徐盈.高校档案管理工作服务创新思考［J］.人才资源发，2016（8）：181.

［2］张晓燕.关于创新档案服务机制的思考[J].安阳工学院学报，2011（11）：87-88.

［3］张晓燕.试论创新档案服务机制的关键点［J］.安阳师范学院学报，2011（12）：151-152.

［4］王霞，庞蕾.对创新档案服务工作的再思考——以高校为例［J］.中国集体经济，2012（10）：47-48.

第十三章 高校教学档案互动式数字化管理现状与发展策略

新修订的《中华人民共和国档案法》鼓励档案数字化和资源共享，新修订档案法明确规定"电子档案与传统载体档案具有同等效力"。坚持来源可靠、程序规范、要素合规的原则，可以以电子形式作为凭证使用，这是我国首次将电子档案效力写入国家法律，为教学档案数字化、规范化管理提供了根本的政治和法律保障，让每一位档案工作者吃下了"定心丸"。但是，高校教学档案互动式数字化管理属于新生事物，各高校教学档案互动式数字化管理工作还处于起步阶段，缺乏成熟的管理经验，相关的管理理念和配套制度还不够完善，对于教学档案数字资源整合管理、开发利用、服务共享具体分工缺乏明确的规定，也缺乏科学完善的顶层设计。

信息技术创新日新月异，以数字化、网络化，智能化为特征的信息化浪潮蓬勃兴起，促进了传统载体教学档案数字化和教学电子档案信息化发展，教学档案信息与载体相分离，通过因特网平台和移动客户端进行传递和利用。高校档案工作逐渐转向数字化管理地位也越来越突出，按照新档案法要求，结合高校办学定位和教学档案管理特点，培育和创建高校教学档案数字化管理建立大数据管理理念，重构教学档案安全防护体系，搭建教学档案数字化管理平台，完善教学档案数字化管理制度，提高教学档案数字化业务水平和利用效率，实现信息技术与教育教学档案数字化管理有机融合。

一、相关概念

教学档案数字化管理是指利用信息技术把各种载体的教学档案资源转化为数字化的档案信息存储及管理。高校存在丰富的教学档案资源，一方面是以纸质载体方式保存在档案馆室中，需要对传统载体档案进行数字化转换，区分轻重缓急，突出重点，稳步推进教学档案存量数字化，实现存量的数字化。另一方面是从教学档案形成的源头抓起，促进教学档案管理系统，办公自动化系统，智慧课堂教与学应用平台相互衔接，明确标准，安全保存，规范移交，积极推进教学档案资源增量的数字化管理与开发利用共享服务。教学档案数字化管理工作与其他各部门互联互通，协同推进教学档案数字化的收集、管理和保护，节省存储空间，实现教学档案资源跨部门、跨行业、跨地区共建共享，提高服务能力，满足广大人民群众对高校教学档案信息服务的现实需求。

　　教学档案互动式数字化管理平台是高校各部门确保教学档案数字化安全保管和有效利用的重要信息化基础设施，是开展教学档案数字化管理的必备条件。依托互联网、局域网，充分考虑不同系统数据传输方式，接口方式，相互衔接在教学档案互动式数字化管理功能和流程上相互联通，功能嵌入，实现离线的导入导出，以保障教学档案数字化全生命周期管理，基于可信的信息系统打造全程贯通的教学档案互动式数字化管理通道，以教学档案目录中心，基础数据库、档案利用发布平台为基础的管理体系。

　　高校教学档案互动式数字化安全管理就是要保证处于档案管理系统的各个物理位置、逻辑区域、存储和传输介质中的数字化教学档案信息，在动态和静态过程中均保持其真实性、完整性、可用性。而要做到这些，就要涉及人、网络、环境有关技术、结构和管理安全等各个部分，这几个部分又是相互依赖、互为补充，相互支持，其中任何一个环节出错，都会影响高校教学档案互动式数字化安全管理。安全贯穿管理的整个生命周期，在形成、传输、存储、利用等每个阶段的安全也是相互依存的，前一阶段安全保护工作质量直接决定下一阶段工作质量。

二、背景与现状

（一）背景

　　新修订的《中华人民共和国档案法》鼓励档案数字化和资源共享，明确规定"电子档案与传统载体档案具有同等效力"。坚持来源可靠、程序规范、要素合规的原则，可以以电子形式作为凭证使用，这是我国首次将电子档案效力写入国家法律。2021年6月8日中共中央办公厅、国务院办公厅印发《"十四五"全国档案事业发展规划》中，加快档案资源数字转型。加强国家档案数字资源规划管理，逐步建立以档案数字资源为主导的档案资源体系。大力推进"增量电子化"，促进各类电子文件应归尽归，电子档案应收尽收，建立档案数字治理新模式，推动档案工作融入各项业务全流程，推进档案业务在线监督指导，提升档案治理网络化、智能化、精细化水平。国家档案局发布《电子档案单套管理一般要求》，确立了电子档案单套管理的基本原则，规定了实现单套管理需要在制度建设、系统建设、资源建设与管理、安全管理等方面达到的要求，提出了可行性评估的方式、方法。2022年6月6日国发〔2022〕14号《国务院关于加强数字政府建设的指导意见》从构建协同高效的政府数字化履职能力体系、安全保障体系、科学规范的建设制度规则体系、开放共享的数据资源体系智能集约的平台支撑体系等方面做了详细的规定，加强党对数字建设工作的领导，全面引领驱动数字化发展。

（二）现状

（1）国外研究现状。信息资源管理实践最早的生长领域是美国政府部门的文件管理。20世纪初，美国地方政府开始了文档一体化进程，对文件的管理也进一步规范化，国际档案理事会在2016年国际档案大会上号召各国"通过数字技术提升档案利用的契机，为数字时代的社会做出更为有力的贡献"各国家在数字转型的内容维度利用不同档案资源进行不同主题内容研究，采用线上、线上线下交叉和线下的服务方式，采用虚拟现实技术，通过仿真系统促进档案可视化，增强人机交互，提升用户参与体验感。例如，法国国家档案馆等机构联合发起的verspera项目，通过对17世纪到19世纪凡尔赛宫多份图形文件进行数字化处理，使用户得以在3D环境中与虚拟对象进行沉浸式交流互动。大中小学校合作，利用特定历史时期档案资源，辅助数字化教学。澳大利亚国家档案馆结合学校课程，设计了专题线上教学资源并举办了参观活动。国家档案馆与多方机构开展跨界合作，协同促进公共文化服务的数字转型。

（2）国内研究现状。我国教育部和国家档案局2008年9月1日起施行《高等学校档案管理办法》，第五章第三十八条规定：高等学校应当设立专项经费，为档案机构配置档案管理现代化、档案信息化所需的设备设施，加快数字档案馆（室）建设，保障档案信息化建设与学校数字化校园建设同步进行。各高校开始加大档案信息化基础设施的配备，开展档案数字平台资源建设，探索档案信息化和数字化建设转型，现有研究主要以数字技术的发展作为背景，而缺少对数字转型议题的拆解，因而未能充分解释教学档案数字化管理转型的内涵、方法与实现路径。

（3）相关研究成果。河北工程技术学院校级课题《教育数字化战略背景下高校教学档案的构建研究》优化高校数字化教学档案管理流程、对课前、课中、课后数字化教学档案进行管理。强化教学档案数字化数据平台建设，对档案信息的普查、收集、数据治理、数据建模等提出相应措施，健全高校数字化教学档案安全体系提出建议，目前在建设、研究和探索阶段，还没有项目结题，未形成可以推广和借鉴的成果。

高校教学档案互动式数字化管理研究是一个新的课题，目前取得阶段性研究成果。李冬梅老师认为在"互联网+"环境下，高校教学档案数字化管理研究，需要革新思维，打造数字化基础设施，协同创新与优化数字化管理制度齐头并进，重视数字化管理人才，提升档案管理工作效率、丰富保存档案内容、优化档案资源配置的重要意义。周书英认为根据教学档案数字化管理的特点，采用先进信息技术，完善教学档案数字化基础设施建设，建设教学档案数据库，提高档案管理人员水平，积极开展档案数字化工作，有效满足高校档案管理需要。教学档案数字化互动式管理转型过程中，用户不仅是教学数字档案资源的利用者，也是教学档案资源、档案服务政策的共同建设者，逐渐开辟与用户密切交流、共建服务的动态模式，为用户提供参与教学档案数字化建设决策的机会，并帮助改善档案利用服务。

三、高校教学档案互动式数字化管理面临的问题

（一）高校教学档案互动式数字化管理认识程度不足

新一代信息技术广泛应用，数字教学、在线教学服务等快速发展，教学档案工作环境、对象、内容发生巨大变化，在为教学档案创新发展带来机遇的同时，也使教学档案工作面临着资源分散流失、统筹发展和安全难度加大等诸多挑战。档案管理者还在实体档案的管理中思维方式中，没有认识到教学档案电子化、数字化的产生，已给教学档案管理带来剧烈的变革，这种认识程度局限性，致使高校教学档案互动式数字化管理的科学规划、管理体制、管理机制未充分建立。

（二）高校教学档案互动式数字化管理平台衔接不完善

目前大多数高校有教学档案管理系统，办公自动化系统，智慧课堂教与学应用平台等不同模式的管理系统，在各职能部门发挥着独立功能，归档职责分工不明确，系统间不能互联互通，没有进行有效衔接，没有设立归档接口中间推送临时库，不能利用业务系统的数字化或电子化的教学档案进行集中统一管理和长期保存利用。大量的有价值的教学档案信息散存于系统中或老师存储设备中。随时有丢失、数据误删等安全隐患，随着教学方式从纸质转向电子化、数字化，教学由"线下"向"线上"迁移。需要根据自身条件和互相协同对接，高校教学档案互动式数字化管理平台有效衔接完善亟待解决。

（三）高校教学档案互动式数字化资源采集和开发利用能力有限

高校教学档案互动式数字化建设业务是指合理应用信息技术，在保证安全的前提下，对教学档案实行全生命周期的管理，高校存在丰富的教学档案资源，主要是以纸质载体方式保存在档案馆中。各高校推进教学档案传统载体数字化工作不平衡，数字化率差距还比较大，数字化成果质量参差不齐，对推进教学档案数

字资源跨区域、跨部门共享和开发利用、提升档案价值十分不利。

高校教学档案数字化形成和监管流程和部门发生变化，参与教学档案形成的主体增多，涉及教学管理和服务各个部门，教学档案数字化的呈现形式多样，构成要素是分散的、复杂的、部分要素还可能发生变化，档案管理者要有针对性地识别，有所区别。这使教学档案，应收尽收，应归尽归变得更为复杂，在保证安全的前提下，实行对高校教学档案数字化全生命周期的管理水平不高。

（四）高校教学档案互动式数字化建设管理人才队伍较弱

新时代社会分工日益精细化，众多行业基于各项业务活动的需要，对教学档案数字化的需求增多，尤其是学历、档案信息审核等都离不开教学档案。受各种因素的制约，高校教学档案互动式数字化管理人才队伍不能完全适应档案事业发展的需要。由于教学档案的工作领域不断扩大，教学档案数字化数量激增，人员保持原有数量不变甚至减少的情况，有的高校不设专职档案员，有的虽有但是流动频繁；有的档案员身兼数职，对档案工作投入精力不足，专业水平不高。对教学档案互动式数字化资源建设与管理，基础设施的运行与维护、安全防护体系建设等专业技能操作不熟练，还处在研究探索阶段。

四、高校教学档案互动式数字化管理策略

（一）重构教学档案互动式数字化管理团队

根据教学档案互动式数字化管理目标要求，依据《高等学校档案管理办法》《中华人民共和国档案法》《"十四五"全国档案事业发展规划》《国务院关于加快发展现代职业教育的决定》等方面的相关文件精神，高校成立教学档案数字化领导小组，将教学档案数字化工作纳入年度计划，布置数字化工作，全员参与教学电子文件的收集移交，兼职档案员归档整理，专职档案员指导检查，领导监督审核管理体系。在原教学档案互动式数字化管理团队的基础上重新组建管理团队，团队全员参与档案管理人员，培育骨干档案员，团队结构化涵盖学识结构、学缘结构、专业结构、技能结构、校企结构、职称结构、年龄结构等几个方面，各结构搭配合理，跨专业融合满足教学档案互动式数字化管理需要。

通过引进和培育壮大团队实力。引进计算机网络专业技术维护人员，法律顾问等。充实团队力量，聘请具有档案管理软件运行与维护经验的技术顾问，壮大团队力量，团队兼职档案员进入教学一线，主持开发课程资源，建设省级专业教学资源库，在线开放课程，与企业合作开发核心课程资源等活动，参与教学电子

文件的形成与整理，提升岗位技能。团队成员及专兼职档案员积极参加档案线上培训会议，提高档案团队管理能力水平。

（二）形成政校企合作共建教学档案数字化管理平台

充分利用中国高等教育学生信息网，招生考试信息港数据平台等政务信息网，学生从入学到毕业信息实现数字化管理与查询。学校成立信息中心，搭建了数据中心机房，有线、无线一体化校园网络接入服务体系，将学院南大之星档案网络管理系统、OA办公系统，智慧课堂、教务系统进行系统升级和数据迁移至数据中心机房，进行统一管理，保障系统的正常运行和数据的安全管理。对档案网络管理系统进行调试，保证档案管理系统正常运行和使用，为教学档案互动式数字化管理奠定了基础。构建互联网、局域网为依托，以高校教学档案互动式数字化管理平台为支撑，以教学档案目录中心，基础数据库、档案利用发布平台为基础，建设一个符合国家标准、使用方便、安全、稳定的教学档案数字化管理在线归档和在线服务平台。

（三）形成教学档案存量数字转换，增量在线归档模式

一方面利用平台，组织人力分析教学档案归档范围和利用情况，运用多种管理方法和措施实施教学档案数字化资源建设。一方面将利用高校社会急需的教学档案扫描数字化转换，平台信息录入或数据导入。对永久保存破损教学档案要及时修复和扫描，将室藏教学档案教学文件、会议记录、学生三联单、学生入学信息登记卡等进行全文扫描，查询利用率高的学生三联单进行数字化转化，通过查询姓名可以锁定页码，进行打印使用；学生信息登记卡编制目录后，按照班级进行PDF扫描；学生录取库和毕业生名册信息进行数字化的收集和整理。另一方面设置教学电子文件临时存放数据库。教师登录智慧课题教学记录和学生反馈对自己的教案不断修订完善，上传智慧课堂教案课件等教学电子文件，课程结束后将完善的教案、课件标记格式、时间、作者等项目推送至临时存放数据库，进行移交。兼职档案员从临时存放数据库中对教学电子文件进行鉴定、分类，整理，编号后，导入到档案管理系统归档，形成方便、安全、稳定的教学档案数字化管理在线归档模式。

（四）创建教学档案互动式数字化在线利用通道

借助网络化的教学档案数字化管理平台，教学档案互动式数字化利用稳步破

除空间、时间等因素对师生利用档案的制约和限制。打造开放、兼容的档案在线利用系统，通过数据化处理和操作，可以提升老师的业务工作效率。一方面随着高校人才培养学科界限逐渐融合，电子商务课程需要市场营销专业的知识，老师可以通过档案系统在线申请利用市场营销课程档案组织教学，避免重复研究。也可以将教学成果获奖项目编写荣誉册，线上专项推送到老师移动数据端，随时查询利用，为老师职称评审，成果申报提供便捷在线服务通道。另一方面为企业、毕业生和在校学生提供在线利用服务，通过档案平台，对于开放信息，以访客身份查询，无须注册，未开放档案，需注册提交申请，档案员审核后推送档案信息及相关证明，增加用户参与性与互动性，开展便捷入"微"的服务，满足用户的需求。

（五）建立网络安全防护体系，筑牢安全防线

针对开放的网络环境给教学档案互动式数字化带来的安全威胁，要从多方面采取防护措施，建立教学档案互动式数字化网络安全防护体系，为教学档案互动式数字化的存储、传递和使用营造一个安全的环境。扎实做好档案数字资源备份工作，完善备份机制，实现室藏全部档案数字资源完整备份，加强备份工作全过程安全监控，切实保障教学档案数字资源安全。保持教学档案互动式数字化的原始性，注重隐私声明，加强版权监管力度。一方面是数字化教学档案被使用时能够以原始的格式进行显示，可以在保存数字化教学档案的同时，将与之相关的软件及整个应用系统一并保存；制作并保存原始档案的电子图像，避免因为各种原因造成档案内容的更改与失真。对于特别重要的教学档案，要采取多种介质保存的形式。另一方面还应加强对版权保护，保护知识产权，通过技术驱动，数字水印，教学档案数字化管理平台确权等方式，增加保护手段，严惩窃取信息或者恶意篡改信息的行为，重视信息安全的管理与把控。保护高校创新的土壤，最终实现高校科技的创新。充分发挥数据的服务价值，以促进和提升档案资源数据的发展和应用水平，需要加快教学档案数字化建设的步伐。构建个性化资源服务、前端控制、实时防御的技术模块，提高教学档案数字化信息管理系统的安全性、稳定性。探索人工智能鉴定、数字化识别等技术应用，希望通过不断努力，搭建起适合高校的教学档案数字化信息资源整合平台，为档案用户提供便捷、高效、优质的教学档案信息服务。

五、高校教学档案互动式数字化管理意义

在教育教学改革的背景下,教学档案管理工作的内容和载体发生的巨大变化,促成了教学档案管理的变革与当代社会经济的大发展相融合。教学档案互动式数字化管理也就是将海量繁杂的教学档案,借助于数字化的平台技术进行全面数字化收集、科学分类存储和利用。提高教学档案管理效率,真正实现教学档案信息资源的共享,是适应高校治理体系和治理能力现代化的需要。

(一)实施高校教学档案互动式数字化管理,提升管理效能

教学经验得以总结,教学规律得以认识,教学历史得以延续,高校各项事业的发展离不开教学档案,教学档案载体的每一次变革都是人类社会发展进步的产物。高校教学档案纸质载体向数据化转变及发展与人类社会的进步和科技的发展息息相关。每个历史时期的教学档案,虽然其记录方式多变、载体各异,但是其记录的目的一致,功能一致,都有记录、凭证、备忘的作用。教学档案数字化、电子化将成为新的档案载体类型。高校教学档案在互动式数字化管理模式下,能够及时归档,并且提取和利用的过程都更为便捷。高校教学的各部门可以依据自身权限,在互动式数字化管理平台,建立数据库的方式,通过教学文件、电子教案、教师信息与学生信息及时提交,轻松查询与调用等流程。优化高校教学档案整理工作,有利于教学情况通过数字化信息实现及时反映,相互促进,提升管理效能。

(二)实施高校教学档案互动式数字化管理,满足社会需求

教学档案互动式数字化管理将教学档案的归档工作前移,改变流通、利用和交互方式,为用户提供灵活的信息获取途径,教学档案互动式数字化管理由重保管向重服务转变,遵循利用规则,开展一站式服务、依法做好高校教学档案互动式数字化的查阅、做到便民利民,有针对性,及时向社会提供有价值的信息,为经济建设和社会发展服务,以满足社会对高校教学档案数字化信息资源的需求。

参考文献

[1] 冯惠玲,周晓英.信息资源管理研究与教育:一个大有作为的领域[J].图书情报工作,2004(9):24-27.

[2] 程妍妍,宋莹,郑伽.国外档案工作与人工智能:潜力和挑战[J].中国档

案，2022（9）：78-80.

[3] 刘焕霞，范桂红，白蕾蕾，等.高校教学档案互动式数字化管理现状与发展策略[J].黑龙江档案，2021（5）：226-227.

[4] 李冬梅."互联网+"环境下高校教学档案数字化管理研究[J].兰台内外，2020（10）：29-30.

[5] 陈春柳.新时期高校教学档案数字化管理研究[J].中外企业家,2019(8)：122.

[6] 范杰.新时期高校教学档案数字化管理研究[J].兰台内外，2019（1）：34-35.

[7] 余巍巍.大数据时代教学档案管理信息化建设的有效途径[J].兰台内外，2020（10）：1-3.

第十四章 高校校史文化研究与档案文化
建设面临问题与建议

高校校史文化是高校进行档案文化建设的重要组成部分，它以其独特的文化形态为高校发展提供精神动力。校史文化研究是根据档案记载的内容，对学校的教学、科研、管理、服务等在历史沿革、办学理念、发展阶段各个方面进行细化研究，充分反映不同历史时期师生员工的文化、传统、精神的一项重要科研工作。档案文化建设是档案组织机构发挥地域优势、深度挖掘馆藏资源，以档案记录的信息为主体，充分展示人类物质文明和精神文明财富，开展形式多样的文化宣传教育活动。无论是校史研究和档案文化建设都离不开档案，都需要从档案中获取信息，校史文化研究是对档案信息的开发，也为档案文化建设提供蓝本。

一、高校校史文化研究与档案文化建设的关系

（一）高校校史文化研究是推动档案文化建设的前提和动力

档案文化建设是高校繁荣发展的历史产物，也是校史研究工作不断积累的必然结果。首先，校史研究是档案文化建设的基础。档案文化建设的成功与否建立在校史研究的基础上，建设档案文化离不开对校史资料的收集、整理，对学校发展历程的研究、概括、总结，借鉴、吸收校史研究成果奠定了档案文化建设的基础。如同校史研究一样，档案文化建设要突出学校的历史文化传统和学科特色，这不仅需要对学校发展脉络的纵向把握，还要对其所处社会政治、经济、科技、文化等背景的广泛了解和比较，在教育和社会演变的普遍性中发现学校自身发展的优势，做出比较全面客观的分析与定位，转化形式贴合现代人的心理需求和期望，公众更乐于接受的档案文化。如果没有长期扎实的校史研究成果积累，仓促上马、想一蹴而就地完成档案文化建设结果往往不理想。其次，校史文化的研究推动了档案文化建设。校史文化研究发扬求真务实的精神，正确处理好研究历史与服务现实的关系，承担着"存史、资政、育人、宣传"的重要使命。校史文化的研究在专业机构和人员的努力下，不断发掘更新研究成果，可以为档案文化建设注入新活力、保持其生命力、增添新活力，因此，高校校史文化研究是推动档案文化建设的前提和动力。

（二）档案文化建设是高校校史文化研究健康发展的保障

档案文化建设促进了校史研究的发展与繁荣，档案文化建设通过整合蕴藏在档案中的历史文化元素，将反映学校历史和文化特色的原始档案信息转变成一种实在文化，展示学校发展历史的浓缩和精华，它可能没有一本专著那样详尽深刻，但却能在短短的十几分钟内让观众了解并接受。在一定程度上推广校史研究的成果，发挥其为社会、为大众服务的功能。势必会促使高校档案馆更加注重收集和征集有历史特征、文化特征的各类档案，以此来优化、丰富馆藏结构，为校史文化研究增添新的史料。因此，档案文化建设的过程，也是对校史资料重新梳理的过程，不仅可以拾遗补阙，也能从中发现校史研究的不足之处，找到新的切入点，为校史文化研究健康发展提供保障。

二、高校校史文化研究与档案文化建设的问题

20 世纪末以来，由于重大校庆活动和教学评估，高校校史文化研究与档案文化建设工作已经开始，特别是在编修校史、校志方面已取得一定成绩，但仍处于低水平，发展迟缓状态，主要表现在以下几个方面。

（一）缺乏总体规划

在机构上，校史文化研究有的认为是校史文化研究范畴，归属于科研处；有的认为是档案业务拓展，归属于档案部门；或者根据任务临时搭台建班，缺乏固定的机构和人员配置；这些不确定性因素使校史研究工作长期处于边缘化状态，而档案文化建设归属于档案部门，二者在机构上各自独立。在工作上，未能对校史文化研究和档案文化建设现状进行科学全面地分析和判断，没有明确的目标和计划，制定出有针对性的校史文化研究和档案文化切实可行的发展计划，未形成统一的理念、思路和共识，没有清晰的校史文化研究和档案文化建设框架，各自在自己研究的领域和工作范围内被动地工作。

（二）缺乏制度保障

新时期，加强档案文化建设，需要建立起符合校史文化研究和档案文化建设发展管理制度。合理的制度既能反映一定的文化，也能指导文化建设，还能保障文化建设的健康发展。但是，我国校史文化研究和档案文化建设中制度保障方面存在缺失。制定的制度要么是不切实际缺乏科学依据，要么是制度规定本身涉及层面过窄，对于价值层面、道德伦理和技术层面上的东西考虑甚少。甚至有的高

校还未建立，这样使校史文化建设和档案文化建设无章可循。

（三）价值认同度不高

校史文化研究已有校史校志，拍摄校史纪录片，制作校史画册等与校史相关的活动与文化产品不断涌现，这些文化产品在校庆活动、教学评估等方面产生一定影响力，但是对在高校发展中缺乏持久的影响力，特别是对在校生未能形成一种核心的持久的价值认同感。

高校档案文化本身具有很广泛的价值，不仅体现在高校文化凭证方面，更多的是它的文化交流和教育作用，而这一点是为当前大多数的档案工作者所不熟悉的。在高校档案工作中，有不少基层工作者没有充分认识到高校档案文化的价值和作用，日常工作时只是将其当作一项保管工作来做，缺乏对高校档案文化价值的清晰认识，阻碍了其教育价值和传播价值的发挥，对高校档案文化建设来说是十分不利的。

（四）人员素质有待提高

校史文化研究和档案文化建设确实有很多可开发利用的珍品，问题是谁来开发、怎么制作。不少部门，特别是基层部门，能够胜任"高品位、精制作、深加工"校史文化研究档案文化建设的人可谓少之又少。不是没有好东西，也不是不想出"精品"，关键是缺少有"金刚钻"的人，缺乏知识更新的主动性与参加科学研究，缺乏文化建设活动的自觉性，严重影响校史文化研究和档案文化建设的顺利开展。

三、高校校史文化研究与档案文化建设的建议

（一）加强高校校史文化研究与档案文化建设顶层设计

首先，高校应制定校史文化研究与档案文化建设发展规划，设计校史文化研究与档案文化建设的发展步骤，形成统一的理念、思路和共识，提供一个清晰的校史文化研究和档案文化建设框架和长远规划。其次，在先定职能、后定机构，再定人员的机构设置原则指导下，高校的顶层设计应该注重实现管理部门的职能转变。再次，高校应当对当前的校史文化研究和档案文化建设现状进行科学全面的分析和判断，找出需要提高的方面，确保计划与规划具有较强的针对性和可操作性，争取每年的工作有重点和亮点、数年的工作形成系列，这样才能有利于基层结合自身实际情况，运用新思路新方法积极主动地开展工作，实现校史文化研

究和档案文化建设的可持续性。

（二）健全高校校史文化研究与档案文化建设制度

健全档案文化建设制度其实是一种管道，主要起到沟通、协调和规范的作用。推进档案文化建设，必须要有制度作为保障。总的来讲，一方面需要通过吸收最新档案文化理论研究成果，将先进的档案文化发展理念注入已有制度当中，增强制度的活力。另一方面需要对于旧有制度中不合时宜的成分予以剔除，对不能够适应档案文化建设的制度应坚决予以淘汰。另外，需要校史文化研究和档案文化建设主体部门做出明确的制度规定，着力构建一个科学的、关联的、闭合的、科学的制度系统，这个系统中各部分既有分工、互不冲突，又互相联系、协调配合、共同发挥作用。

（三）提高校史文化研究与档案文化建设的价值认同度

校史文化研究与档案文化建设要追求真实的档案信息，严格杜绝虚假，只有真实的档案信息才能够保证利用者能够正确地理解校史文化研究与档案文化价值。除了研究部门和建设部门本身提高对校史文化研究与档案文化建设的价值认识，还应该加强宣传，让更多的人认识校史文化与档案文化价值的独特魅力，尤其要引起各级领导的重视，并加强对校史文化研究和档案文化建设的支持力度。在校史文化研究部门和档案部门上要统筹安排，增加研发机构，并建立相应的队伍和给予适当的资金支持。这个研发机构和相应的队伍，专门用于收集、征集与校史文化研究和文化建设相关的档案信息资源，为高校文化大发展大繁荣服务，并深入挖掘馆藏资源，提升档案资源文化价值，增强校史文化研究和档案文化建设的功效。

（四）提高校史文化研究与档案文化建设的人员业务能力

高校应当分析当前负责校史研究和档案文化建设工作人员的发展薄弱点，找出传统的校史文化研究与档案文化建设之间的差距，制定档案工作队伍培养的计划。通过计划可以提高基层校史文化研究和档案文化建设工作者的自我发展意识，促使其制订个人的长期、短期发展计划，挖掘自身潜力。学校也可以安排校史文化研究人员和档案文化工作人员脱产一段时间，到优秀的教育机构进行锻炼，学习和借鉴其他机构的工作经验，以此种方式促进理论知识的强化和实践能力的提升。

校史文化研究与档案文化建设是一项专业性较强的工作，它不仅要求档案人员熟悉档案开发，还要求档案人员具备为适应新时期档案工作发展要求，档案工作者需要逐步向档案文化者的角色转变，不仅要有扎实的业务知识和能力，具备活跃的设计思维、较强的审美及艺术鉴赏能力。还要开阔视野广泛汲取历史、文学、艺术等方面的知识，增强文化底蕴。同时，加强同其他院校和社会团体的合作。校史文化研究是档案文化建设的一项庞大工程，单凭一己之力难以完成。因此，校史文化研究与档案文化建设应借助外力，合作开发研究、建设和推广。

四、构建高校校史文化研究与档案文化建设的新路径

从党的十八大以来我国教育事业取得辉煌成就、高校改革发展取得新进展等一系列重大事件来看，我国高等教育已经从规模扩张转向创新驱动，高校自身发展也由外延式扩张转向内涵式发展。与此同时，在学校改革深入推进过程中出现的问题需要进一步研究解决。其中，校史研究和档案管理方面存在的问题影响着高校档案工作的整体水平。在当前我国教育事业全面推进的大背景下，如何促进高校校史科研成果与档案工作有效衔接，使两者共同发展成为一个重要课题。

（一）以"文化自信"为引领，以档案文化为载体，深化校史研究

在校史研究中，高校校史与国家现代化进程和社会进步之间有着内在联系，是学校文化传承发展的重要载体。从这一角度看，高校校史学研究是国家文化建设、提升民族文化自信与增强国际竞争力的一个重要方面。从这个意义上讲，高校校史研究必须坚持"两个面向"和"三个服务"，即以马克思主义为指导，坚持办学方向；面向世界、面向现代化，服务学校改革发展和师生成长成才需求，服务社会发展和民族复兴。

（二）创新发展方式，优化校史研究内容

高校校史研究和档案工作都是在党的教育方针和政策指引下，遵循高校自身发展规律进行的。因此，高校校史研究应坚持实事求是原则，在充分收集和掌握资料的基础上进行深入研究。另外，档案人员应坚持以档案工作为中心，主动了解、关心、关注高校发展过程中各个时期校史文化研究方面的重点及难点问题。

（三）拓展渠道载体，加强馆校合作交流机制

高校档案工作是一项系统的工程，它需要长期的积累，而这就要求高校档案工作者具有强烈的责任心和使命感，积极投身于档案工作实践中。校史档案是学

校发展历程的记录，具有较高的历史价值和文化价值。要想使校史研究成果更好地服务于学校改革发展需要，我们应拓展渠道载体。

（四）整合利用资源，加强校史成果开发应用

校史成果的开发应用是校史研究和档案工作衔接的重要途径，是提升服务质量的有效手段。随着社会各界对高校史料及档案资料重视程度的提高，高校校史研究成果、档案史料利用需求不断增加。高校档案部门应充分发挥自身优势，积极为校史研究和档案工作服务。具体而言，可以从以下几个方面入手：一是加强对校史研究成果的开发利用，二是积极推动对新时期校园文化资源的整合和开发，三是促进学校档案馆馆际合作及交流等多方面工作提升高校档案信息管理水平。

（五）完善制度建设，提升档案文化建设质量

高校档案管理制度是做好档案馆工作的基础，是档案管理工作的基础保障。要想使校史研究成果和档案文化建设有效衔接，必须建立完善相关制度。一是高校档案馆要结合学校实际情况，建立符合校史研究者需要、具有本校特色的档案管理制度。二是要建立与本校科研成果及档案文化建设相适应的制度体系，如建立与"十四五"重点学科和重点科研项目、国家社会科学基金项目之间相配套的激励机制制度；通过政策措施和资金投入，加大对校史馆建设、人员配备和经费投入力度等，保障档案文化建设有序开展。

高校校史研究和档案文化建设是高校提高自身竞争力的重要途径，作为高校的宝贵财富，展现着历代学生和教职员工的集体智慧，是高校独特校园文化的积淀。随着高校改革的不断深入，校史研究和档案文化建设受到越来越多的社会关注。它的文化价值对于高校的育人效用是不可或缺的。所以说，校史文化研究和档案文化建设是一项长期的工作，需要常抓不懈，以此实现高校优秀文化的传承与发展。

参考文献

[1] 侯怡敏.校史研究与校史馆互动效应简析.兰台世界[J].2010（9）：10.

[2] 金灿灿.论校史文化研究与档案资源建设的互动发展.兰台世界[J].2013（6）：91-92.

[3] 张蕊.以档案文化内涵为基点浅析档案文化建设的问题与对策.赤子[J].2015(10)：216

[4] 景雪.新形势下档案文化建设的思考.产业与科技论[J].2014（5）：

146-147.

 [5] 贺缠虎.高校档案文化建设探析.档案天地[J].2014（3）：43-44.

第十五章 高校档案与"三全育人"探究

一、研究背景和意义

(一)研究背景

2008年8月20日，教育部和国家档案局联合发布第27号令，即《高等学校档案管理办法》（以下简称《办法》）。《办法》强调发挥高校档案对在校大学生的道德建设的功能，提出了"大档案思想，将学生的成长档案也列入高校档案工作的管理范畴，要以高校档案馆和校史馆为依托，拓展档案服务范围，提升高校档案的社会服务能力，把关注大学生的健康发展放到一个重要的地位，全面实施高校档案的育人功能。

立德树人是高校教育的中心环节，大学生的思想政治教育要从进校门一直延续到毕业，充分挖掘一切可以利用的资源，把思想政治工作融入教育、教学和管理之中，实现全程育人、全方位育人，努力为我国的高等教育开辟新的道路。

"坚持把立德树人作为中心环节，把思想政治工作贯穿到教育的全过程，实现全程育人，全方位育人。"这就清楚地说明了立德树人是高校教育的核心内容，高校思想政治教育要从学生入校要延续到学生走出校园步入社会，要充分挖掘各种可以调动的各种资源，将其融入教育、教学、管理，做到全程育人、全方位育人，努力为我国的高等教育开辟新的局面。

《国家中长期教育改革和发展规划纲要》明确指出"育人为本"是当前我国教育工作的根本任务，以人为本全面实施素质教育是我国教育发展的重要内容，十八大报告更是将立德树人的基本任务放在首位。为此，许多大学都在"育人"与"育德"两方面进行了一次教育与教学的变革，并在实践中获得了一定的成效。高校要以"育人"为核心，以"以人为本"，以"以德育人"为核心。坚持遵循教育规律，转变教育观念，创新教育模式，提升教育品质，以实现人的全面发展和统领推进人类的发展。

"三全育人"是一种全新的、系统性的、全方位培养的教育模式，经过数几十年的发展，已成为教育界普遍认同的一种教育观念和方针，它不再是一句空话，而是一种可以运用到我们实际工作中的模式和理念。在"三全育人"提出的新时代背景下，高校加强和完善思想政治工作的战略措施，既是我们今天社会所需要接受的比较理想的高等学校道德教育，也是我们当前探索德育工作所不能忽视的重要课题，更是我们当今时代所需要接受的比较理想的高校德育思想。

高校档案作为学校历史记忆的一个重要载体，它承载着大学的发展历程、办学理念和精神、教学科研工作者的执着追求、学生拼搏进取的求知精神等方面，蕴含着育人目标、育人理念、育人方法等文化精髓，蕴藏着丰富的思想政治教育资源，是高校进行思想政治教育的重要载体，更是高校育人体系建设的重要组成部分。高校档案的自身性质及功能决定其文化育人的必要性，这是"立德树人，三全育人"视野下的时代赋予高校档案的使命，也是高校档案馆拓宽思想政治工作的重要途径。高校档案承担时代的历史使命和职责，正视新时期的新挑战，抓住当前高校档案管理工作发展的新机遇，聚焦立德树人根本任务，充分发挥档案"存史、资政、育人"的作用。

我们党和政府都非常注重社会主义文明的发展，当前正是我们进行思想政治工作的重要阶段，如何把"三全育人"这一思想运用到学校的教育和教学中去，提高其实效就变得非常紧迫。这不仅是推进高校建设"三全育人"理念的一个重要方向，而且是强化学校档案工作的必要手段。档案馆是学校的重要职能单位，要充分发挥自身的特色和作用，使其在教学中起到净化学生心灵、陶冶情操、提升学生人格的作用。

高校档案参与育人实践是高校实施德育教育的一个重要途径，是课堂教育的一个强有力的补充，也是大学思想政治教育的重要组成部分。高校档案要顺应教育与教学的发展趋势，合理优化高校内的资源配置，充分利用档案，使其成为大学生德育教育和文化教育的另一块阵地。通过对档案文化育人的调研和研究，分析发挥档案育人功能所面临的困境及产生困境的原因，探索解决途径，充分发挥档案在三全育人的实践中的档案文化和服务的功能，从而进一步提升高校思想政治教育的实效性。

"三全育人"和高校档案相辅相成，高校档案则是三全育人德育教育动态表现形式，而"三全育人"指导高校档案实践活动中促使学生德、智、体、美全面发展过程中，通过点滴渗透的形式，发挥特殊的教育功能。

（二）研究意义

（1）理论意义。一是丰富高校思想政治教育理论。通过探索高校档案在弘扬高校文化过程中提升高校档案育人功能发挥的有效路径，有利于丰富和发展高校思想政治教育理论。二是在"三全育人"思想的指导下，为高校档案工作提供坚实的理论基础。笔者通过对"三全育人"和高校档案的概念进行研究，梳理两者之间的内在联系，探析高校档案建设的理论支撑与原则，从而提升高校档案的资

128

政育人的功能。三是从高校档案出发，研究档案资源在高校思想政治教育中的积极作用，为高校教育提供新的，更人性化的，更宏观的研究视角，从而使教学的理论内涵更加充实、更加完整，同时也拓展了教学的研究视野。四是以教育为出发点，对高校档案的价值进行探索，拓宽了档案学研究范围和理论视野，也为高校档案教育实践工作提供了理论指导依据。

（2）现实意义。通过实地调查、文献研究、比较、综合与分析等方法，在借鉴国内外高校档案育人工作研究的经验与成果的基础上，本文从"三全育人"思想出发，结合档案学发展的基本原理，论述高校档案的特征与功能，探索档案工作的新方法，对进一步深化高校思政教学改革，创新育人模式，推进高校档案资源开发，利用和发挥高校档案育人功能有现实意义和积极作用。过去学者大多是从档案和学校文化的角度来探讨，视野比较单一化，而笔者尝试将"三全育人"与档案管理角度进行融合研究育人功能，有很强的实践性和实用性，可以为高校的教育方式提供新的思路，也可以为档案资源的使用提供新的空间，实现"高校育人"和"档案育人"的共赢。第一，充分利用高校档案馆的育人职能，全面提高新时代大学生的综合素养；高校思想政治工作要立足于大学生，以时代精神来审视当代社会的人文氛围。高校档案是高校思想政治教育资源的重要一部分，具有很强的吸引力，能够有效地提高大学生思想政治工作能力，从而使大学生的综合素质得到提高。第二，以档案为载体，弘扬高校历史文化，提升当代大学生的综合素养，进一步增强了高校的核心竞争力。通过优化整合档案资源，构建更具有亲和力、更具魅力的高校特色档案，可大大地增强高校文化软实力，增强高校核心竞争力，促进学校的科学发展。第三，有利于提升档案管理人员和思政课教师的育人意识与育人能力。通过加大宣传高校档案的作用和深度挖掘档案资源，有助于师生对正确了解档案，强化了师生档案意识的同时，也提升了教师的思政素养和育人能力。

二、高校档案与"三全育人"相关概念

（一）档案

第一个有关档案的这一名词的界定是荷兰著名档案学家萨缪尔·缪勒、约翰·斐斯、罗伯特·福罗英于1898年的时候提出的，即"档案是一个行政机关或某一官员在各类实践活动中产生或者收到的，并明确由该机关或官员保存可供查考的文件、图样、印制品等的综合。"后来，西方各国对档案的定义也大多如此，大多都认为档案是由政府机构和个人形成所持有的，并保存下来以备参阅、查考

的文件。从 20 世纪 30 年代起，我国档案界对档案这一概念的界定问题进行了研究，但从 20 世纪 80 年代起，档案界的学者们对所提出的有关档案的概念有某些共同点和规律，而且与欧美的文献十分类似，都认为档案是机构和人员在实际工作中所产生的，可利用查考的。直到 1994 年，《档案学词典》中对档案的界定发生了一些的改变，认为档案是"国家机构、社会组织以及个人从事政治、经济、科学、文化、宗教等活动直接形成的各种文字、图表、音像等不同形式的历史记录。"

2005 年，冯惠玲对档案概念进行了一些修改，她提出："档案是社会组织或者个人在以往的社会实践活动中直接形成的，具有清晰、确定的原始记录作用的固化信息。" 2020 年新《档案法》中这样对档案进行定义："档案是指过去和现在的机关、团体、企业事业单位和其他组织以及个人从事经济、政治、文化、社会、生态文明、军事、外事、科技等活动直接形成的对国家和社会有保存价值的各种文字、图表、声像等不同形式的历史记录。"

综上所述，笔者认为，档案是国家机构、社会组织以及个人在各类实践活动中直接形成的，具有不同的形式载体，用于保存和备查考的真实历史记录。

（二）高校档案

20 世纪 80 年代以来，国内学术界对高校档案的相关问题进行了初步的研究探讨，通过对各种定义的表述进行比较，认为最具代表性的是 2008 年修订后的《高校档案管理办法》中所提出的定义，即"高校档案是指高等学校从事招生、教学、科研、管理等活动直接形成的，对学生、学校和社会有保存价值的各种文字、图表、声像等不同形式、载体的历史记录。"在此基础之上，作者提出了对高校档案的认识：第一，高校档案的形成是一种广泛的、全面的。它是高校在各种实践中产生的，而非单纯的教学研究活动。第二，高校档案内容的规定性。与普通文献资料不一样，仅在高校归档范围内，具有一定价值的文件资料才可以成为高校档案。高等学校的档案是直接形成的历史记录，是第一手信息，而不是直接生成的。不属于原始记录的文件材料我们都不能称之为高校档案，这是高校档案与其他事物相区分的主要特征。第四，高校档案的记录载体形式呈多元化。高校档案既包括纸质形式的文件、图纸等，也包括照片、音频、录音等。

（三）高校档案馆

高校档案馆是高校的政治、经济、文化、科学技术等重要档案的保存基地，同时也是高校师生及相关单位的档案信息查询与利用档案资料的服务场所。高校档案馆珍藏大量珍贵的档案史料，它记录了学校历代师生长期的教学实践和科研成果，档案史料既是学校的历史文化，也孕育着校园文化，我们统称之为档案文化，档案文化具有强大育人功能。高校档案馆的教育功能是高校的重要特征，是高校档案馆存在价值的决定因素。为此，要继续拓宽档案资料来源、编研档案成果、构建有其自身特点和育人功能的档案文化，是高校档案馆肩负的重大使命，这就需要依靠高校教育工作者付出更多的努力，将档案馆建成高校育人的新课堂，从而体现档案利用价值。由于档案具有真实、形象、生动等特点，因此，在实施与应用新的育人方法时，可以更好地将其转化成实际活动。

高校档案馆的特色。一是发展。档案是大学的历史传承之本，它是由历史积淀而成，经过不断地传承和发展，把新的文化精神融入学校的各种活动中，把新的文件记录下来，再以文件的形式保存、流传、再还原成档案，因此，档案也会与时俱进。比如，随着时间的推移，学校里的各类历史和文化都在不断地被记录，在全国抗击新型冠状病毒的过程中，高校的师生积极参与到抗击疫情中，涌现出大量的抗击疫情的优秀事迹，这在师生身上所体现出来的伟大抗疫精神等也是对档案文化的重要补充，体现了高校档案的与时俱进。二是服务。高校档案工作要利用现代科学技术和管理技术，充分发挥高校档案工作的信息参考和凭证功能，为高校的招生、教学、科研、管理、经营提供有效的服务。高校档案服务是档案工作的重要组成部分，是高校档案工作的重要组成部分。高校档案馆的服务需要档案管理人员从被动服务向主动服务转变，要有开拓创新的能力，及时、主动、高效地提供档案服务，最大限度地发挥高校档案的作用。三是文化。高校档案是大学校园文化的一种表现，它是一种特殊的文化生产力。大学档案的文化属性是指大学档案文化产品的生产与服务。大学档案是大学历史发展的智慧结晶，是大学的文化瑰宝，是学校文化传承不可或缺的精神纽带。四是知识。一般大学，特别是综合性大学，学科齐全，专业范围广泛，学科建设覆盖了科学技术的绝大部分。每个学科的设立都蕴含着大量的知识，而这些知识也必然会被归入大学的档案库，特别是一些具有重大突破的学科和专业。高校要充分发挥其知识资源的作用，积极探索各种渠道，挖掘知识宝库的文化内涵，培养学生创新精神。当前，档案馆作为文献的保管地和集散地，应从静态的服务向主动的服务转变，将整理、总结、提炼、整理的珍贵档案文献转化为创新的教学理念向广大的学生传递，发挥档案的知识作用，让学生在接受新的教育理念的过程中，汲取经验，推动知识的革新。五是教育性质。高校档案是学校思想、教学特色、道德规范、传统和理想信念的集合体，是校园文化载体的精神层面的外在体现，它对学生的价值观与行为方式具有潜移默化且深刻长久的影响，这无疑是校园文化载体精神层面的外在表现形式，对学生的价值观与行为方式具有潜移默化且深刻长久的影响，这无疑是进行道德教育的典范读本。

大学档案文化的内涵。学校的档案记载了学校的历史、学校在发展中的集体荣誉、个人荣誉和教育意义的动人故事，同时也包括了学校的成长历程。高校档案服务于全体师生，使学生和学生了解其历史，包括教育教学、科研、基础工程、资料出版、人事变动等，是对广大师生进行传统教育的绝好教材。高校档案馆是全校师生在教学和研究工作中集体智慧的结晶。随着社会对大学生素质教育的日益提高和高等教育的改革，高校特别重视学生的思想品德、文化素质、精神素质的培养，在素质教育的进程中，已经逐渐发现，高校档案能以其自身特殊的文化特色和深刻的文化内涵来影响学生的思想品德及价值观念。高校档案既可以为学校的教学和科研工作提供参考和使用，又可以充分发挥其特殊的教育作用，激发学生的学习兴趣，促进学习的成效。高校档案工作是为大学生思想政治教育和科学文化教育服务的。

（四）高校的档案工作

文化意蕴在大学档案管理中的应用。高校档案育人使大学生在与档案打交道的同时，充分发挥其特有的人文精神，在潜移默化、点滴渗透的作用。徐蔚在《凸显高校档案文化功能促进高校文化建设》中指出，高校档案不仅具有信息属性，更具有文化属性，高校档案深厚的文化内涵在校园文化建设中有着相当重要地位，高校文化可通过档案这一特殊载体得以保存和传承，并得到传播和发展，而高校的文化建设又不断地促进高校档案工作的开展，丰富着档案工作的内涵。有研究表明，高校的校训和校园文化精神都是在众多档案材料中提炼总结出来的，并影响着一代又一代的学子。高校校园文化可以最大限度地体现高校的特点和风格，它的物质存在形式是以档案为载体，把档案材料运用于教室内外的各项活动中，对于强化大学生的素质教育有着十分重要的作用。目前，中国很多大学除了做报告、讲座等入学教育形式，还组织新生参观校史馆，将校史馆、档案馆作为学校素质教育基地，同时还组织参观荣誉陈列室、校史展等生动的入学教育模式，使新生受到"知校、爱校、荣校"的教育。不少大一新生在看到学校艰难发展过程中的图片和手稿时，都被深深地震撼了。由于校史是校史的真实记载，是师生"教书育人"的真实写照，校方依据文献、实物，对其进行整理、升华，以展现其艰辛的办学历程，让学生获得精神上的洗礼。同时，学校也可以利用历史文献资料，结合历史戏剧，对学生进行生动的文化和艺术素养教育。所以，档案工作的目标既要集中，又要合理地加以利用，这就是保存档案的价值。

132

（五）高校档案教育教学功能

（1）价值取向的角色。立德树人，培养具有中国特色的社会主义建设者和接班人，是高等学校的重要使命。高校历史档案文化对学生人格的形成、思维方式的形成、价值取向的确立、社会主义理想信念的形成具有重要的推动作用。第一，大学档案本身具有强烈的历史穿透能力，可以提高大学生的人格魅力；把大学文化引进到高校理论课堂，对思想政治教育有很大的促进作用。通过对学生和学生的反思，将学校的光辉历史和优秀传统文文转化为自己的价值观，形成符合社会主义核心价值观、世界观、人生观。第二，档案具有尊重历史、尊重事实的价值观，广大档案工作者实事求是、严谨的工作态度，会让档案工作者在不知不觉中被其所感染，产生价值认同，进而在档案服务和管理中实现个性塑造。第三，对大学档案文化中所包含的价值观进行适当的甄别，可以有效地指导大学生的价值观、思想行为，从而加深其内在化，促进其社会主义核心价值观的形成。

（2）激发和凝聚作用。高校档案中蕴含着一种厚重的大学精神，记录了从建校到现在的风雨历程，是一代又一代师生员工奋斗和积累形成的价值观。一方面，档案文化自身所具备的人文与历史特质，能让师生们更好地理解学校与专业的优良文化，并在师生心中建立起一种强烈的凝聚力，从而使他们自觉地遵从学校的价值与行为准则，发自内心地热爱学校与职业。大学培养了一批专家、教授、知名学者（其中不乏在大学工作）。名人学习和成才过程对学生学习、成长的巨大影响，激励学生努力学习、努力奋斗。高校档案馆拥有的科技文献，包括科研准备、实验、总结、鉴定、推广等各个环节的第一手资料，是大学生科研成才的典范，也是他们走向科学高峰的起点。大学生个人档案是大学生学习状况与生活状况的全面记录，能够客观、真实、全面地反映大学生在校期间的学习状况、成长轨迹，从而促进大学生自主学习、自我教育、自我提高，同时也能规范大学生的行为，促进学生全面发展。

（3）引导约束作用。高校档案文化教育的主要目标是对大学生的行为进行制约与规范，其主要内容包括"硬"的制度和"软"的精神上的制约，从而实现学生与学生的道德行为的规范化。在"软"制约方面，高校要通过对优秀学生和先进事迹的广泛宣传，对学生产生一定的影响，从而促使学生形成良好的行为习惯。在"硬"的制约方面，学校的校训、校规、校纪、校风等优秀的传统，通过广泛宣传，将会对学生产生很好的引导示范作用，促使其不断提高自身的法制观念及思想品德水平。校史馆是学生爱国、荣校意识的重要载体，是促进学生自主学习的重要途径。高校的档案文化是一种良好的社会风气，它对大学生的约束与支配作用，能够培养学生遵守法律法规、规章制度的良好习惯，促进大学生成长为合格的公民。

（4）情绪整合作用。情感教育是对大学生进行潜移默化教育。然而，仅凭对思想道德的正确理解，还不足以让他们自觉地将其转变为思想政治素质，只有在情感上加以培养，使其与实际生活紧密结合，才能真正实现其目标。通过与档案文化有关的实践活动，使大学生的情绪得到充实；对大学生进行科学的教育，可以促进他们的健康发展，增强他们的理性意识；有利于激发大学生的自觉性担当，增强大学生的道德意识；对培养学生的人文素质、培养学生的审美能力具有重要的意义。激活名人档案，以名人的思想、文化、知识和人格魅力为线索，通过对名人档案的陈列，加深对名人的认识，从而对其进行潜移默化的引导，实现全方位的育人。通过杰出校友的卓越业绩和人生态度，使师生在情感上产生共鸣，使他们得以传承优良的人生态度，树立高尚的精神追求。归根结底，档案文化能激发大学生积极的行为动机，并逐渐形成良好的个人品德。这大大增强了大学生思想政治工作的实效。

（5）教育的革新作用。高校的教育资源包括学校的档案资源，档案所承载的资料是一种教育资源，但要对其进行有效开发和利用，也就是通过编研、规范整理等方式，使其在教学实践中发挥更大的作用。教育职能是高校档案教育的一种较高的职能，其作用包括大学生的思想观念，如人生观、爱国爱校。大学档案中所蕴含的文化，是真实地反映了大学的校园文化，是真实地记载了大学的历史，也是对大学的未来的一种预兆。高校档案工作在大学生思想政治工作中具有举足轻重的作用。许多大学在其办学历程中，已形成了一种深厚的文化传统，学校的档案里有不同时期的教育家们的教学和研究，有很多名师为教育事业奉献的感人事迹，讲台上的老师们的动人故事，育人效果十分显著。通过对档案文献的整理、人物档案的编撰、校史等方面的分析，可以看出大学档案文化的教育作用。高校档案是高校办学历史的缩影，是高校科研、管理的长期积累过程，教学、育人、科研、管理等各方面工作的内容是丰富多彩的，具有源源不绝、取之不尽的重要教育资源。其内容有六个方面：学校历史档案能够传播学术文化，展示文化内涵；校史可为科研工作者提供参考资料，传达科学精神；学校档案可以在学生入学、实习、实习等活动中起到实习基地的作用；学校档案可以指导学生的思想和行为，并能起到良好的审美教育效果；高校档案管理是提高办学效益的重要保证；为高等学校提供各种评价服务。档案教育在当前阶段，有着巨大的发展前景和巨大的潜力。高校档案馆在未来相当长的一段时间内，如何充分发挥档案资源的作用，提高档案利用价值是一个重要课题。高校档案工作者要不断地改进和完善档案工作，以满足高校教育改革的要求。

（六）"三全育人"的内容与特征

（1）"三全育人"思想的内涵。即全员育人、全程育人、全方位育人。"三全育人"是一种教育观念，也是一种全方位、系统的教育指导思想，是立德树人的进一步深化和升华，是学校与学校工作紧密联系的具体体现。反映了党和国家对大学生思想政治工作的重视，同时也是我国高校德育工作的一项重大举措。德育制度的全面落实，是德育工作得以实现的基本目的。

全员育人是指以学生为主体，将学校中的每一个有可能担负起教育职责的个人都纳入到德育队伍中，即全体育人，包括学校教师、学校行政人员、后勤人员和学生本人。"全员育人"是从育人队伍的高度向高校工作人员提出的一种要求，它强调了教师岗位要有育人意识，还要有行政部门、后勤部门等各部门的育人意识，肩负起育人责任，发挥好育人职能，全部参与到学生培养工作中来，统筹协调、齐抓共管。"全员育人"，并不是让每个人都站在讲台上，而是要将一切具有育人价值的目标都包括在内，这样既扩大了教学主体的范围，又扩大了德育的职责，使育人主体在发挥育人功能的过程中，充分实现育人意识与责任担当，以直接或间接的方式对学生进行思想导向教育，继而培养育人主体在发挥育人功能的过程中，充分实现育人意识与责任担当，以直接或间接的方式对学生进行思想导向教育，继而构建全员育人的科学体系。希望所有的大学生都要牢固树立"育人"的观念，充分发挥自己的工作职责，提高自己的素质，自觉地将"立德树人"的理念融入工作生活之中，通过自己的言行来引导、影响他人。总之，"全员育人"就是要调动整个大学的所有人，投身到学生的道德教育之中，以达到"立德树人"的基本使命。

全面的教学。全过程育人注重从时间的维度上提出需求，贯穿于学生的一生，即从入学到毕业的整个过程，同时也要注意学生在学习中所接受的思想政治教育对其未来的发展和人格的塑造，从而使其具有连续性、协调性和整体性。一方面，大学思想政治教育不仅要在课堂教学中进行，还要在课堂内外、上课期间、节假日期间、在校期间和离校期间进行。思想政治教育不是一成不变、平铺直叙的理论教育活动，它要顺应大学生的成长和发展特点，通过课程、实践活动、实习、实习等多种载体，将育人元素渗透到大学生生活和学习的各个环节，做到具体问题具体分析，不同阶段不同侧重点，对大学生进行连贯的思想政治教育，实现对大学生无处不在的思想政治教育。

从狭义上说，整个过程是纵向的，强调教育也就是从学生入学到毕业、离校的整个时期，同时还要挖掘家庭和社会的资源，育人于大学生活期间的方方面面；从广义上说，"全程"教育是指根据学生的发展规律和需要，对其有计划、有步骤地进行，从而达到阶段性与整体的统一。

全面的教育。全面的德育是在德育的空间维度上，围绕教学内容的主线，充分调动各种资源，充实思想政治教育的工具与载体，从而达到德育的立体化。首先，全面育人的另一方面是"人的全面发展"，二者具有一定的因果联系。一方面，全面的德育工作必将实现人的全面发展，从整体上推动人的德智体美劳的均衡发展，既是对高校思想政治工作的重要认识，也是对学生全面发展的必然要求。其次，要将各种可利用的教学载体进行整合，将显性和隐性的教育资源有机地结合，使其与学生的学习、生活相融合。一是在课堂上，我们要充分利用课堂教学的主渠道，充分挖掘专业和通识课程中的思想政治因素，打通"一、二、三、四课堂"的障碍，实现理论、课外活动、社会实践、网上教育四大课堂的无缝衔接。二是要充分发挥其隐性作用，创造一个良好的环境。高校校园的各个部门要齐心协力，从优化设计、完善机制、构建校园文化等几个方面着手，以形成无处不在的育人氛围，促进校园建设的健康发展。

（2）"三全育人"教育的特点。当前我国高等教育面临着诸多实际问题，这些问题包括思想认识不到位、实践不到位、制度不健全等。与之相比，其他一些教师的道德职能模糊，无法充分发挥其应有的作用，从而导致了高校思想政治工作的片面性。"三全育人"是从供给方面着手，以系统地整合教育资源、提高教育能力为核心。世界形势的变迁是非常复杂的，各国的文化融合、社会思想、文化背景都在改变着学校的教学环境。在新时期，学校的教学资源日益多样化，教学过程日趋复杂化，教学空间不断扩大。首先，从全面育人的视角出发，学校除引导教育责任主体积极承担德育工作和责任外，还应激发家庭与广泛相关社会力量的能动性参与到育人实践中，勠力同心共筑育人新格局。其次，全程育人既要把思想政治教育工作贯穿于教育教学中，做到教师课堂讲授、学生校内学习，还要与教师教学、学生成长发展相呼应。第三，全面的德育需要在基础教育中不断拓宽教育的时空与空间，无论是线上线下、课内课外、校内校外，都与思想政治工作的实效性密切相关。新时期的思想政治教育必须协调全员、全过程、全方位的关系。以立德树人为根本任务，以理想信念教育为中心，以社会主义核心价值观为引领，科学把握思想政治工作的核心内涵与定位，整合学校育人资源，将思想政治工作融入学校办学治校工作全过程，从而使学校育人主体充分意识到自身责任与使命，将思想政治工作效能发挥到最大化。

三、高校档案与"三全育人"的契合要素

（一）"三全育人"为高校档案工作注入新的要素

要真正做到"三全育人"，必须重视思想政治工作的每个方面，做好每个细节，充分发挥教师的积极性。新《档案法》第三十四条明确指出"国家鼓励档案馆开发利用馆藏档案，通过开展专题展览、公益讲座、媒体宣传等活动，进行爱国主义、集体主义，传承发展中华优秀传统文化，继承革命文化，发展社会主义先进文化，增强文化自信，弘扬社会主义核心价值观"。在新的历史条件下，高校档案馆的功能越来越突出，面临着一个千载难逢的发展机会。充分发挥馆藏文献资源，将其与校园文化建设相结合，是高校档案馆自身发展、实现自身价值的最佳途径。

（1）"三全育人"思想为高校档案工作提供了新的思路。高校立德树人的本质要求是"三全育人"，是我国教育改革的新理念、新观点。其中"立德树人是我们的根本任务"，是立德树人的核心，是衡量教育教学质量的基本准则。"坚持"的核心是全面、全过程、全方位地进行档案教育，拓宽了传统教育的界限，对高校档案教育提出了更高层次的要求，同时给予高校档案教育新的理论指导。

（2）全面育人为高校档案工作注入新的活力。全员教育促进了高校档案工作人员的多样化。大学历史档案所蕴含的物质、精神文化，在这一过程中，重新回到了人们的视线之中。高校档案工作长期处于"全"角色缺位的局面，高校档案馆承担着文化育人的重任，档案工作者要积极适应自身的角色转变，从单一的档案管理员身份向知识管理者、教育工作者转变，努力提升高校档案部门在高校文化教育体系中的存在感与话语权。

（3）全程教育使高校档案向教学中渗透。立德树人是贯穿于大学教育学生终身的全过程。"全程育人"的核心是"衔接"与"连贯性"，任何一个环节的"脱节"都会对整个"思政"教育进程产生一定的影响。目前，大部分大学的宣传档案文化、校史与校情教育都没有形成一个合理的制度，表现出教育的碎片化、阶段性的特点。全过程育人是指把思想政治教育系统化、长期化的育人观念，使高校思想政治教育各个环节之间有机衔接，使档案资源的思政化、课程化、体系化，形成全领域、长时段、持续性的育人机制。

（4）全面育人为高校档案工作注入新的活力。全面育人是指在教学空间的扩展和教学手段的应用上。当前，高校档案工作急需拓宽育人途径，应创新多种育人载体，主动将"大思政"教育理念与高校档案工作紧密结合，建立起课内与课

外、校内与校外、线上与线下多维度、全覆盖的育人体系，以领域间的互动融通、方式方法上的取长补短来实现不同层次、不同空间上的有机互动，全方位培养大学生的历史认同感与文化自信。

（二）高校档案在"三全育人"中的价值效应

"三全育人"模式的实施，是学校各职能部门和全体教职工共同的职责和追求。高校档案馆的馆员规模是高校历史文化底蕴和办学水平的重要标志，高校档案馆的服务能力和管理水平是高校档案馆馆员素质的重要体现。加强高校档案工作，对于"三全育人"工作的实施是一个不容忽视的重要内容。高校档案馆拥有丰富的文献资料，是高校档案馆的一种重要资源，应该充分发挥档案馆的服务育人功能，从而为"三全育人"的构建打下坚实的基础。

（1）"三全育人"中的高校档案资源十分丰富。高校档案从教学、科研、管理、育人、后勤、基建等多个角度记录了高校档案的发展过程，形成了比较系统的档案利用、编研、开发利用的操作程序，从多层次、多角度对高校档案资源所蕴含的育人价值进行挖掘和利用，形成了高校档案独特的文化内涵。在精神上，大学档案馆承载了历代师生校纪校规等精神文化，丰富了思想政治教育的理论内涵，以约束规范学生行为的规范文化和校园良好的精神风貌对学生潜移默化地进行思想政治教育，是高校优质的隐性教育资源。大学档案内容涵盖了历史与现实、物质文明、精神文明等方面的知识，具有历史、直观性、原始性、知识性、内容丰富、信息量大、富有学校特色等诸多优势，是"三全育人"的重要资源，是大学生思想政治工作的有力保证。

（2）在高校档案工作中实施"三全育人"。要"在思政课程主阵地外，建立辅线育人工程，充分挖掘教学、科研、管理、服务、实践等学校工作各个方面的育人资源，构建'三全育人'格局"。而高校档案正是典藏、蕴含育人资源极其丰富的所在，高校档案部门要提高政治站位，强化"资政""育人"功能，充分挖掘内在的教育资源，使思想政治教育的作用发挥最大。高校档案工作是教育的基础落实渠道，所以构建"三全育人"大格局的前提，是将高校档案自觉融入"三全育人"体系中，充分发挥档案育人的积极作用。

（3）"三全育人"教育拓展了高校档案工作的有效载体。过去大学生的思想政治教育方式很单一，有课堂教学、学术报告、电影电视、报刊、政治学习等。当前，我国大学生思想政治工作面临着越来越多的问题，大学生思想政治工作必须顺应时代发展要求，创新思想政治教育载体，加强对大学生思想道德规范的指导。要把思想政治教育的主体与客体相结合，以二者的互动与沟通，使大学生受到思政教育。档案是一种以实物和信息的形式呈现的信息，它的信息传递和展示更加直观，信息的来源是真实的、可信的、富有教育意义的。以档案为载体，充实思政教育的内涵，增强思政教育的渗透性，提高说服力，让思政教学更具形象化，促进教育主体与客体的交流与互动，是一种极具感染力和吸引力的优质教育资源。可以说，思政教育在高校档案的形成和发展中已经悄然孕育出了大量的"思政"资源。

（4）"三全育人"拓展高校档案的渠道。档案资源是大学生思想政治工作的重要资源，为了适应大学生的个性化需要，高校可以利用各种类型的档案资源来建设符合学生的个性化要求，从而实现因材施教。建立档案实践基地，对大学生进行校史教育，运用现代互联网技术，创新档案陈列形式，建立档案网站，开通档案微博、微信公众号等网络平台，用大学生易于接受的短视频、流媒体形式将档案资料中有价值的信息和校园文化的精髓传递给大学生，激发大学生的学习兴趣。

四、三全教育与档案工作的有效衔接

（一）把"三全育人"与高校档案工作有机结合起来

在新时期，高校要充分发挥"三全育人"的积极作用，把立德树人这一基本任务贯彻到高校档案工作中去。高校档案是学校开展各种教育交流活动的材料，是"三全育人"的"活教材"，具有无可取代的重要作用。可见，二者互为补充，二者必须有机地结合起来，方能使档案更好地发挥其功能。

（1）加强"资政育人"的档案职能。把历史记录下来，把校史展现出来，是学校的一个永恒的课题。高校要结合自己的特色和学科优势，构建科学的分类和资料整合系统，构建一套完善的档案管理系统。同时，要对档案进行有效管理，收集、整理、保管各类重要档案资料，进行合理利用，使学生、老师、校友产生共鸣，使学生对档案工作更加有归属感，从而更好地发挥档案"资政育人"的功能。

（2）加强校务工作。高校档案记录了高校的教学、科研、院系管理，以及以往的许多建议和经验教训。通过对档案的查阅，可以全面、系统地了解学校的管理体制，以实现科学的决策，加强学校的管理，促进教育事业的发展与进步。要想提升单位的经营能力，就必须善于总结经验。档案工作是一项重要的工作，它汇集了不同历史阶段的学校管理工作，积累了丰富的管理经验和教训。通过扎实的档案工作，认真总结和学习管理经验，实现以史为鉴，用于学校各个领域的管理，通过对各个部门的资源进行整合，实现资源的共享，有效地减少管理费用、提升管理质量。

（3）对大学社会发展的传承和创新。档案是大学文化的源头。档案管理是建设世界一流大学的必然选择，也是学校文化传承和创新的必然选择。因此，要把档案工作作为一项重要的工作，以使其成为一种有其独特的文化内涵。这样既可以促进高校的发展，又可以促进大学生的健康成长；既为社会提供优秀的人才，传递积极的正能量，又促进传统文化的繁荣和社会的和谐发展。

（二）高校档案与"三全育人"的方式单一

很多大学都在探讨怎样充分利用现有的档案资料来培养学生，一般采用定期的校史展示会，组织新来的教职员工及新生到校史档案室参观，以便于新入学的师生员工更好地了解本校的历史及现状。但是，从整体上来看，高校对档案内容的发掘和运用还处在探索阶段，许多档案教育资源尚待发掘，有些档案馆开展的档案实物展示往往是被动的或者是无意识的，育人目的并不明确、育人方法并不系统，育人效果也不十分理想。目前，我国高校的档案与"三全育人"制度还处在起步阶段，各个学校的发展过程不尽相同，所掌握的档案资源也不尽相同，还没有形成一个系统化、多元化的可供参考的模式。目前，我国高校档案文化建设面临着档案资源的教育价值尚未充分挖掘、档案文化的内涵尚未被正确解读、档案文化发挥育人功能的形式不够多元化、档案文化育人机制分散化等问题。

（1）加强大学生档案意识的培养。当前高校档案工作处于相对封闭的状况，常常被边缘化，高校档案的价值主要体现在人事档案、机关档案保管等领域，由于缺乏学历证明、就业、查证等原因，档案工作基本被教育者和管理者所遗忘，大多数高校学生和教师甚至不知道档案的确切所在地和责任。而在高校档案职能划分中，管理者依然强调行政职能，利用档案时强调原始凭证的功能。积极发挥档案工作很少参与到学校育人工作中来，往往处于被动的辅助地位，缺乏主动性。同时，由于高校档案工作者将自身视为"保管员"，对档案的使用能力不强，特别是对档案文化特有的育人价值缺乏深入反思和探索，没有形成"大思政"的观念，造成了档案与思政教育的脱节。

高校档案馆是教学辅导员，不在教学科研第一线，是一个容易被忽略的部门。一方面，由于高校档案馆的宣传档案价值低，使广大教师对档案资源知之甚少，对其所蕴含的丰富资源也不了解，造成了教师缺乏利用档案资源丰富课堂教学的意识。另一方面，由于高校档案馆对档案的利用水平较低，导致档案"被动查阅"，无法实现"主动服务"的新格局。

（2）在教学方法上进行改革。高校档案工作方式的好坏，对档案工作的效果有很大的影响。目前，高校档案管理机构采用张贴宣传画、标语、实地考察等传统的档案文化输出和传播途径。面对观念多样、思想多变、学习需求多样的学生，这种形式过于单调、缺乏创新、缺乏吸引力，从而在某种程度上影响了教学的效果。

（3）加强教育资源的开发力度。档案资源的数量与质量，直接关系到档案育人的成效。目前，我国高校的档案资源种类不全，内容不丰富，结构不合理。主要体现在四个方面：一是档案工作不作为，被动接收"送上门"档案材料；二是档案资源基础薄弱；三是归档单位归档意识不强，不理解档案工作的重要性，对创新创业、优秀校友、专业发展史等方面的档案收集、保存和归档意识薄弱，导致档案资源流失。四是档案信息化程度低，电子档案归档不完善，反映高校发展的视频、图片、视频等电子文献资源的收集不足。另外，由于受多种主观和客观因素的制约，对高校文化内涵的认识不够透彻，无法将其转化为有意义的文化作品，无法充分体现其教育意义。另一方面，由于目前高校档案馆的基础工作还很薄弱，缺乏体现学校文化特点的档案材料，能够为学生提供高水平的文化教育服务的档案材料分散。教职工捐献个人档案的数量很少，档案管理部门对档案材料分类整理、编目、统计、鉴定等工作仅仅考虑保存和保管的需要，没有考虑到教学的需要。虽然馆藏文件、照片、光盘、实物都能得到顺利检索和快捷查询，但直接用于学生的档案文化产品并不丰富。

（4）健全人才培养机制。在"大思政"的大背景下，高校的思政工作要从多个方面进行，这就需要加强思政工作的整体联系。但是，由于高校档案馆没有打破"辅助性"的体制思维方式，无法积极地与学校的德育工作相结合，与学校各部门的协调和沟通不畅，学校档案工作网络中不同层次的档案机构在育人作用的发挥上存在层层递减的现象；导致高校在发挥育人作用上未能形成合力，难以实现育人价值的最大化。

（三）高校档案"三全育人"有效整合途径

（1）加强档案管理。高校要加强对档案工作的重视，要充分认识档案工作在"三全育人"中的作用，要将档案工作融入学校的管理体制中去。要强化高校档案育人工作的顶层设计与统筹，建立档案育人的相关制度与标准，建立档案育人工作网络，明确档案育人工作目标，不断增强广大师生员工的档案意识，保障高校档案育人工作的正常开展，为档案育人工作保驾护航。

加强档案工作的宣传，树立档案工作者的新形象。高校档案工作者要解放思想，与时俱进，不仅要做好档案的保管，还要做好文献资料的研究和利用。要树立大局意识、责任意识，以档案工作为重点，增强参与意识，培养自觉主动为学校育人的意识和习惯，树立立德树人的科学、人本、创新的育人思想，使档案教育的观念渗透到工作的各个方面。

（2）改革和引导教育方法。以立德树人为基本要求，围绕"三全育人"这一主题，着力解决当前高校思想政治教育面临的新形势新问题，档案文化育人要遵循因事而化、因时而进、因时而新的理念，根据育人对象、需求、环境和条件的变化，不断拓宽育人渠道，创新育人方式，提升档案育人的时代新意和受众吸引力，促进育人平台多元融合发展，实现档案高效流动和全面共享，深化育人成效、彰显自身特色。改变档案使用方式，充分运用现代信息技术，合理"改造"档案文化，把反映学校发展历程、重大事件、教育理念、教学特色、科研成果、名师、校园文化等方面的资料进行加工编研，通过专题展览、课程开发、文创设计、在线推送等线上、线下结合方式进行多层次、多元化、系统性展示，使人形式更加立体和富有吸引力。革新高校历史、名人馆、专题展览、年鉴、史志、组织沿革等传统育人模式，夯实档案育人的主阵地。加强体验式、网络化教育，加强档案文化的传播。利用新媒体、新渠道对档案文化进行宣传，利用门户网站、官方微博、校内论坛、学生社区、社交软件等网络平台进行档案文化的传播。以文创产品设计、校史讲解比赛、校园剧创作等方式，增加项目式、研究性学习，建立学生的学习小组，缩短档案与学生之间的距离，增强档案文化的力量。要坚持"开门办"，要加强与校外的资源对接，要将档案编研、校史研究、文化宣传等工作向校外拓展，为学校、为地方、为更多的群体服务。

（3）深入挖掘档案育人资源，强化档案的基本资料。要不断加强基本资料的收集、整理，明确归档范围，规范归档程序，完善归档体系，保证归档工作与学校人才培养、科研、社会服务、文化传承创新"四同步"相结合，做到档案收集工作全面铺开，统筹安排、落实、检查。在存档之前，对某些有实际意义和使用价值的文档进行存档，档案管理部门要采取前端控制，强化全过程的引导，畅通档案归档的通道。要抢救、整理各历史阶段的重要文献，利用校庆、学科评估、教学检查、重大科研成果档案、师德师范专题档案等，深入挖掘收集各种载体资料，补充重要史料进馆，丰富馆藏资源，为"三全育人"工作提供源源不断的素材。

创建具有一定历史意义的文献资料。要根据学校历史、学科特点，建设有特色的档案文献资源馆，丰富馆藏类型、内容，突出办学成果，凸显校园文化。档案部门要扩大馆藏资料的收集范围，加强征文工作，发动师生校友、职工家属参与，重视收集能反映学校发展历程和建设成果的视听、实物等特色档案。强化名人档案，收集各种档案，包括履历、证书、手稿、徽章、纪念品、音像资料等。建立校友档案，加强与学院之间的交流，指导学生收集各种生活档案，联络大学就业指导中心收集毕业生的求职信息，并在举办校友论坛、同学会、研讨会等活动时，组织相关单位收集和整理校友的资料。

重视综合利用档案资料。将复杂的档案信息按照主题、分类等有序的方式进行整理、重组，打破传统分类的限制，建立集中统一、高效、快捷的"大档案"管理方式，形成一个结构合理、配置优化、系统完整、信息资源共享的有机整体。要加强档案信息化建设，把档案管理与办公自动化相结合。为档案教育系统的衔接，健全档案管理标准，有效搞好档案的传输、归档、管理和利用，实现档案的综合管理。加快档案文献库的建设、档案的数字化、分类鉴定、合理配置、综合利用各种信息技术促进档案数字化的进程。要坚持"先用后集成、实效突出"的方针，对档案资源进行数字化与整合。

（4）要加强档案工作的组织、协调、沟通与协作。高校档案工作要转变观念，加强与校内外各有关单位的沟通与合作，充分利用各类教育群体的优势，形成育人合力。首先要加强与学校相关部门的交流和协作，例如与学工处、思想政治教研室等部门共同将学校历史教学内容融入新生的教育中，并组织"档案人生"专题讲座。与宣传部联合主办校史展览，制作校史多媒体宣传片。与教务处共同努力，将档案育人融入德育工作中，开展网上档案教室建设，通过网络教师对师生进行档案知识的宣传，提高学生的档案意识。与思政教研室共同开发"第二课堂"，发掘"思政教育"的内容，拓展"思政"的途径，推动"大课堂"的建设。与人事部门共同建立教师道德档案，举办学风作品展，以推动学风的形成。与共青团组织合作，成立了"实习基地"，并设置了"实习"岗位，以"实习"的形式让学生进入"档案实习"。与校友会合作建立名人档案。与离退休部门共同努力，动员老干部参加编研工作，以丰富的工作经验和专业知识，为发展档案文化产业注入强劲的后劲。要把档案工作与校园文化、教育科研结合起来，把档案文化进课堂、进教材、进头脑，实现全员、全方位、全过程育人。其次，以校史馆建设为契机，以档案馆为中心，建设校史馆，举办校史展览。这是档案管理服务发展水平提升的重要机遇，校档案馆紧紧抓住机遇，竭力打造完善的"三全育人"服务体系。学校历史发展是高校档案馆"三全育人"的重要载体。展馆建设内容严格按照学校发展演进时间顺序组织安排，既不拔高成绩，也不回避不足，实事求是，尊重历史。校史展览由在校大学生举办，可在无形中拉近与档案馆之间的联系，思政教育的成效突出。

总之，要借助高校的专业资源和行业优势，加强档案文化的品位和层次，多方位挖掘档案题材，开展爱国主义教育、历史文化教育，弘扬学校的文化，形成育人合力。通过内部、外部的互动，将档案所蕴含的文化与内涵以各种方式传递给广大师生，让档案的教育作用渗透到每一个角落，从而达到档案文化育人的最大化效益。

　　（5）加强档案管理工作。档案工作正处在一个全方位的改造和接纳的时期，档案工作的育人功能、档案资源的教育价值不断被挖掘和利用，加强档案管理人才队伍建设是实现高校档案育人价值的关键之举。根据目前档案工作中存在的问题，应强化档案工作者的专业自信，加强"存量"档案管理员的培训，并以多种方式强化档案工作者的服务意识，促进档案工作人员的素质。其次，要强化"增量"的档案管理人员。要选好理论基础、专业档案知识、正确的育人观念、深厚的文化素质；加强与教学、学工、宣传等部门的联系与配合，将档案资源整合到课程设置、活动组织、校园文化建设等各个环节，为"三全教育"的档案工作提供一个平台，让档案工作者在教书育人的实践中获得锻炼和升华，从而增强档案"三全育人"的效果。

　　（6）加强对档案的投资。高校档案工作是"三全育人"制度建设中的一个重要环节。要从政策、人力、物力、财力等方面给予有力的支持，从政策上保证档案工作者在"三全育人"中的作用，从经费、资源等方面为档案资源的开发和研究提供资金，以增强档案"三全育人"的整体力量。

参考文献

[1] 黎乃宁,李孟娟.高校档案工作服务"三全育人"的路径研究.陕西档案[J].2021（3）：32-34.

[2] 杨茜兰,丁华东.新《档案法》中现代民本思想的解读[J].档案与建设,2021（1）：6-10.

[3] 张强,程玉莲,吉祥."三全育人"视域下高校档案管理育人路径探析[J],2021（1）：62-63.

[4] 蔡丽娜.高校档案工作融入"三全育人"实践探析.档案工作[J].2022(2)：158-159.

[5] 卞咸杰.新文科背景下档案学专业课程思政建设[J].档案管理,2021（11）：102-103.

第十六章　大数据时代医疗科技档案管理和数字化应用的研究

随着信息化时代的来临，大数据已成为生产、生活不可缺少的组成部分。在医疗科技档案数字化建设过程中，充分应用数字化管理技术可以极大提高工作效率，实现了档案的有效利用。传统的档案管理流程得到简化，工作方法得到创新，工作理念得到改变，使大数据时代医疗科技档案管理和数字化能够充分发挥实用价值。在大数据时代医疗改革不断深化的背景下，对医院的运营和服务提出了更高的要求，在运营和改革过程中产生了大量有价值的资料，需要以数字化为导向进行医疗科技档案体系的构建。医疗科技档案作为记录医院建设和发展的重要信息，在医院运营中具有重要意义，对于医院管理起着决定性作用。随着信息时代的来临，医院运营也开始步入信息化和数字化时代。医疗科技档案是对医院建设中形成的具有保存价值的各种文件、资料等进行收集、整理和归档的过程。其内容涉及患者病历档案、检验报告、影像档案等，在医疗改革深入发展的过程中，医院面临着更多挑战，对其管理也提出了更高要求。因此，医疗科技档案管理就需要利用大数据技术来实现对各类医疗科技档案资料进行数字化处理与存储管理。医疗科技档案资料是指以文字、图表和数据等形式记录的，能够反映科研工作、医疗卫生等方面工作情况，并具有一定参考价值的各种文字，以及医疗研究过程中形成的各种科学研究资料，包括科研计划、成果、会议记录、统计资料和调查结果报告等。在当前我国医疗改革的背景下，医疗科技档案管理是对医院各项工作进行合理规划的重要手段，其中最主要的工作就是对医院中所产生的各类技术档案进行分类、归档和整理，以保证医疗科研数据材料能完整地记录下科研活动过程和成果，为医院提供相关参考资料，因此，医疗科技档案管理工作具有重要意义。

在信息化时代背景下通过对医疗科技档案资料数字化处理与存储管理能够使医院能及时获得各种信息资源与数据，实现医院各类信息资源的整合与共享，对于提高各部门之间协同能力具有重要意义。同时，通过对医疗科技档案的管理也能使医院的相关工作得以顺利开展，提高医院综合竞争力，为医院未来发展奠定基础。

一、医疗科技档案管理现状

随着社会的不断发展，各类信息技术在医疗行业的应用越来越广泛，医院对医疗科技档案资料管理的需求也越来越大。在医疗科技档案管理过程中，由于存在着诸多问题，使得医院档案资料管理质量难以保证，影响了医院形象以及各项工作的顺利开展。由于当前医疗科技档案信息化管理水平较低，医院中存在着大量纸质文件和电子数据并存的情况，不利于对信息进行有效管理。因此，在对医院现有档案进行收集时一定要按照相关要求和标准及时分类、归档、整理后才能完成对医疗科技档案资料的利用工作。

目前大部分医院均采取了纸质文件归档以及电子数据同步归档等方式作为医疗科技档案的收集方式，但是这种方式并不能够完全保证其完整地记录下医疗资源与信息。传统的档案整理主要是以纸质文件和电子数据为主要载体完成的，而这种传统方式在一定程度上会增加医院对电子信息文件的收集难度，不利于保证信息真实性。在进行医疗科技档案收集与整理时不仅要注意纸质文件和电子数据资料之间的对应关系还要兼顾二者之间内容上的一致性。在医院运营中使用电脑时难免会出现各种故障问题以及信息安全问题等情况发生，而这些都会对数字化管理带来影响。而这些问题都需要在医疗科技档案管理过程中得到妥善解决，才能为医院信息化建设提供良好的技术保障。

当前我国医疗改革进入了深化阶段，在医疗改革中不断涌现出大量新的问题。这些新问题、新情况给传统的档案管理工作带来了极大挑战。虽然医院可以通过对医疗科技档案进行数字化管理来解决部分问题，但是由于当前医院对于信息技术的应用不够重视以及对数字档案管理制度建设的力度不够等原因，导致了医院数字化管理工作并没有取得理想效果。因此，为了提高医院在医疗科技档案数字化管理方面的水平，需要建立起一套完善、科学的档案信息标准体系。

二、医疗科技档案数字化建设

随着我国医疗改革不断深入，各个医院面临着更多挑战，也给医院的管理带来了极大挑战。传统的医疗科技档案形式单一、效率低下，已经无法满足现代社会对医院的要求和挑战。因此，在大数据时代下医疗科技档案需要向数字化管理转型，只有这样才能满足医院对于数字化管理的需求。

当前很多医院虽然也对医疗科技档案进行了数字化建设，但是在整个过程中，医院并没有充分利用大数据技术来实现对于医学档案资料的有效利用。因此，为了提高对医疗科技档案库的管理水平，需要在对医疗科技档案进行整理和分类时充分体现出数字化技术的优势。在传统医疗科技档案管理中，医院工作人员将全部档案资料都进行了归类整理，并将它们存放于不同的文件夹当中，然后再进行整理和分类。但是这种方法存在着效率低下、数据资料不全面等问题，无法满足现代医疗改革对于医院管理的要求。因此要想实现电子档案的有效管理就必须对现有档案资料进行数字化处理与存储，通过计算机技术将不同种类和不同形式的数据信息材料全部录入到数据库当中，这样才能实现档案资料的有效利用。目前，大多数医院都已经认识到了数字化医疗科技档案的重要性，也对数字化医疗科技档案数据库建设进行了相应的研究。但是在整个过程中并没有完全实现医院医疗科技档案数据库建设，依然存在着较多问题需要解决。随着大数据时代的来临，医疗科技档案已经成为数据资料管理中的重要组成部分，因此，医院应该在充分认识到大数据应用的背景下加大对医院科技档案数据资料的整理和存储力度。首先，医院应该对医疗科技档案内容、性质以及作用等方面进行分析和研究。其次，在建立数字化数据库之前，需要对医疗科技档案资料进行分类和整理。同时，需要对数字化数据库建设技术进行研究和改进，实现数据库的标准化管理。最后，可以对数据库结构形式进行优化。目前医院在对医疗科技档案资料进行数字化处理和存储过程中，对数据结构的要求是比较高的。因此，要想充分发挥档案信息价值，就必须对数据库结构形式进行优化，以保证各种数据能以最高效以及最安全的方式存储和传输。

医疗科技档案信息作为一种重要资料，在医院建设和发展中具有十分重要意义，因此医院要从实际出发，结合各种医疗数据信息资料进行深层次研究和分析，利用大数据技术来实现档案的有效应用和管理工作的科学开展。

三、医疗科技档案发展问题

（1）传统医疗科技档案管理模式不能满足大数据时代的要求。在传统医疗科技档案管理模式中，医院管理人员通常将大量的档案资料存放于不同的文件夹当中，然后再进行统一整理。这种管理模式不仅容易造成档案资料信息遗失、损坏、错乱等情况，而且还不利于医院对各类科研资源的有效共享。因此，传统管理模式已经无法满足现代医疗改革对于医院信息化建设的要求。传统医疗科技档案管理模式已经逐渐向数字化技术转型，但是在具体建设过程中存在着较多问题亟待解决。首先，对于医疗科技档案管理而言，其最主要的功能就是为医院提供全面的信息服务。而现阶段的医院信息平台主要还是针对医院内部各科室以及行政业务部门而建立的，并没有针对医院外部医疗信息平台进行有效建设。因此，对于医疗科技档案管理而言，内部信息化与外部信息化建设相脱节，两者之间是不能形成协同效应的。其次，传统医疗科技档案管理模式对档案资料并不能进行有效管理。对于医院科研资源信息而言，传统管理模式中所形成与保存的资料相对单一且不完整。

（2）医疗科技档案建设资金不足。随着我国医疗改革的不断深入，传统的医疗科技档案管理方式已经无法满足现代社会对于医院档案资料共享的要求。因此，医院要想实现信息化管理水平的提升就必须加大对医疗科技档案建设的资金投入。但是在具体建设过程中，由于各方面因素致使投入不足，无法满足现代化信息化建设工作的需要。因此，医院必须要加快信息技术基础设施的建设力度。医疗科技档案的资金投入主要包括：硬件建设资金和软件建设资金。

硬件建设资金主要是指用于计算机网络以及信息安全等方面，并且需要配备相应的计算机、服务器与存储设备；软件建设资金主要是指用于计算机数据库建设、电子政务建设或者是电子医疗档案系统等方面的相关应用软件。医院所需要投入的资金除了对硬件设施和网络技术等方面的投资外，还需要在软件技术方面进行应用研究，以提高医疗科技档案管理效率。

（3）医疗科技档案在医院中发挥的作用不大。在医疗行业中，医院是科技档案管理的主体。如果这些医疗科技档案不能有效管理，就无法实现其应有的价值。所以，医院应该从思想上重视医疗科技档案的管理工作，并且要建立起一套完善、科学的管理体系。通过提高医疗科技档案在医院中作用的认识来实现医院资源的有效共享。只有这样才能推动医院全面发展，使整个社会都能够享受到更加优质的医疗服务。

（4）医疗科技信息共享机制不健全。医疗科技档案在信息共享机制方面存在不足，这一问题是当前医疗管理工作中比较突出的问题。由于医疗管理工作专业性较强，且需要进行全面的检查、审核以及监督工作，这就导致在具体的应用过程中很难对其开展全面的分析和处理工作。在目前我国医疗管理工作中，缺乏一定数量的数据存储设备。同时，在大数据时代背景下，很多相关人员也没有认识到数据信息共享的重要性。这就使得在具体应用过程中出现了资源共享机制不健全的情况，进而导致档案资源利用率较低。因此，加强医疗科技档案管理工作对于保障医疗质量、提升医疗水平有着重要的意义。当前，我国相关行业管理部门、医疗机构以及科研机构之间的信息共享机制还不够健全，这就导致了相关数据信息没有得到有效的共享，使得在一定程度上降低了档案的利用率，降低了其社会效益。例如，在大数据时代背景下进行信息化建设时，需要建立相应的数据库来进行医疗科技档案数据信息的存储工作。然而我国大部分医疗机构对这一工作并没有给予足够重视，相关人员对这一工作也缺乏足够的认识，在很大程度上影响了我国医疗科技档案的有效管理和使用。

四、大数据时代医疗科技档案管理和数字化应用的优势

医疗档案管理是国家档案管理中的重要组成部分，在医疗科研中具有较大的作用，同样对于医疗事业的发展具有重要意义。在大数据时代，医疗科技档案管理应用数字化技术可以更好地提升管理效果。医疗科技档案管理和数字化应用是信息化时代发展的必然产物，传统医疗科技档案管理中，往往受时间、空间的限制，随着大数据时代的发展，医疗科技档案管理中以数字化技术管理将各种档案信息保存在网络云空间中，实现大量文件信息的同时归档，替代以往纸质档案，将档案利用大数据进行储存，提升管理效率。数字化应用是对医疗科技档案的一种信息化管理，它是将所有医疗科技档案信息进行数字化处理和存储的过程。在医疗科技档案管理中，数字化应用包括医疗科技档案管理信息系统、电子文件管理库、数据查询等。其中电子文件包括患者病历资料、检验报告、手术记录、病理结果及药品档案材料等，并利用数字图书馆技术，将这些医疗科技档案资料集中到数据库中。在应用过程中，可以通过相关系统对所有数据都进行实时传输和存储，并且对数据库中的所有数据都进行加密处理，保证患者信息的安全性。此外，电子文件管理库还可以利用数据库的检索功能查找相应的文件资料。

在医院的发展中，由于每天都会生成各种各样的信息，并且数据较为庞大，在检索中会提升难度，所以在大数据时代，需要利用数字化技术来实现医疗科技档案的便捷管理，在电子档案管理中使用数字化技术，更好地适应信息化发展具有诸多优势：第一，有助于临床水平的提升，由于医院每天生成的数据信息较为庞大，整理和归类具有较大的难度，采用纸质档案容易损坏和丢失，并且无法避免被篡改，导致信息的使用效率和整体价值受到影响，在使用中往往需要耗费大量的人力与物力来进行检索，不仅会耗费工作量，还会影响工作效果。利用大数据时代数字化技术可以更好地进行档案检索，通过信息平台来提升查找效率，提高临床诊断水平。第二，可以提升医院管理水平，在大数据时代数字化应用具有分析功能，可以及时发现在管理中存在的漏洞和不足之处，及时进行管理方案的整改，总结各个科室管理中的不足之处，对于提升医疗整体管理水平具有积极作用。第三，有利于提升医院的医疗服务水平，在大数据数字化时代医疗数据分析可以帮助医生对患者的病情掌握更加准确，以此进行用药选择，通过大数据分析得到的数据更具有科学性，可以降低患者的整体用药风险，有利于医院药物研发

水平的提升，还可以为每一位患者提供更加优质的医疗个性化服务。

五、医疗科技档案管理和数字化应用的具体方法

（一）加大医疗档案数字化管理的宣传力度

在数字化技术应用于医疗科技档案数字化建设过程中，需要对档案信息进行处理转换，借助数字处理系统打破不同档案之间的意识形态，提高医疗科技档案信息转换效率，并为档案信息化处理、存储、传输创造条件。因此，在医疗科技档案数字化建设中应用数字化技术，应着力构建数字化处理系统，确保各种媒体档案信息能进行统一处理形式，防止出现信息孤岛问题。此外，数字化处理系统还应加强档案目录和数据库的建设，根据档案类型进行科学分类和管理，以提高档案管理效率，满足不同用户的档案检索需求。通过多种形式的宣传，加强医院档案管理人员及档案用户对档案管理工作的了解，提升其意识，使档案信息能够及时更新，确保医院档案数字化系统正常运行。同时，要加大宣传力度，加大对医疗科技工作的宣传力度，增强相关人员对医疗数字化建设和应用重要性和必要性的认识，积极引进先进设备、软件系统及网络技术等。此外还可以加强医疗科技档案馆的建设和维护管理水平，定期安排工作人员进行培训与学习。在医院信息系统建设中要采用先进的数字化技术与网络通信技术进行信息交流与交换。在医疗科技档案管理和数字化建设中，要积极应用现代信息技术手段，不断提高管理水平。在此过程中要重视档案数字化建设，保证医院各类档案资料的有效存储，为医院开展各项业务提供服务与支撑。

医疗科技档案资料管理过程中要注重发挥网络技术功能，借助信息技术提升档案管理效率。可以利用多种方式对医疗科技档案进行收集与分类整理，采用多种技术手段对原始档案数据进行储存和保存。同时，利用先进的信息技术来提高医疗科技档案资料的数字化处理能力。在医疗改革的背景下，结合医院实际情况对医疗科技档案管理工作进行科学规划，以促进传统档案信息化管理方式向数字化管理模式转变。可以将电子档案与纸质档案相结合，从而促进医疗科技档案的统一保存与信息共享。在医院信息化发展进程中，数字化工作不断深入，对传统的档案室管理方式提出了更高要求。医院需要将数字化工作放在首要位置，加强应用医疗科技信息系统建设，注重电子文件资源的合理开发使用，确保电子文件资源能有效发挥其作用和价值。

（二）提高工作人员的专业技能及职业素质

随着信息技术的发展，对于医院电子档案管理人才的需求量越来越大，对档案管理部门从业人员的要求不断升高，不仅要求从业人员具有较强的信息识别意识，还需要具有强大的信息技术应用能力。所以要强化专业课程改革，提升专业基础知识的培养，帮助管理人员从潜意识里认识到档案管理的重要性，此外还可以开发电子档案技能学习管理软件，帮助从业人员不断提升操作能力，强化自身的业务水平。在医疗科技档案管理和数字化应用下，以数字化管理为基础，改变以往的工作方式，积极优化档案内容，提炼和应用档案知识，有效进行档案知识分类工作，从而体现档案管理工作的重要作用。想要推进医疗科技档案管理的数字化进程，就需要推进并且强化档案信息管理队伍建设，广泛吸纳专业团队和高水平人才，采用培训和考核机制来进行完善，保障竞争筛选机制的科学性，充分强化工作人员的进取心与责任心，为档案信息管理的安全性做出保障。

医院档案人员要通过不断强化自身业务技能培训、加强岗位交流等方式努力提高自身素质水平以适应信息化发展趋势需要。通过多种渠道对医务档案工作者进行专业知识培训教育活动，帮助他们掌握更多档案数字化知识，为医疗数据管理工作提供良好条件；积极开展岗位交流活动，以丰富医务人员知识面；定期组织业务讲座、经验交流会、工作讨论会等形式不断提升医务人员专业知识水平和服务意识；通过定期组织学习讨论活动、举办学习交流会等形式帮助医务工作者不断提高业务素质。

（三）开展医疗档案数字化管理

加强数字化技术系统建设是医疗科技档案数字化建设的基础，数字化操作系统的建设质量直接影响医疗科技档案信息化发展水平。因此，有必要督促医疗科技档案管理部门科学引入软件系统，制定完善的维护计划，提前制定更新方案。同时，根据医疗科技档案数字化建设的需求，建立专业的医疗科技档案信息管理平台，优化档案收集、整理、分类、归档、应用等流程，提高用户的满意度。此外，在建设医疗科技档案信息化平台过程中，应确保档案平台与各部门工作相协调，做好系统调试运行工作，逐步完善档案信息化平台的交互功能。档案库建设需要采用大数据、云计算处理方式，使档案库能够优化处理各类档案。在医疗科技档案数字化建设中实现多媒体技术的应用，应有效将海量的档案信息引入多媒体档案库中，不仅要合理缩小档案容量，还要科学设计传输端口，明确档案传输方式和流向，使多媒体档案库各模块高效处理大量涌入的档案信息。确保档案信息化系统平稳运行。提高档案管理工作的质量与效率。档案信息是医院整体医疗工作的重要组成部分。做好医院档案管理工作是保证医院正常运转、有效运行的基础和前提。因此，医院档案管理工作人员必须高度重视，严格要求自己，不断加强自身专业技能培养。在档案数字化建设中，要以数据为主。同时要优化数据处理流程，提高信息转换效率。在进行医疗科技信息资源共享时，必须以数字化为导向进行建设和应用，不断优化管理方式和流程。同时也应重视人才培养以及专业培训工作。为医院的档案管理工作提供强有力的保障能力。保证档案库建设质量和效率提高医疗科技档案整理工作的效率与质量是医疗科技档案数字化建设中最关键的一环。目前我国医疗科技档案库发展不够成熟。做好档案信息系统维护和维护管理体系构建工作，提升医院医疗科技档案库的整体维护能力与水平，在实际工作中需要及时发现问题并解决问题。

（四）保障档案信息安全系统建设

大数据时代虽然提升了数据传递和使用的便捷性，但是也会带来一定的风险，尤其是医院档案管理的安全性受到了挑战。在医院档案管理工作中，数据资料的备份处理以及整体管理提出更高的要求。利用计算机技术对档案中重要的档案进行加密处理，以此来保证档案的信息安全，还可以通过防火墙配合数据的加密处理，为档案的整体管理提供双重安全保障。在大数据时代背景下，档案处于开放式环境中，如果医疗档案安全防护不到位，很容易造成档案泄露。档案安全问题尤为关键，档案管理部门应从保障档案安全的角度进行提高整个系统的安全防护等级，引入先进的防火墙技术，确保档案信息化系统的安全运行，消除网络环境中的安全风险，防止有价值的档案信息被恶意篡改，有必要建设档案加密、水印、追踪系统，及时发现和处理危及档案信息安全的问题。针对用户的多元化需求，建立多层次的安全网络，通过设置访问权限对档案信息进行有效的加密，加强对档案信息安全的有效管理。加强对医疗技术档案数字化的管理。建立完整的医疗技术档案是医院提高自身核心竞争力的重要手段。因此，医院必须要重视。一方面，医院相关部门应高度重视医疗技术档案建设重要性，建立完整的档案体系和数据库。另一方面，医院在进行相关工作时也应充分重视档案的收集、整理、归档工作，保证医院能够正常运转。此外要充分发挥网络信息技术对数字化医疗科技档案资料管理的作用，加强数字医疗科技服务平台应用。

利用计算机辅助手段进行数字化管理。在医疗改革不断深化的背景下，电子文件成为时代发展的主流。在利用计算机辅助技术进行数字化处理时要注重科学规划工作流程和内容。同时要确保电子文件资源有效收集、整理与归档工作顺利进行。加强专业人才队伍建设是保证数字化管理工作顺利开展的基础和前提条件。在此基础上积极运用先进信息技术对档案资料数据进行采集与处理、加工和存储等过程，提高数字化管理水平和效率，为医院整体发展奠定良好基础并保证档案资料在保存过程中安全有效应用。

通过计算机数据处理技术来加强医疗科技档案数据的管理与保护工作：第一，在医院建设中需要加强对电子文件资源信息系统建设；第二，完善医疗科技文件数据库平台运行维护程序；第三，实现纸质文件数字化处理与归档、电子文档数据归档等工作；第四，开展对电子文档信息技术系统应用开发和推广工作。在大数据时代医疗改革深入推进的背景下，医院相关人士需要加强学习，提升认识水平，转变思想观念，强化服务意识，努力做好医院数字档案资源开发应用及管理工作、提高服务能力和水平，以满足当前市场需求与发展需要。

（五）医疗科技档案管理模式创新与技术应用

（1）注重信息化建设与数字化应用模式的构建。数字化是现代科技发展趋势下医院发展趋势的必然结果，也是医院未来竞争优势实现重要手段。医院应当立足于未来长远发展规划来对医疗科技档案管理模式进行改革与创新，根据目前实际情况对其进行优化和升级；同时还要以数字化为导向加强人才队伍建设与队伍能力培养，努力提高医疗科技档案管理部门人员综合素质水平与技术能力。通过数字化建设来促进医院信息化建设和医疗服务能力提升以及整体服务水平优化。

（2）加强医疗科技信息系统建设与应用创新。在大数据时代背景下医疗改革深入推进的背景下，需要通过不断加强医疗科技资料信息系统建设来实现对各类信息资源的整合与共享。首先，要对数据进行规范管理以及存储，以确保数据安全有效存储；其次，要强化信息化平台应用力度和应用范围；最后，对相关数据库进行升级和优化，以提高工作效率提升医院数字化服务水平。

（3）提高医务人员专业技术能力。通过强化专业技能培训、加强岗位交流和加强专业队伍建设来提高医生团队的业务素质以及综合能力水平；并积极组织医务人员参与各种学术交流活动和相关科研活动；同时还可以举办学术交流等活动来实现医务人员经验交流、成果共享等目的。

（六）强化云技术的应用

云技术是大数据的体现，同样也是大数据发展的产物，具有大数据的优势，并且更加具有针对性。在医院档案管理中，应用云技术的开展可以保证档案的价值，对不同门类的信息档案进行分层处理，实现档案的多样化管理和提炼。例如，医院的档案资源具有较多形式，如患者信息、药品信息、诊疗信息、就诊信息等，采用强化云技术，可以避免档案数据的意外流失。大数据时代与云技术具有紧密的联系，在医院档案管理发展中，需要重点强化云技术的应用，以云技术为发展的依托，实现数据信息价值的最大化利用。

在当今医院档案管理中，利用云技术分布式处理可以优化并且提炼数据信息，更好地实现档案管理水平的提升。尤其是在档案的存储管理方面，利用云技术与大数据相结合，采用分布式存储方式可以保证存储的质量。技术部门需要做好管理平台服务器节点管理，保证云技术的充分发挥，使平台具有更加强大的承载力。充分挖掘大数据时代云技术的功能，将蕴含的隐藏价值不断挖掘，更好地进行档案管理的服务。医院需要高度重视软件和硬件开发建设，积极引进现代技术设施，构建电子档案管理信息平台，统一数据端口。部门之间的档案信息可以通过资源共享来实现档案信息的应用价值最大化。此外，应对电子档案资源的深度进行利用与开发，以公用云端为例，在电子档案管理中，利用公用云端来实现公开信息查阅，还可以建立私有云端保障重要电子档案和私密档案的管理，充分发挥信息档案的最大价值，构建全方位、多层次、安全性的档案信息管理数据平台。医疗档案管理是一项非常复杂的工作，需要对医疗管理工作中出现的问题进行解决。

医疗档案数字化建设可以对档案信息进行存储和更新，并在一定程度上提升信息价值。但在具体的过程当中不能过于理想化，需要针对大数据时代及云技术的发展现状进行优化和调整，充分发挥云技术作为大数据时代背景下的发展优势，并为医疗档案数字化建设提供可靠保障。

综上所述，在大数据时代背景下，要实现医院的发展，不仅要注重医疗技术的提高，而且要从多方面加强管理，尤其是在医疗科技档案管理等经常被忽视的领域中。医疗科技档案不仅可以为医院内部运营管理提供信息支撑，而且能够对外提供医疗服务，有必要找出档案管理存在的问题，转变传统的管理理念，实现数字化处理，通过完善相关管理制度，创新管理模式，促进医疗科技档案管理工作的开展，实现医院内部管理水平的提高，促进医院医疗科技档案管理创新发展，以适应医院改革的需求。

医院是为人民群众提供医疗服务的场所，必须要重视信息技术，加强医疗科技档案管理，以保证患者和医生的安全。大数据时代的到来给人们带来了诸多便利，但是也面临着诸多问题。在大数据时代发展的背景下，可以将大数据思维融入医院档案管理工作当中，从而促进医院的健康长远发展。从而促进医院的全面发展。同时，在大数据时代背景下也促进了信息档案管理模式的变革与创新。这就要求我们要不断加强新的医疗技术研究，以适应大数据时代背景下医疗改革的要求，确保医疗工作的顺利开展以及服务水平和质量。

参考文献

[1] 高宸睿.新医改形势下大数据对医院档案管理的影响[J].办公室业务,2021（12）：162-163.

[2] 李海琳.医疗大数据在医院绩效管理中的应用探讨[J].现代信息科技,2019,（5）：142-143.

[3] 田晓光.数字化管理在医疗档案管理中的应用[J].城建档案,2020（2）：38-39.

[4] 祁明思,丁玲,李旦,等.基于P2P体系架构的医疗设备档案管理系统的构建[J].中国医学装备,2021,（4）：127-130.

[5] 李梅.探析实现数字化医疗保险档案管理的策略[J].办公室业务,2020（2）：125-126.

第十七章　新医改形势下的医院档案管理改进对策分析

医疗档案的管理工作作为医院工作联系的紧密一环，在患者病情档案的归档及工作协调等方面发挥着重要的作用。因此做好医院档案的管理是医疗工作的一大重点。目前在新医改的推动下，随着对医疗档案管理的重视程度进一步增强。近年来，越来越多的医院重视医疗档案管理，做出一定程度的改革创新，并且在原有管理方式上不断进行改进。随着智慧医院提议的不断响应。医院档案管理对于未来医院的发展具有重要的作用，医院档案管理不仅影响到医院的整体经济收入与运营情况，同样会关系到医院工作人员的个体收入。由于在医院档案管理中涉及大量的病历资料，有效管理不仅可以通过档案查询来总结经验，在患者入院治疗后能够通过数据库调出以往的病历档案，使得治疗更加的可视化、透明化，缩减患者在治疗前的检查时间。还有助于医院总结治疗经验，不断提升医疗技术，而且可以对医院的发展做出更加准确判断，明确医院的发展方向，对于医院长足发展和经营具有重要的指导价值。然而，在现阶段下，受到医院传统档案管理模式的制约，大部分医院档案管理仍然存在着较大的问题，比如档案管理人员工作效率低下、档案整理得杂乱不堪，无法实现档案有效调用，档案管理效用无法充分发挥。所以在新医改形势下，医院档案管理改进迫在眉睫。

一、医院档案管理面临的考验

（一）医院档案管理受到传统模式的影响

传统档案管理方式主要是由工作人员进行整理，并由专门的档案人员负责管理工作。随着社会不断进步，医院对档案管理的要求越来越严格，这种传统模式受到了很大影响。医院要想发展，需要有一个完善且系统功能强大的档案数据库，这样可以更好地实现数据信息共享。在新医改形势下，医院要想实现信息共享就需要建立一个专业、完善以及强大的信息化系统，因此需要医院投入较大资金并配备专业人员进行管理，满足新医改形势下档案管理需求。

（二）医院对档案现代化技术应用不够重视且档案信息化基础设施缺乏

近年来，随着我国医疗体制改革不断深入，很多地区建立了基本覆盖城乡各个地区的新型合作医疗制度和城市医疗保险制度体系。但是由于医院自身档案信息技术应用水平和信息化程度较低，随着网络的普及，在完善和推进新农合信息化建设工作中，秉承方便参合农民、简化结算流程、加强网络监管、提高管理水平的理念，极大地推进了新农合的信息化网络建设，提高了工作效率和管理水平。但是在方便快捷的同时对档案管理也提出了新问题。一是新农合工作还处于逐步试点探索与积累调整的过程，这就给软件需求带来很多不确定性，因此对新农合作医疗信息化档案管理提出了较高要求。二是由于新型农村合作医疗信息化管理系统需要完成与各级医院的数据交互，简化农民的获取医疗补偿的程序，实现农民在医院就医时就能够直接完成看病补偿的报销，这就要求系统能够与不同时期建设、采用不同架构与技术开发的医院档案信息管理系统实现快捷、高效、可靠的数据交互，给档案管理带来了新的问题。

对于医院来说，如果不能实现信息化管理将会直接影响医院经济效益。目前医院档案管理的基础设施非常薄弱，而且系统功能也不完善，很多医院档案管理的相关技术人员在这一方面还需要加强学习和培训。此外，很多医院对于档案信息化建设缺乏科学规划和有效实施。这种现象不仅严重影响了医院档案管理质量，而且还会造成医院档案信息系统的不完善，从而使人们对该系统产生抵触心理。

二、重视档案管理的地位和作用

（一）加强对医院档案的管理，有利于提高医院经济效益

（1）医院档案管理是将医院文件资料进行及时收集、整理归档保存。医院是一个为社会提供医疗服务的场所。在这个过程中医院档案管理发挥着重要价值和作用，是促进其社会效益和经济效益增长的关键。

（2）医院档案管理对于推动我国医疗卫生事业的发展具有重要意义。随着医疗体制改革的深入，档案不仅是推动我国医疗卫生事业发展的关键因素，同时也是对国家医疗卫生事业做出贡献的有效途径。随着我国经济和科学技术不断进步和改善，对电子信息技术需求越来越大，因此要求档案管理人员必须要重视电子信息技术对医疗工作产生的影响。同时提高医疗人员管理水平，使得医院能够有更多的资金用于提升自身实力。在这种背景下，只有做好各部门协调和配合工作

才能使医院整体建设得到提升与改善。

（3）加强医院档案管理，促进医院现代化建设进程。档案管理水平的发展影响着医院的发展进程。医院档案管理的水平低，不仅会影响到医生对病情的判断，同时还将导致患者产生错误的医疗决策，还可能会造成误诊或延误治疗时间。因此加强对医院档案管理工作可以提高整体管理水平及医院医疗水平。促进医院现代化建设进程。

（4）提升医院信息化建设水平。随着我国科学技术和现代计算机技术越来越发达，这就为新时期现代化医院档案管理提出了更高要求：对档案管理工作更加规范和完善，可以减少一些麻烦，同时可以提高工作效率、增加资料收集效率和方便资料查询。因此在新时期下也为档案管理人员提出要求：在工作中要注意数据的安全性，提高档案资料整理速度，提高信息收集速度和质量，加强信息化建设等。

（5）有利于促进我国社会和谐发展。为了保证档案资源能够发挥更大作用，需要将社会各种资源进行整合，将一些先进技术信息利用到医疗中来，促进我国各地区医疗机构信息化发展，还为国家制定相关政策提供依据。促进了和谐社会发展。

（二）促进医院信息化建设和医疗技术的发展

（1）促进医院各科室之间的信息交流与共享。如今，医院是一个整体，各个科室之间紧密联系。然而在医院档案管理中，由于各部门间的信息交流和共享程度不高，导致患者在治疗时出现很多麻烦。比如有些病人由于病情紧急，可能会没有时间来医院就诊或者由于医疗设施不足和设备落后等原因无法进行诊断，造成患者延误治疗时间；又比如有些患者由于医院人员少无法进行全面检查，可能需要重复检查；另外还有一些患者由于没有足够重视，没有去正规医院就诊而耽误了最佳治疗时间等。但是在现代化信息技术的发展下就可以为所有资料建立一个数据库。这样我们就可以对患者病历进行及时归档和查询，从而提高资料利用效率。

（2）促进医疗技术的进步与创新。当前，计算机技术已经广泛应用于各行各业中。医生可以通过智能手机或者平板电脑来为广大患者进行诊断、治疗、护理等服务，而在医院则可以通过对智能医疗设备的应用来提高医院诊疗效率、降低诊疗费用等；还有医生不仅可以运用计算机处理一些病例问题；同时通过在医疗设备中安装智能硬件来提高医疗设施的整体效能等。

（3）促进社会和谐发展。随着现代科学技术越来越广泛应用于社会中，人们可以在不同的场合进行交流和沟通；还可以减少一些不必要的纠纷和矛盾，有助于缓解医患关系；另外随着医疗技术不断发展，许多医疗设备也越来越先进，医疗费用不断下降，为患者减轻负担。

三、新医改形势下医院档案管理的问题

（一）缺乏政策支持

作为新兴改革的重要动力，政策支持一直扮演着重要的角色。在新医改形势下的档案管理改革面临着政策支持不足的问题。医疗事业的发展往往离不开临床的建设，但是多数医院高层只关注临床医学的发展，尚未能够完全认清医院档案管理这一基础性的工作在医疗卫生系统中扮演的重要角色。多数医院在临床医学的研究上投入大量的人、财、物，以便开展广泛的研究，争取能够有新的临床成果，但是对于档案建设管理并不重视，这直接导致了在档案管理中缺乏资金投入和人才投入。档案室缺乏硬件设施与档案管理专业人才，资金、人才、设备的不足直接制约了医院档案管理的发展。此外，由于医院高层对档案管理的认识不足，缺乏完善的系统管理软件，对于缺少的系统软件部分，大多选择外包合作的方式进行。多数医院使用软件公司开发的产品进行档案管理，但是外包开发的方式在一定程度上减弱了档案管理的精确性，且无法进行有效的监督，往往无法保障产品管理质量，在后续更新和系统维护上无法满足医院档案管理的长期需求，最终影响到医院的整体运营。很多医院存在"重临床、轻档案"的现象，使得一些重要资料缺失或流失。而且在很多医院没有建立相应的管理体系和标准。此外有的医院对于档案管理缺乏有效地监督与检查，使医院对档案管理缺乏必要的认识与了解。

（二）缺乏完善的管理制度

医院档案管理的最终目的是实现档案在医疗系统内部的有效调取，实现资源的合理利用和分配，但是由于现阶段医院档案信息管理并没有统一的管理标准，很多医院使用各自的档案管理体系，这些医院之间的差异具体表现在医院档案管理上缺乏统一的信息交换和使用标准，由于医院之间的差异性过大以至于资料提取时效率低下。对医疗档案管理的手段直接关系到信息的调取效率，如部分医院档案收集和归档方式过于落后，没有引进先进的管理方法，而采用传统的纸质档案保存方法，很容易导致档案丢失。纸质版的资料容易受到外界条件的影响而产生档案腐蚀等情况，由于医院档案资料的存档量较大，纸质版资料为资料查找增

加了极大的难度，使得资料调取时间长。

此外，档案管理中缺乏健全的流程与规范制度，导致部分档案在保存中容易出现缺失和失误等问题，在后续使用和对接中会出现一定问题，降低管理效果。从现阶段的档案管理现状来看，医院档案资源的利用率并不高，管理的效率也有待提高，对于医院来说，无论是在人员上还是在设备上都不能够满足信息化发展的要求，目前对于档案资源和电子数据的管理并不成熟，无法实现对这些信息资源进行有效控制，同时也没有相应制度来对档案进行规范和统一管理。尤其是在医院目前发展模式上主要采用以门诊为主的形式情况下，医院对于病人档案信息数据的存储都是采取纸质存档的方式来保证信息真实性以及可靠性。并且在日常工作中缺乏系统、完善的档案管理制度、流程等，这也间接导致了医院档案管理工作质量不高。因此，需要制定一套完整规范的系统来进行信息化建设。对于医院内部各部门之间信息交流和共享并没有实现一定层次上的完善与统一化。很多医院内部仍然采用纸质资料存档和纸质文件保存等方式来进行信息资料存储，这导致医院内人员无法有效利用这些信息。同时在档案信息数据上无法实现有效控制以及共享，很多部门之间存在着严重信息壁垒和数据差异性问题。对于医院信息化建设来说，并不是一个容易解决、需要耗费大量时间和精力进行的工作，而且目前档案管理信息化还存在着很多问题没有得到妥善解决。

在当前医疗改革不断深入发展背景下，需要结合实际情况开展工作规划，实现对现有档案管理工作进行改革完善。并且针对当前存在的一些较为突出问题及时制定出相关规章制度并积极完善和执行。

（三）缺乏高质量管理人才

医院档案管理工作看似对于专业能力的要求较低，但是在管理过程中往往涉及更加广泛的技术以及医学等相关知识。现阶段，很多医院仍然采用传统的管理方式，不注重档案管理专业人才的引进，缺乏档案管理的专业化人才。专业人才数量相对较少，很多担任档案管理的人员是由退休的行政员工兼任，以致档案管理上专业素养不足，在档案整理的过程中出现问题时不能够及时处理，导致档案记录的失误。部分工作人员对电脑使用方法不熟练，无法有效操作管理系统，档案录入的效率低，容易出错，导致医院档案实际作用难以发挥，一定程度上对于档案管理质量的提升出现阻碍。此外，档案管理人员缺乏档案专业背景，无法提出管理工作优化意见，对于医院档案管理信息化管理进程并无积极作用。虽然医院管理部门对于档案建设方面重视程度不够，但是医院作为医疗系统中的重要组成部分，其工作成果直接影响到各个医疗环节。档案管理部门对医院工作质量的提升以及医院整体形象的维护有着重要的作用，其对提高各部门工作效率起着非常重要的作用。

现阶段我国多数医院由于没有建立完善的档案管理体系，导致档案建设缺乏系统与标准。大多数医院档案管理部门虽然能够做到日常归档和定期归档工作，但是，部分地区档案室仍然采用传统纸质方式进行管理工作，纸质方式存在着信息泄露、信息无法准确提取等问题。

随着医疗事业发展逐渐成熟以及技术水平提高，医疗信息化系统不断发展，传统的医疗档案管理方式已经无法满足现代化医院管理需求，并且也不能满足信息化时代对于档案存储量等方面要求。信息技术对档案收集和保存带来巨大影响，传统纸质材料的保管工作已经不能适应当今时代需要。如长期处于潮湿、光照、高温、低温、干燥等环境因素下导致纸质资料加速老化。传统纸质材料容易出现变质情况从而导致资料丢失等情况。

（四）档案管理和医疗建设未同步发展

医疗建设目标是一个医院发展的核心以及方向，关系着医院资金、技术的配置。多数医院在远期和近期的发展目标中将医院医疗设备、技术人员支持、基础设施建设等规划较为详细，但是档案管理在认知中视为医疗系统的边缘工作，对于档案管理方面往往缺乏长远的规划，甚至是未将档案管理纳入到未来规划项目中，以至于档案管理水平和医疗建设无法同步进行发展，最终使得医院建设无法全面发展。多数医院档案管理水平较为滞后，不仅影响管理质量，同样影响医院业务水平的整体提高。随着时代的发展，医疗档案建设内涵与外延不断出现变化，在医院档案管理中，档案的范围从最开始的病历档案、照片档案、人事档案演变为现阶段的科研档案、病理切片档案、胶片档案、设备检查图文档案、声像档案、荣誉档案、计算机磁盘档案、数据档案等。因为对档案管理纳入时没有确定的要求，档案管理的过程更多地依赖于医院的经验以及判断，因此在工作中很多医院结合自己的实践经验进行档案管理，导致一些应该纳入管理的档案未纳入实际管理中，导致了应有档案的缺失，但由于档案的时效性，对档案的后续补充工作量以及难度都十分大，造成不可逆的缺失。档案管理的主要目的是实现档案的利用和研究，但是部分医院缺乏对档案的重视程度，无法真正地实现档案管理服务于医疗管理，不利于医院的建设以及后续的发展。

四、完善档案人员的培训体系

首先要提高档案管理人员素质，重视人员培训。档案管理部门应该从自身做起，加强档案管理技能的培训。重视专业知识，通过相关理论以及实践学习，不断提高医院档案管理人员的专业素养和综合能力。同时要建立起一套完善的学习机制。制定出严格的考核制度，加强教育引导工作。在培训过程中，可以邀请相关专业人员对其进行培训。另外要加大考核力度，建立奖惩机制。严格的考核制度能够督促工作人员提高自身素质，同时也能够让其形成良好的工作习惯。

在医院中加强对档案管理工作的重视程度，医院应该给予足够的重视，在制定规章制度时，应该严格遵守规章。从医院的整体角度来看，需要加强对档案管理人员以及医院档案管理部门相关人员素质的培养工作。可以邀请医院的相关专家进行授课，同时也应邀请其他专业的相关人员进行交流。在实际工作中，医院应该定期对其进行工作能力以及理论知识方面的培训，尤其是新医改形势下医院管理制度方面。同时要邀请其他专业的专家学者开展专题讲座，对其相关知识进行传授。另外也可以根据其实际需求开展实践操作训练。另外需要建立起有效的奖惩机制，促进其素质提高。对于档案管理部门而言，需要完善奖惩机制，激励相关工作人员努力提升自身素质。需要建立一套健全且有效的绩效考核机制，将考核结果作为医院绩效以及员工年终分配等方面的依据之一。同时还应该建立起与之相配套的薪酬制度，在一定程度上实现收入合理分配，这样能够调动工作积极性和主动性。对于不同人员分别制定相应考核方案。通过完善制度激励员工不断提高自身素质和水平，最终实现医院档案管理水平不断提升。为了保证医院档案管理的质量，应该制定相应的制度。明确工作人员职责与权限并做好奖惩措施。

另外要加强档案管理信息化建设。信息化可以使医院档案的整理更加高效，同时也能保证其数据完整不丢失。首先，可以对医院中各个部门档案进行统一整理和管理。其次，要加强医院各部门之间信息沟通与共享，这样可以实现信息的互通、共享，避免信息孤岛现象的发生。最后，要完善医疗数据中心，加强与其他机构、相关单位之间的沟通协调工作。定期更新数据信息，保证数据之间相互连接和交互，以保证各种医疗数据的安全性和可靠性。同时在信息化建设中还有一项重要措施就是在医院中加强对电子病历的管理工作，并制定相应制度对其进行监管与控制。电子病历的使用也将极大地提高医院内部工作效率。总之，医院档案管理不仅关系到日常运营情况、工作效率、工作质量，还会影响医院整体医疗水平、服务水平等多方面因素。在新医改形势下医院档案管理必须得到高度重视，这既是医疗发展的需要也是保障病人利益的需要，同时还能为未来发展奠定良好基础。

五、新医改形势下的医院档案管理改进对策

（一）加大对档案信息化建设的资金和人力投入

医院档案想要实现信息化建设，首先需要得到硬件与软件的支持，需要充足的人力与物力支持。这就需要医院高层对于档案的信息化管理高度重视，加大设备的购进和专业人才的招聘。建立健全信息化制度管理方式，积极修订并完善档案管理内容、工作流程，以保证档案管理的效率，使档案管理顺应医院长足发展的需要。此外，要强化档案管理的学习，提升医院职工的档案意识，尤其是领导层的档案管理意识，将档案管理纳入医院管理的重要内容中，将档案管理作为医院长足发展的重要管理内容之一，大力宣传，提升各级人员对档案管理的认识程度。

（二）制定完善信息化制度管理方法

为了提高医院档案管理效率，实现现代和数字化管理方式已经成为趋势，这就要求档案向无纸化方向转变。首先，将纸质档案转换成电子档案，使用先进的扫描设备和软件，在原有纸质档案的基础上进行转换。其次，还需要对档案进行定期维护，预防出现数据丢失的问题。最后，做好软件和系统维护，引进先进的技术时还要对档案管理的相关工作人员进行培训，如软件使用、维护、升级、防护等。在完善档案管理中需要考虑档案的安全性，加强系统安全防护，同时培养档案管理人员的职业道德，避免档案丢失与泄露。

（三）建立高素质的医院档案管理团队

人才是医院档案管理重要生产力，也是档案管理的核心。一方面，优化档案管理队伍，加强对管理人员的专业培训，帮助相关人员了解档案管理的基本知识、管理模式、档案应用价值等，提高档案管理人员对档案的重视程度，实现医院档案管理的科学性和高效性。另一方面，提高管理人员素质，例如，医院可以邀请专业档案管理人士进行培训，也可以组织档案管理的相关工作人员到社会培训机构学习，充分激发档案管理工作人员的工作积极性。可以在培训过程中为在职档案管理人员营造互动平台，以供工作人员分享工作经验，培养档案数字化管理的操作能力，不断提高档案管理工作意识。

（四）强化信息化建设

想要实现档案的信息化建设，就需要引进现代化的档案管理设备，推动信息化建设与档案管理相整合，结合现代互联网技术来开展档案的管理工作，随着科技的发展，医院档案不断增添新的管理内容，使档案载体变得更为多样。现阶段，多数医院已经实现了计算机管理，例如，电子病历管理等。多数医院实现了数据库形式的文本储存管理，在 CT 等影像资料管理中也逐渐实现了信息化管理，不仅可以减少库存容量，还有利于检索。

由于医院档案具有较高的保密性与专业性，是医院综合发展的重要资源内容。若实现了档案信息化管理，不仅可以实现高效档案储存和便捷利用，还可以促进医院的长足发展。在医院信息化管理进程中信息技术提供了较为便捷的服务，然而电子产品更新换代速度较快，并且使用年限与支持年限具有一定的限制，想要实现信息化档案管理，需要周期性的软件技术设备更新。通过设备技术的更新换代来降低设备使用故障和防范病毒。所以强化信息化建设，在医院档案管理中具有重要的作用，不仅可以更好地推动医院建设的发展，还可以更好地服务患者，提高医院管理力度，加强改革工作，提升整体效益，拓展信息服务内容，不断提升医院核心竞争力，并且实现医疗资源的信息化共享等。

（五）提升档案时代性

医院档案不同于其他场所的档案管理，医院档案涉及的业务种类较为多样，门类比较复杂，并且部分档案的形成跨度和涉及年度较多，收集和整理相对较为烦琐。为了更好地保障档案管理的准确性，就需要提升档案的时代性，将档案管理做到与时俱进，保证档案真实性、可靠性。档案管理的主要目的是实现档案的利用和开发，通过档案深层次的开发，可以更好地实现档案管理价值，为医院和患者进行更好地服务。提升档案的时代性，可以利用档案来为医院创造更多的社会与经济利益，提升档案管理在医院整体管理的重要性，实现档案预约服务机制，优化档案借阅线路运行管理标准，不断实现借阅管理的简便化、规范性与保密性。

六、加强与其他单位的交流合作

在医院档案管理过程中，医院应当与其他相关单位建立起良好的合作关系，加强信息的互通，实现医疗资源共享，降低档案成本提高档案管理效率。与此同时，加强和其他单位之间的交流合作还可以为医院带来新的管理理念、新的方法与手段。由于传统的医院管理模式主要是以单位为主体进行的，这种管理模式主要侧重于部门和单位之间的横向联系，而不是对个人进行管理和服务，这种管理模式缺乏灵活性也不利于医院开展档案管理工作。

医院在进行档案管理时，可以通过加强与其他单位之间的合作进一步实现资源共享，不仅能促进医院档案管理水平进一步提升，同时还能提高资源利用率。不仅节约了成本还有助于提高自身的经济效益。所以要加强和周边单位之间良好合作关系对于医院来说还是十分重要的。

综上所述，我们分析了目前档案管理工作存在的四大问题：第一，缺乏政策支持。现阶段医院档案管理信息化水平并不完善，缺乏经费的投入。多数医院高层只关注临床医学的发展，尚未能够完全认清医院档案管理这一基础性的工作在医疗卫生系统中扮演的重要角色。第二，管理制度的不匹配使得资料利用效率低下。现阶段医院档案信息管理并没有统一的管理标准，很多医院使用各自的档案管理体系难以实现有效互通。第三，专业性人才缺失。目前医院仍然采用传统的管理方式，不注重档案管理专业人才的引进，技术以及相关知识的掌握程度低下使得档案管理缺乏效率。第四，档案管理的边缘化。档案管理方面往往缺乏长远的规划，尤其是未将档案管理纳入到未来规划项目中，以致档案管理水平和医疗建设无法同步进行发展。基于目前存在的一系列问题，我们从五方面给出了建议以及解决方案，分别是加大对档案信息化建设的资金和人力投入、制定完善信息化制度管理方法、建立高素质的医院档案管理团队、强化信息化建设以及提升档案的时代性，使档案的发展适应新医改形势的要求。

现阶段，新医改形势对医院档案管理提出了更高的要求，随着信息化技术的发展与应用，国家和省行政部门对医院病历档案信息采集提出更高要求，要求档案为大数据分析提供有效数据，并且通过档案管理情况来掌握医院的整体运营态势，为医保部门的采购与决策提供科学的数据分析，进而提高医疗行政部门档案管理效果。医院档案是反映医护运营发展的资料，医院档案是日常工作的基础和参考，反映了医院过去一段时间的工作历史。新医改形势下医院档案管理改进对于医院健康发展具有重大现实意义，需要医院不断结合实际发展经验和医院自身情况进行管理方式的调整，提高对医院档案管理重要性的认识，完善档案管理机制，提高档案管理人员综合素质，切实提高医院档案管理的整体质量，为医院可持续发展奠定基础。

参考文献

[1] 何姝婧.新医改背景下医院档案管理面临问题和改进对策探讨[J].兰台内外，2020（4）:17-18.

[3] 李艳.新医改背景下医院档案管理的优化对策[J].卷宗，2021（3）：8.

[4] 葛贞.新医改形势下大数据对医院档案管理的作用和影响探究[J].魅力中国，2021（5）：38.

[5] 沈栋.新医改背景下的医院档案管理改革措施探讨[J].农村经济与科技，2018（2）：128-129.

[6] 康立婧.新医改下医院档案管理的改进措施分析[J].中国卫生标准管理，2019（4）：13-15.

[7] 王芳.新医改形势卜医院病历档案管理创新方法探究[J].中国卫生标准管理2020（11）：6-9.

第十八章 PDCA 循环原理推动
医院文书档案规范管理分析

文书档案是记录医院办公信息、患者信息等重要文件，需要妥善保管，避免丢失、损毁。随着医院长时间发展，治疗患者人数增多，医院文书档案数量几何级增长，加大了医院文书档案管理人员负担，容易出现管理问题。文书档案是医院正常运行的基础，将 PDCA 循环原理应用于其中，首先对 PDCA 循环过程进行分析，包括分析 PDCA 循环的定义、含义以及理论依据，其次对影响医院文书档案管理工作的因素进行分析，并在此基础上阐述医院文书档案管理现状以及存在的问题。可以在管理过程对发现的问题通过 PDCA 循环解决，提升医院文书档案管理效果。

一、文书档案的收集

文书档案管理主要是对医院在发展过程中所产生的各种资料进行整理和收集，这是一项长期、艰巨的工作，主要包括整理、归档及保管。而归档工作则属于文书档案管理中的一项重要组成部分。医院文书档案收集内容多为文件材料、会议记录、工作总结等，主要以文件形式存在，但也可以包括实物材料。一般情况下，要及时收集整理，将所有档案资料集中收集，并进行分类处理，避免出现交叉现象。同时对档案资料进行保密工作，以确保所有档案资料安全完整。文书档案管理是一个系统的工程项目，需要经过资料收集—整理—加工处理—移交等一系列过程。从医院实际情况来看，其在文书档案收集方面存在一定问题：部分医院对文书档案管理重视程度不够；没有明确规定具体归档要求；没有及时对所产生的文件进行收集；缺少科学合理的制度规范。因此，需要相关工作人员加大重视程度，根据医院实际情况制定具体规范及制度。文书资料作为医院基础资料中最重要一部分，是促进医疗活动顺利进行的重要依据，其质量直接影响着医院各项医疗工作的顺利进行。为了使文书档案能更好地发挥作用，应对其进行分类、归档和保管工作。要做好文书材料的分类收集工作需要相关人员有明确要求与规范：首先，要根据文书材料形成原因进行分类；其次，要对所收集的材料进行初步筛选、判断并归类；最后，要建立完善的台账及归档清单等。对文件资料进行分类整理是一项十分繁杂且复杂的工作之一，其过程中不仅需要对各类文件资料进行细致分类处理，还要注意做好材料的归纳整理工作、检查验收等工作，需要相关人员按照一定规范流程开展工作并不断提升自身能力。因此，应做好文书材料分类整理工作。

归档工作主要是将所有形成的文书资料按照时间顺序、逻辑顺序进行归档，并按照一定规范要求进行存放。归档内容一般包括两部分：一是文件资料，二是会议记录。为了使档案更好地发挥作用，应对其进行合理地保管。首先，要做好文件材料登记造册工作；其次，要做好档案分类、整理、编目等工作；最后，要建立完善的档案目录与分类体系。

保存工作是一项十分重要且复杂的工作，其涉及相关人员的专业素质与综合能力，因此需要相关工作人员加强学习并不断提升自身水平。在具体操作中需要注意以下几点：一是建立档案借阅制度；二是建立档案阅览系统；三是严格遵守各项规章制度。归档过程中要注意文书材料整理方式，如：采用 PDCA 循环原理对文书材料进行整理与归档；采用先进的计算机管理技术对文件材料进行整理与归档；按照规范流程要求将文件材料及时交至档案室。在医院各项工作发展中会产生大量的不同种类、性质的文件资料，因此档案管理应加强分类处理。其过程可分为三个阶段：第一阶段是简单阶段，主要指将文件材料分门别类；第二阶段是精细阶段，主要指对所收集的资料进行进一步筛选与分类；第三阶段为标准阶段，需要将所有档案按照一定规范要求整理归档。

在医院文书档案管理过程中可将其分为四个步骤：第一步骤是分类，第二步骤是归纳，第三步骤是整理，第四步骤是归档。其中第一步应做好分类工作，第二步则需要根据文件性质进行归纳分析，第三步则需要对所有资料进行归纳整理，第四步则需要将所有文件材料进行归档处理。医院文书档案管理中应注意及时归档和及时交接工作，第一环节是在文书材料形成之后必须及时完成建档，第二环节必须做到及时归档，第三环节必须做好移交与验收等相关工作。

二、文书档案收集整理的基本流程

PDCA 循环是一个过程，包括计划、执行及检查，其关键是"行动"。在实际工作中，医院文书档案管理应该根据实际情况制定相应的实施步骤与措施，如：第一步应该制定相关制度；第二步进行文件材料分类；第三步进行详细归类；第四步对所有资料进行归纳整理；第五步对文件材料进行整理与归档；第六步做好档案移交与验收等。在医院文书档案管理中，应根据实际情况制定相应的制度，通过制度对文件材料进行分类与管理，能够使医院文书档案在收集整理过程中更加合理有序，便于档案管理人员更好地开展工作。

首先，对于归档文件材料时要详细记录归档日期、文件名称、归档人签字等信息，将相关人员进行分工，确保其有效执行。通过对文书档案进行分类，能够使档案管理工作更加合理有序，从而提高医院文书档案管理质量。做好文件材料收集工作是医院文书档案管理的基础，在收集过程中要对不同类别的文件材料进行整理与归档等，为后续管理工作提供依据。再次，要对文件材料做好归纳整理，使其符合归档标准。对于新文件应该及时加入收集流程，并建立完善的制度以及文件材料管理体系，使文件材料收集工作更加科学合理。最后，做好文书档案移交手续和验收准备工作，避免文书档案遗失、损毁。医院文书档案管理过程中要根据实际情况制定相应的制度，对医院文书档案管理工作进行完善，使档案管理工作更加科学合理。

在医院文书档案管理中，第一要做好文件材料分类管理工作，可以将文件材料按照规定标准进行分类。通过科学管理制度，为公文材料规范化处理提供保障，也能提高医院文书档案的质量。第二要做好文件材料的详细归类。通过分类整理能够使文件材料更加合理有序，避免出现信息缺失或重复等情况。第三要对所有资料进行归纳整理，可以将所有文件材料按照规定标准进行分类与归纳，也可以将相同类别的文件材料按照时间先后顺序、不同级别进行划分与整理。第四要对文件材料整理、归档，将所有文件材料按照时间先后顺序进行归卷整理，在归档过程中要严格按照档案保管的要求做好保管措施，避免出现文书档案遗失问题。第五要做好档案移交准备工作，在交付给相关人员之前需要对其进行检查和验收等。第六要对档案资料做好移交与验收工作，避免文书档案遗失或损毁。

在医院实际工作中应该应用 PDCA 循环原理做好文书档案管理工作，使医院公文材料规范化、系统化管理成为可能。同时要注重医院档案管理工作的信息化建设，对文件材料进行电子化管理。在文件管理过程中，要做好档案交接工作，确保移交文件齐全且质量合格。同时要完善档案借阅制度及完善电子档案目录，使医院文书档案管理水平得到提升。总之，随着社会经济的发展，我国医院文书档案管理工作面临着严峻挑战。因此需要加强对其进行完善和规范。医院文书档案管理工作是医院重要的基础工作，具有重要作用。通过对此问题分析，有利于进一步完善文书档案管理工作；有利于发挥文书档案的作用，从而为提高医疗水平提供保障；有利于促进医院经济效益与社会效益发展。

三、PDCA循环原理在文书档案管理中的应用意义

（一）有利于完善文书档案管理工作，提高医疗水平

文书档案管理是医院重要的基础工作，其工作水平与质量直接影响医疗质量。因此，要提高医院文书档案管理水平，要对相关问题进行分析与研究，不断加强制度建设，提高制度保障，促进制度落实到位。同时对文书档案管理工作进行改进。在此基础上，结合PDCA循环原理能够有效解决医院文书档案管理问题，并且将其运用于医院管理中的各个环节中，使医院文书档案规范化、标准化、科学化等各方面得到提升。将PDCA循环原理运用到医院文书档案管理工作中，可以在医院文书档案管理过程中有效解决问题，不断优化、完善管理体系；能够解决日常工作与实际问题之间存在矛盾；并且能够保证文书档案在处理过程中有序进行。同时对一些不良因素进行处理，避免出现不良后果以及事故发生，提高医疗服务质量与水平。将PDCA循环运用到医院的所有流程之中，能够保证各项活动进行与推进。有效提高医疗信息处理效率和质量，改善服务态度，有利于医院提高整体形象。将PDCA循环运用到医院管理工作中能够提高医院综合素质与能力，为医疗服务质量与水平提高提供保障，促进医院的快速发展，对提高居民健康医疗水平起到积极作用。

（二）有利于完善档案管理制度，规范文书档案管理

当前医院文书档案管理工作普遍存在规范性不强，整理效率低的问题，这就要求相关人员要重视对这些文件材料进行规范化处理，并且结合PDCA循环原理规范管理文书档案的工作过程，从而提高医院整体工作水平与效率。通过将PDCA循环理论运用到医院文书档案管理中能够使医院文书档案的管理更加科学、合理、有序。同时能够保障各方面工作效率与质量都得到提升，使患者更好地享受到优质医疗服务环境。增强患者及医院信任度、满意度与认同感，促进医疗发展进步。

（三）有利于发挥文书档案的作用，提升医院工作效率和质量

随着人们生活水平不断提高。医院在医疗服务方面也面临着很大挑战。如何促进医院医疗技术水平提升是现阶段亟待解决的问题。因此，文书档案的管理显得尤为重要。通过对文书档案进行有效管理，能够在处理过程中提升医院的工作效率与质量。将PDCA循环原理运用于医院文书档案管理工作中，能帮助解决文书档案工作中存在问题，能够实现规范化、标准化、科学化等目标。同时能够有

效地发挥医院文书档案的作用与功能，促进医疗水平提升与发展，对医院形象提高起到积极作用。在新时代背景下，PDCA循环原理在文书档案管理中的应用能够帮助医院提升综合服务能力，为患者提供更好的医疗服务环境。同时提高医院整体工作水平，为社会经济发展做出贡献。

（四）有利于医院其他部门共同进步与推进，形成良好环境氛围

在PDCA循环理论的指导下能够与医院其他部门共同进行工作改进与提升。在此基础上能有效促进各部门之间相互沟通、合作、交流。同时对医疗服务水平不断提升有一定益处。通过PDCA循环原理的应用能够对文书档案的管理进行改进与完善，对各项工作都能做出相应的安排与计划，使各项活动都能有序开展。还能够对相关问题及时发现，并通过PDCA循环管理程序，从而避免在处理过程中出现问题，使工作得以改进。还能为后续管理工作提供相应的参考与依据。能够为医疗工作提供一定依据。提高各项活动质量，促进医疗水平提升。从而使各部门之间工作水平得到提升，共同进步。对促进医疗技术进步与发展起到积极作用。PDCA循环的应用能够使医院各部门工作效率都能有所提升，对提高医疗水平有一定益处，从而对改善就医环境起到积极作用。

（五）有利于形成良好工作氛围，增强职工凝聚力

通过PDCA循环运用文书档案管理不仅能提高相关人员的工作效率与质量，同时能够使医院整体气氛得到改善，实现"以人为本"的管理理念。良好氛围对职工进行教育、培训、宣传等工作都有积极作用，还会使医院凝聚力不断增强，促进医院各项活动顺利进行。PDCA循环应用于文书档案管理中可以为文书档案管理工作提供一定参考与依据。促进工作效率与质量的提升，能够保障各项活动顺利开展。对于医疗水平提升有一定益处，对社会发展进步起到积极作用。

（六）有利于实现医疗资源共享，提高医院整体效益

文书档案管理过程中要对医院其他部门进行帮助与支持。因此要做好信息资源共享，为工作效率与质量提升提供保障。在此基础上能够充分发挥医院文书档案的作用与功能，实现医院信息化的发展。为实现医院的快速发展起到积极作用。同时促进医院其他部门共同进步与提升。在医院文书档案管理工作中，要将PDCA循环原理运用到所有环节，使医院文书档案管理工作更加科学、合理、有序。并且能够发挥其作用与功能，对提升居民生活质量具有一定益处。同时能够为后续

的管理工作提供相应参考依据。

四、医院文书档案管理面临问题

我国医院文书档案管理问题主要集中于制度、硬件、人才等方面，导致文书档案管理效率低下，分析相关问题原因，有助于 PDCA 循环原理的实施。医院文书档案管理工作受到重视程度较低，不利于管理水平提升。文书档案工作虽然为医院日常工作提供了基础资料支持，但是在实际管理过程中却很难有效利用。并且由于文书档案内容繁多与繁杂，很容易导致文书档案整理、归档、保管等工做出现混乱现象。医院文书档案管理人员综合素质偏低，不能够及时发现问题。

（一）制度问题

我国医院长期以来存在"重临床"现状，大量的资源倾向于临床工作，医院文书档案工作受重视程度不高。尤其在制度上，医院文书档案管理制度并不全面，管理规定缺乏细则，导致工作效率较低。甚至出现科室自留资料、重要文件丢失等问题。制度问题将会从根本上影响医院文书档案管理效果，必须要明确管理制度，严格执行制度内容，才能够保障管理效果。在相关调查中发现，许多医院在进行文书档案管理过程中，各科室配合度差，不利于管理工作开展。

（二）硬件问题

由于历史原因导致文书档案管理中能够得到的资源较少，如档案贮存空间不足、办公区域与档案库混合、环境差等，导致文书档案缺乏足够的管理空间，影响办公效率。此外随着医院信息化推进，各项资料通过网络传输。相关研究中指出，医院信息化是必然发展方向，符合社会整体趋势，而信息化本身就是将各项信息通过网络方式传输，本质上是将医院初期文书资源信息化管理，要求文书档案管理采用信息化工作方式。因此医院文书档案管理部门更需要电子设备开展工作，但相关设备不足，显然难以满足其工作需求。医院文书档案管理是医院管理的基础部分，如果缺乏必要的硬件，显然会影响医院信息化推进进程。

（三）人员问题

医院文书档案管理的核心在于人才，如果没有稳定且高素质的人才队伍，将无法推动相关工作开展。医院文书档案管理部门人员问题较大，主要体现在以下几方面，①人员不足。由于医院对文书档案部门重视程度不够，导致人员配备不足，无法满足日益增多的工作量。②流动性强。文书档案部门人员流动性强，许多人员刚刚熟悉工作内容后因为工作需求被调任其他工作岗位，甚至有部分人员进行流动兼职，显然不利于医院文书档案管理工作的开展。③业务能力。综合各个研究文献，可以发现医院文书档案管理部门工作人员普遍存在业务能力不足问题，人员专业性差，甚少有专业科班出身，限制了其业务能力。④工作问题。由于医院文书档案管理逐渐向电子信息化发展，文书档案部门的工作人员由于缺乏足够的学习与培训，使其难以适应新的工作需求。

五、医院文书档案管理应用 PDCA 循环原理

通过上文分析可以得知医院文书档案管理是多方面的，相互作用下会加剧管理难题。PDCA 循环原理包含"计划、执行、检查、处理"四个环节，通过反复循环能够及时发现医院文书档案管理问题，效果十分显著。在实际应用中，应当注重以下两点。首先是要注重文书档案管理人员的专业素质培养，从根本上提升文书档案管理水平。其次是要结合医院实际情况，制定符合医院发展规划的文书档案管理目标，并将其应用于工作中。最后是要结合医疗行业以及患者需求来提高医院文书档案管理水平，促进其规范化管理。

（一）计划阶段

计划阶段主要是明确医院文书档案管理的主要目标，并以此为依据制定基本的宏观框架。马伟建、徐昊、李磊在相关研究中指出，医院文书档案管理趋势主要为信息化，要快速转变其业务开展模式。因此医院在文书档案管理计划阶段，可以明确"信息化"发展目标，并根据制度、人才、硬件三方面问题确定工作方向。例如，医院文书档案管理可以分为日常业务处理与文书档案室管理两部分，并且两者职责明确。前者主要是负责医疗文件以及患者档案的整理、保管，并建立相关制度；后者是对归档资料进行管理，主要对档案库房、借阅记录等进行管理。因此要从以上两个方面入手来制定管理制度。医院文书档案作为一项重要业务，要制定相应的管理制度。另外，根据不同时期的工作重点来制定相应的考核制度，从而对文书档案工作人员行为进行约束，确保其能够按照规定行事。

（二）执行阶段

重新整合医院文书档案原有管理规定，将不适合现代文书档案管理内容删除；添加信息化相关内容，包括文书档案调阅、个人账户管理、数据库管理等信息；

重新制定文书档案管理细则，并将相关内容通报各个科室，利用信用积分制度约束个人行为，明确损坏、丢失文书档案的具体责任。医院文书档案管理部门实施信用积分制度后，将会显著提升各个科室的配合度，减少自留文档资料以及不及时归还资料的事件发生。

硬件方面：单独为文件档案管理部门安排办公空间，保障文件档案储存区域与办公区域；环境要防潮、防火，温湿度均衡；文书档案柜、电脑、网线、灭火器等均应该配备齐全。

人才方面：固定人员编制，稳定管理队伍成员；对现有文书档案人员进行培训，提升其文书档案管理能力。尤其针对信息化需求，医院要系统化组织相关培训内容，让文书档案管理人员快速掌握信息化技术，配合医院整体信息化活动的开展；不定期根据医院文书档案管理需求开展人才培训工作。

（三）检查阶段

管理人员定期抽查文书档案管理情况，是否存在档案丢失、损坏、长期借阅不还、信息没有及时录入等问题，发现后要及时记录，并同步安排解决办法，相关棘手问题纳入到下一环节讨论。医院文书档案管理内容较多，具有特殊性，因此需要将各个科室的文件档案整理好并归类。但医院文书档案分类工作十分复杂，尤其是涉及保密等内容。为此应该从实际出发，重新制定规范的文件整理方法。另外，要定期开展培训教育活动，提升医院文书档案管理人员业务水平。

（四）处理阶段

处理阶段主要是对医院文书档案管理成功管理经验与失败管理内容进行总结，指出此次循环中文书档案管理中各项措施是否落实到位，如果不到位应该如何处理，能否在下个循环中解决，提出长远解决方案；如果工作到位，将相关工作经验固定化，甚至列入医院文书档案管理制度中。

（1）检查环节：医院文书档案管理部门要定期开展安全检查工作，避免在保存过程中发生损坏、丢失等情况；另外也可以定期举办安全知识培训活动，加强安全意识提高医院文书档案管理人员安全意识。

（2）解决阶段：主要是针对上一个循环中存在的问题提出解决方案，并且明确责任范围；如果问题能够得到有效解决则说明管理工作到位了。此阶段工作开展过程主要包括完善制度、人才、设备三大方面，另外还要对医院文书档案管理制度进行优化工作。

（3）处理阶段：主要是对上一个循环中的问题进行总结回顾并提出改进措施，

同时也要明确责任部门和责任人并做好记录工作。根据不同情况制定相应处理办法；此外还要注重人员管理、设备维护、安全问题等方面的问题解决情况。

（五）循环发展

医院文书档案管理单一循环结束后，要积极开展下一循环工作，避免循环中断。通常情况下一循环内容与上一循环内若基本相符，但也要将上一循环中存在的问题进行优化，并且解决遗留问题。医院文书档案管理中应用循环理论，主要是针对循环中存在的主要问题进行优化，同时观察制度、人才、硬件三大核心问题解决情况，判断相关管理经验在应用过程中是否具有可实践性。对医院文书档案管理中存在的问题提出有效解决方案，对医院文书档案管理模式进行优化。同时对各个科室、部门工作进行调整，促使医院文书档案管理工作更加规范化，保证医疗质量。另外，要制定符合医院发展规划的文书档案管理目标，并将其应用于工作中。此外，要从根本上提高医院文书档案规范化管理水平，将医院业务流程进行简化；另外还要注重信息化建设过程中各项指标达标情况。最后要强化对文书档案室安全问题的解决能力。

医院文书档案管理工作是一项复杂而艰巨的工作，需要结合各方面问题来解决。PDCA 循环理论是解决医院文书档案管理问题的有效方式，可以提高其整体管理水平。同时，也是医院实现信息化发展的重要手段。因此，本文对医院文书档案管理现状以及应用 PDCA 循环原理进行分析，结合现状提出合理建议，从总体上提升医院文书档案管理水平。

医院文书档案是重要文件资料，影响医院日常管理。PDCA 循环原理是一项被广泛应用于医院管理的科学原理，能够通过不断发现问题、解决问题提升医院管理质量。医院文书档案规范管理中采用 PDCA 循环原理，可以及时发现质量问题，同时进行改善，保障医院文书档案管理规范性。文章中对 PDCA 循环原理的应用进行了简单综述，相关人员实际借鉴还需要结合各医院文书档案管理现状科学应用。通过对医院文书档案管理工作进行分析，发现其存在的问题。其中问题包括档案整理不规范、信息录入不及时、缺乏保密意识等。针对这些问题提出合理建议，希望可以从根本上提升医院文书档案管理水平。

参考文献

[1] 刘英霞.PDCA 循环在医院文书档案管理中的应用[J].办公室业务，2020（5）：101-102.

[2] 钟心.医院文书档案管理中 PDCA 循环的应用[J].城建档案，2020（1）：

79-80.

　　[3] 马伟建, 徐昊, 李磊. 医院文书档案管理中 PDCA 循环的应用分析[J]. 中国卫生标准管理, 2019（3）: 7-10.

　　[4] 韦香玲. 医院文书档案管理中 PDCA 循环的应用[J]. 办公室业务, 2019（7）: 183.

　　[5] 李晶. PDCA 循环在医院文书档案管理中的运用[J]. 中国卫生产业, 2018, 15（32）: 61-62.

　　[6] 许爱德, 苗翠玲, 潘晓枫. PDCA 循环原理在推动医院文书档案规范管理中的初步探索运用[J]. 中国农村卫生, 2013（12）: 45-46.

第十九章　医院基建档案的重要性和管理方法

基建档案是记载、反映基础管理、基建工程项目工作、工程建设项目等工作的重要史料、历史凭证。医院建筑是一种特殊的建筑，与一般的民用和工业建筑不同。医院基建档案是指在医院进行基本建设、经营、施工等工作中，所形成的技术文件、图纸、计算、图表、声像及相关的记录资料。近几年，随着我国卫生事业的迅速发展，医院建筑兴起涌现出了许多基础设施文件，这些文件以文字、图表、声像资料等文字记录了医院的历史和状况，对今后医院的维修、改造、扩建及医院发展作用重大。保障医院基建档案的及时存档，确保资料的完整性、准确性，使其更好地发挥其作用，可为后世的档案工作者提供更多的宝贵资料。

一、基建档案工作的概况

医院建筑复杂，使用时间长，我国卫生单位基建项目从立项到竣工平均耗时10年。从立项到完工，大约需要7年的时间，完工后使用20年。而在此期间，医院在这一过程中，基建档案信息的作用是无法取代的，所以，搞好基建档案的管理，对医院的可持续发展起到了至关重要的作用。目前，我国医院建筑档案管理工作比较薄弱，施工单位的管理人员也不具备相应的专业素质和工作能力。一方面，由于受经济因素的限制，医院在基本建设项目中对档案数据的重视程度较低；另一方面，由于对档案工作不熟悉，又不懂得如何收集、整理和保存。且在经营方面，没有统一的规章制度，也没有规范的标准和监管体系。因而，在建设项目中所形成的基础资料，由于其内容丰富、管理难度大，常常被忽略。

基建档案是医院建设项目的一个重要内容，它是在建设项目的整个生命周期中，从规划立项、测绘勘察、招投标、设计、施工、设备安装、监理、竣工检查、验收、交付使用，再到竣工检查、验收、交付使用，乃至改扩建、修缮各环节形成的各类合同文件、项目图表、设备文件、工程图纸、管理文件和声像文件等资料，部分工程项目还包括土地划拨、补偿等内容。医院、设计、施工、监理、政府主管部门等是形成档案的重要组成部分。

二、加强基建档案精细化管理的必要性

（一）加强基建档案的管理，对工程建设的安全具有重要意义

要强化基建档案的精细管理，准确、完整、系统地记录工程项目的历史、完

整的施工全过程，及时收集各种施工过程中产生的各种材料，加以妥善保管、有效地使用，为确保工程项目的立项、设计、施工、监理、验收交付等各阶段的顺利、及时、安全推进，提供了第一手的基础资料，是工程项目竣工验收、交付使用、有效监督的必备条件。管理部门通过对项目档案的审核，可以看出项目的不足与问题，在项目建成后的利用、修缮、改扩建、维权等过程中，具有十分重要的参考价值，对于工程项目的传承、发展、创新具有深远的意义，对于医院的整体建设规划、综合管理提供专业的资料依据。

（二）加强基建档案的管理，对全面提升档案工作的管理水平具有重要意义

强化基建档案管理，注重环节管理、过程管理，精细划分目标，落实建设方、施工方、监理方等各方面档案管理人员责任，及时全面收集各类文字、图片、图表、声像等材料，做好分类整理工作，进行集中统一保管，做到竣工图纸与实际验收情况相符，信息标注、关联准确，对于提高档案的利用价值，全面增强医院档案管理工作的合理化、规范化、科学化，有着非常重要的作用。与建筑工程项目相比，基建档案的使用寿命较长，可作为医院发展与建设、文化等方面的第一手资料。

（三）加强基建档案的管理，可以节省医院的运行费用

通过建立规范化、制度化、流程化的基建档案管理，不断提高建设项目档案的质量，从而有效地提高医院的经营管理和运行费用。在每年年底，医院每年度建设、改扩建项目申报和财政预算时，可以充分参考并运用全面、准确的基础设施资料，对相关工程量、工程造价进行科学的调整，以提高管理工作的质量和效率。工程项目的设计文件通常都是通过一段时间的建设和运行的检验，在类似的新建建筑中，可以作为借鉴，既能提高设计质量，又能加快设计进度，降低造价。在各类水、电、消防设施的改造与维护中，必须要有基本的资料，才能有效地避免工程的重复，减少医院的财力、人力、物力的消耗。

（四）加强基建档案的管理，有助于加强对医院的监督和审计工作

医疗卫生事业建设中，大量的经费投入，是医疗卫生事业发展的重要环节。要强化医院基本建设档案管理工作，及时、完整、准确地收集各类基本建设档案，从档案中提取投资预算、招投标记录、会议纪要、施工设计变更、合同文本、竣

工图等，并与工程决算数据进行对比，为纪检监察、审计部门提供第一手资料依据。要切实履行"一岗双责"，推进全面从严治党，把基本建设与"清廉医院"建设结合起来，强化对基本建设项目的监管和稽查，实行全过程的审计，强化对工程清单、工程结算款等环节的审计，显著提升投入产出效益，确保建设资金安全。同时，基建档案也是医院维护权益的重要凭证，可以为安全管理等工作提供依据。

三、基建档案中存在的问题

（一）观念陈旧，不够重视

"业务轻"的误区长期以来很难被改变，同一类型的医疗设施档案管理也常常被忽视。建筑企业档案管理人员缺乏专业的医学知识，管理部门对档案管理工作不够重视，档案管理不到位，记录不完整，缺乏指导意义。

（二）管理水平低，缺少专业技术人员

医院基建基本建设档案的管理涉及很多专业，因此，档案管理人员要具有一定的专业素质，具有较强的综合素质。但现实中，由于缺乏专门的专业管理人员，对档案系统的全面管理，导致档案分类混乱，难以查阅，关键资料缺失等现象，给使用者造成巨大困扰。而且，医院的基础设施建设，需要全面的分析，没有足够的专业人士，很难有这样的大局意识。

（三）缺乏统一性，缺少相关的行业扶持。

当前的基础设施档案管理，大多集中在企业，不同的企业，不同的管理体制，导致档案管理人力资源的浪费。此外，因为整合度低、相关配套支撑的开发费用高，且支持咨询者也不多。这样就造成了一个恶性循环，即整合效率低、费用高、支持少、作用小、被忽视，持续的成本被不断地压缩。

四、医院基建档案管理策略

（一）加强对业务的认识

当前，我国的基本建设工程项目普遍存在着对基础设施文件的管理不够重视的问题，其原因是施工中没有从用户的角度来考虑，以及对用户的服务意识。所以，从项目的启动，包括建设方、设计方、监理方、施工方等各方都要高度重视，

而医院若有独立的运营方，运营方则要安排代表对基建档案管理进行全程监督指导。

（二）建立一套适合于医院基建档案管理制度

从内部看，医院基础设施的建立涉及很多部门，所以要建立一个完整的基础设施，建立一个完整的档案管理体系。比如国外的大型工程，都有自己的文件管理系统。医院工程可以借鉴这一点，在基础设施建设文件管理制度的基础上，制定出一套与之相适应的文件管理制度，从而对医院的建设和发展产生重大的影响。

（三）信息交流和资源共享

信息时代，信息化、智能化资源共享是医院基础设施建设管理的必然趋势。随着信息技术的不断发展，档案管理能够结合网络合作平台，根据医院的实际情况，开发出与纸质文件相配套的文件储存系统。网络环境下的文件管理，可以通过不断的创新，实现资源的整合是网络管理的根本。基于这一点，我们可以进一步开发统一的文件管理系统，并制定相关的管理标准，以便更好地整合专业的人才。同时，还可以与档案管理部门、消防部门、设备制造商等多个部门进行信息交流，便于监管、管理，提高工作效率。但在实施过程中，也要适应现实，要把档案管理工作真正地服务于主体，而不是本末倒置。此外，在档案管理的信息化建设中，必须加强对网络的安全管理，同时也要求建立健全的档案管理体系。

（四）基建文件的收集和管理

医院要积极主动承担起牵头的责任，并指定专门的工作人员，并向各施工单位提出具体的要求，最好将文件的采集要求写在合同里，并列入评估。档案收集工作的重点是人，所有参加资料收集的人员都要接受专门的训练，并对他们所收集的资料的完整性和真实性负责。医院基本建设中的隐蔽工程较多，其项目档案的阶段性特征较强，对其进行实时监控是确保项目文件的完整性和准确性的首要任务。如果没有实时监控，后期改造后的档案补充工作会变得更加困难，而且精度也会下降。各单位要建立自己的监督机制，定期向医院建设方报告其档案完成情况。首先，要清楚文件应该是为建筑工人服务，而非管理人员服务。在档案记录的过程中，应当建立一种多方监督机制，通过比较不同参与方的记录，可以看出问题所在。重点项目要做好视频记录，所有档案横向、纵向、前后的记录都要一致。根据工程实践，采用这种方法对档案进行核查和监管，可以极大地降低档案造假成本，降低造假现象，这也是通过集中统一管理方式，实现档案管理规范化的优势体现。档案记录的真实性由管理者和员工共同保障。

（五）档案管理人才的专业化与培训

医院基本建设项目的档案主管，要尽可能地以建设方、运营方为主体，每个参与单位都要配备专门的人员进行档案管理，所有的档案管理者都要在内部统一管理，并由主管人员及时进行汇总、整理。医院基本建设档案工作是一项复杂的工作，既要有高度的逻辑思维，又要有高度的责任心。所以，在严格的档案管理人员选拔过程中，必须提高对档案管理人员的认识，加强对档案管理人员的培训，并提供相应的政策扶持，以促进档案管理人员的工作热情。要优化档案管理队伍，拓宽档案工作的视野，建立科学的档案管理评价体系。

（六）多方面的合作

医院工程档案的建设和管理，仅凭一方是很难做到的，要真正形成一个由建设方主导、设计、施工、咨询等各方共同努力的体系。建立一个明确的职责划分的档案系统，不仅要明确各方面的职责，而且要在职责之下限定出特定的范围，否则必然会出现资料冗杂、重复等现象。所以，在这个框架下，我们需要制定一个规章制度，也就是一个第三方的文件和软件的使用咨询公司，来提供实时的指导和监督，比如，在工程管理中，第三方的项目管理顾问就是其中之一。

作为建筑工程的管理者，首先要有清晰的指导思想，包括管理体系的各个组成部分和制度的制定。在档案的编制中，主要包括设计、施工、咨询等方面的档案，由管理者进行监督，发现有问题或不足，及时提出，并要求补充完善。而且，文件管理制度并不能太过简化，要能方便地查阅。还可以通过反复记录来验证文件的真实性，比如，工地日志和监控日志的核对。

（七）文件的接收和转交

基建文件的重点是积累过程，但也不能忽略验收和交接的过程。首先，医院要检查各个单位的文件是否符合规定，然后要按照文件管理咨询机构提供的流程，确认各个单位是否按规定的格式填写。在整体框架和整体内容都得到了完备的前提下，才能进行具体的检查。因为工作量很大，所以主要的检查工作要在施工期间严格控制，完工后要根据批次进行抽查。移交后，医院要对基本建设文件进行集中、统一的管理，并对其进行分类，以保证资料的完整、准确和系统性。档案并不是每个参与方都要做的事情，它还要求所有项目都保存一个完整的档案，并且要把所有的文件都交给相关的部门，如果没有交接，那么这个项目的质量就可能出现问题，所以，各方面都要加强对档案的管理。

五、基建档案的使用价值和意义

（一）建立和完善基建档案的管理体系

要实现医院基建档案的精细化管理，必须建立和不断健全管理制度，以保证工程建设和项目的同步。结合医院基本建设工作的具体情况，对建设项目档案管理的各个环节、步骤进行详细的分类，明确档案收集范围、分类管理、管理责任、时间节点、工作流程、应急预案等，使各个主体分工合作、密切配合，各项工作有据可依、有序推进。医院领导应更加重视档案管理，充分认识到基建档案的精细管理在医院经营和发展中所起到的重要作用，从上到下，推进各项制度和职责的落实。各建设单位要明确各自的工作职责，加强工作交流，落实工作职责，做好基建档案的收集和管理。建立档案管理工作评价体系，强化档案的绩效评价，建立相应的奖励机制，以保证各项制度的落实和实施。对档案的错误、遗失、损毁等问题，要对有关责任人进行问责，并采取必要的措施加以纠正。

（二）强化档案管理队伍的专业化建设

（1）加强基建档案管理队伍精细化职能。加强宣传，学习精细化管理书籍，开展线上线下多种形式的培训，使档案管理人员认识到加强基建档案精细化管理工作的重要性，了解精细化管理对于工作质量、推动工作落实的意义。只有在思想上有所提升，在实际工作中，档案工作人员的观念才会有所提升，才能真正地参与到实际的工作中去。

（2）要加强对基建工程档案工作人员的培训和教育。通过举办专题讲座、业务培训等形式，了解有关管理理论、方法、信息技术等，使档案管理人员熟悉基本建设知识和工作程序，使工程管理人员熟悉基本建设档案管理相关知识，拓宽知识面，培养复合型人才。建立建设项目档案管理微信群，进行讨论，并及时处理相关问题。不断更新相关人员的知识和技术架构，提高工作技能，进一步提高基建档案管理的质量、效率和精细程度。

（3）要强化基建档案工作人员的考评。定期对档案工作进行监督：一是对档案管理进行自我审查，以保证档案工作的质量；二是对管理人员的工作能力进行评估，主要包括信息化管理水平、档案收集的完整性、编研成果、系统流程等。

同时，对表现优异的员工给予一定的奖励，并对业务不突出的管理者进行专业技能培训，并对其进行相应的调整。通过对档案工作的检查和考评，可以促使档案工作人员在工作中不断提高自己的专业水平，充分发挥自己的长处，从而推动档案工作的规范化发展。

（4）要加强对档案管理人员的培养和引进。要充分利用好医院引进人才的政策优势，扩大档案管理人员的编制，充分调动各方面的积极性，实现"外引内培"。①从医院内挑选具有较强科技知识和德才兼备的优秀人才，把他们分配到基础设施档案管理工作；②积极引进具有专业学历，热爱档案管理事业，具有较强创新能力的档案管理人员和信息技术人员；③可聘请有丰富工作经验的基建档案管理专业人才，既能提高基建档案管理，又能实行学徒制，发挥传、帮、带作用。对医院档案管理人员因材施教，积极培养工匠型人才，整体提升基建档案管理团队的业务素质，为档案精细化管理提供人才支撑。

（三）加快基建档案管理工作信息化进程

（1）加快建设项目档案的信息化建设。在三级公立医院基础设施档案管理工作中，应用现代化信息技术、网络技术和大数据技术，加速基础设施档案管理与网络信息技术、大数据技术的有机结合，不断开发和优化管理技术、管理方法，对基建档案进行整合存储、自动化识别、高效传输和全文检索等，实现远程传输、保管和查阅，建成科学系统的基建档案信息数据库，为基建档案的开发利用提供便利条件。在安全、保密的基础上，做好档案资料的备份，提高档案的保护能力。

（2）有效地使用智能工具来收集文件。基本建设文件的形成需要很长的时间，一般需要几年的时间。在工程项目招标、合同签订初期，医院要加强对档案资料的收集管理，把档案的收集工作纳入合同项目，并明确档案的管理职责，以确保工程项目的顺利进行，同时还要与医院协调好档案的收集工作，确保项目的立项、施工进度、竣工验收的进度。建立和健全基础设施档案数字化采集管理体系，树立全过程管理和质量控制意识，充分运用智能化手段，创新建设档案数字资源的在线收集、自动收集、智能收集等方式方法，提高档案收集效率。基本建设文件中的许多过程文件和实时数据都是直接从基础设施的应用系统中生成的，因此，要充分利用信息的智能化，实现网上的文件存档，主动打通基础设施和档案管理系统之间的数据交互，将各种基础设施的数据以在线的方式输入到文件管理系统中，从而减少人工的操作，达到闭环的管理，保证信息的完整性、准确性、系统性。

（3）运用数字技术，做好档案的归档和保存工作。根据"存量档案数字化、增量档案电子化"的目标，我们加大了对存量档案的投入，以社会化服务的形式，由专业的档案管理服务公司对基础设施图纸等进行扫描，制作成文字刻录成光盘，上传到档案管理系统中；对于增量文件，通过基础设施运营系统，将其引入到档案管理系统中，进行科学的分类、分类、编号。

（四）做好基建档案的整理和使用

基建档案的使用是基础设施档案管理的目标。医院基本建设项目中存在着海量的资料，要不断地研究如何强化与之相关的关系，搞好发展和应用，为新项目的基础研究、科研立项、医院领导决策等工作提供参考。一是建立高效的信息查询、获取和利用渠道。医院应持续更新智能检索系统，实现基础资料的共享、远程查阅和传输，并提供自动化检索、高效利用和知识服务。二是要加强对各种信息资源的综合利用。建立基于不同载体的基础设施档案专题数据库，运用人工智能技术和数据挖掘技术，深度整合基础档案信息资源，挖掘、整理各种信息资源的关联性、系统性，为医疗机构提供知识服务和智能决策参考。三是对基础设施档案的服务潜力进行持续挖掘。通过应用虚拟现实技术、三维全息投影技术、数据融合技术等新技术，为基础档案编研工作提供可视化的信息服务。

近年来，随着医疗卫生事业的快速发展，医院工程建设的规模越来越大，并逐步形成了一个专业化的单元，因此，建立一套专业化的医院基础设施档案管理系统是必然的。同时，在基础设施档案管理中，要从人才建设、制度建设等方面进行改革，以适应多元化的医疗服务需要，最终使医疗基本建设发展与档案管理发展，相辅相成，共同进步。医院基建档案管理工作是一项复杂的系统工程，需要医院领导和各职能部门领导的高度重视，积极配合基建档案管理工作。从项目前期立项到竣工验收、投入使用全过程中，各科室及时做好归档和移交工作，在基建档案验收过程中做好各项基础材料的准备，严格按照档案管理要求进行资料收集整理。

参考文献

[1] 张娟.浅谈妇幼保健机构档案管理体系创建路径选择——以海南省妇幼保健院为例[J].山东档案，2020（8）：63-64.

[2] 芦利萍.基于新基建的档案管理模式优化探讨[J].档案管理，2022（3）：80-81.

[3] 于娟娟，李凯，郭嘉奇，等.医院基建档案管理策略探讨[J].中国医院，

2022（1）：89-91.

［4］李琳,基于"互联网+"背景下的医院基建档案信息化管理策略[J].兰台内外，2021（4）：10-12.

第二十章　医院重大突发事件档案收集策略研究

为了提高重大医院应急管理和应急准备工作水平，国家档案局发布《重大活动和突发事件档案管理办法》。因此，为了有效地开展突发事件档案收集工作，对医院相关档案进行系统管理有着重要意义。当前重大卫生健康事件包括突然发生，造成或者可能造成社会公众身心健康严重损害的重大传染病、群体性不明原因疾病、重大食物和职业中毒以及因自然灾害、事故灾难或社会安全等事件引起的严重影响公众身心健康的公共卫生事件及其他重大紧急救援行动。

深入分析当前医院在突发公共卫生事件中收集、归档等方面存在的问题及原因；对医院档案管理工作提出合理对策建议：加强档案收集与归档管理、完善相关制度体系以及制定突发事件应对预案。对我国医院重大突发公共卫生安全方面积累的经验进行总结和归纳，为我国各级各类医院提供经验参考和借鉴。

一、国内外研究现状

（一）我国突发事件档案收集现状

随着信息技术的发展，医院已经逐步成为信息传递与交流的重要场所，因此对于突发事件产生的各种医疗信息、档案等需要及时收集和整理，以便日后能够进行科学研究。在当前我国医院面临突发事件时，医院档案管理工作是一项非常重要的工作。因此我国相关部门应当通过不断完善突发事件归档管理体系，提高突发事件的收集、整理和归档工作质量；同时加强突发事件的相关制度建设等方面，提高医院档案管理和建设水平。

（二）国外突发事件档案收集现状

从美国重大医院突发事件档案收集情况来看，这类医院在应对突发事件的过程中主要是进行医疗记录收集，档案收集的内容和形式都比较简单，并且缺少统一的规范标准，缺乏灵活性和可操作性。

从日本医院突发事件档案收集情况来看，日本政府通过不断加大突发事件档案管理的力度，并且将其纳入公共安全战略中，使得日本政府在应对突发事件过程中有了更多的资源支持。

从欧洲各国来看，大部分国家都已经形成了较为完善的突发事件档案收集体系，并且对医疗机构的档案管理进行了专门立法。其中，法国在面对突发事件时采用类似做法和手段，即将所有的医疗机构纳入公共安全战略中，并且将突发事件所产生的记录整理归档。

二、收集原则

突发事件档案是医院日常工作的重要组成部分，它包含了患者病历、诊断报告、医疗记录、急救记录，并且包含影像资料、现场照片等。医院在面对突发事件时需要做好档案收集工作。突发事件档案收集应遵循以下原则：

（一）及时收集，分类归档

在突发事件发生后，必须迅速收集、整理和归档相关资料。医院的相关部门应当及时形成有关的档案资料，并按规定进行分类、编号登记。需要对这些档案资料进行整理时，应按要求设置目录并及时归档。按照国家规定需要向社会公开的文件、资料，应当按要求及时提供。要把医院突发事件所产生的各种医疗信息、档案、资料等统一整理归档，建立健全各类档案并实现集中管理和规范服务。

（二）资料完整，真实可靠

要按照《档案法》的相关规定要求，完整、准确、系统地收集好各类档案资料，保证其真实性和完整性。突发事件发生后所形成的各种资料必须按照规定进行分类、编号登记保存。这些资料具有保存价值，其他载体以及记录形式有：照片、录音、录像、磁带、磁盘等形式。此外，要对这些资料的原始记录、形成时间等内容进行严格的审核把关，保证资料的真实性和完整性。要注意对原始资料进行分类整理，建立电子文件档案管理系统，并做好电子文件目录、归档及保存工作。

（三）动态管理，保证动态更新

重大突发事件档案的收集要以保证其真实性和完整性为前提，动态更新，在对突发事件档案进行收集时必须根据其所处环境及时制定档案资料收集的计划，并且做好相关工作人员进行档案资料的补充整理，做到资料收集不间断、不走样。在医院突发事件档案收集完成后要及时对其进行分类整理归档。在对突发事件相关文件材料进行分类、编号时，也要遵循《电子档案管理规定》及《重大活动和突发事件档案管理办法》的相关要求，对其中的纸质文件材料必须由专业人员进行统一归档。医院应定期按照要求将所收集的档案材料报送国家档案馆及有关部门。要定期对电子数据和纸质文件等进行核查和比对，对于存在内容变化、数据丢失等问题的要及时处理。

（四）及时处置，做好善后工作

医院应按照突发事件应急处置工作程序要求妥善保管好档案资料。根据实际情况需要对重大突发事件相关档案进行收集整理时要根据其重要性、影响范围大小、价值大小等因素进行分类整理，以确保档案的完整性和安全性，同时还要注意档案资料的安全保管和妥善保管，确保其不受人为的损坏等。

（五）完善制度，加强管理

医院可通过建立档案管理制度、明确管理人员岗位职责、指定专人负责等措施，使档案的收集、交接、保管、利用等环节均有章可循、有据可依；同时还应建立健全安全保密制度和严格的保密措施以保证对医院内部档案资料安全管理工作的顺利进行。在医院档案的收集、保管、利用等环节都应加强对有关人员的管理，同时要严格执行《医院档案管理办法》和《档案管理工作责任制》。另外，重大突发事件发生后，必须对事件的起因、经过、发展变化过程进行全面记录，形成完整且真实的资料。

（六）专人负责，确保信息通畅

医院应成立专门的信息小组及完善的信息联络制度与反馈制度；同时要安排专人负责收集整理工作；做到将重要资料及时传递给有关部门，确保重要资料不丢失或者被篡改内容不出现在相关部门之中，同时还应定期检查并维护信息网络系统安全。制定突发事件档案收集管理工作岗位职责与操作规程等规定来保障其能高效安全完成收集整理工作；此外，还应建立突发事件跟踪反馈机制并做好详细记录。

（七）分级分类，保障利用有效性

在建立和完善医院应急管理和应急准备体系的同时，应明确突发事件档案归档范围及归档时限要求等工作事项并进行责任落实；应按照分级管理原则设立专门科室负责相关档案的收集整理与归档管理工作。对已建立应急管理和应急准备体系并且明确了职责分工的单位，可由专人负责突发事件档案收集整理。

（八）动态管理，不断完善

医院要根据自身发展情况及时对已经收集起来的档案资料进行完善，保证其真实性与完整性。医院可通过在一定时期内对其进行跟踪检查与更新等方式来完善相关档案信息内容；此外还应积极探索新媒体应用方式在突发事件档案收集中可能起到的作用。通过不断完善，使之成为医院自身在面对突发事件时所必须要掌握的知识和技能。在新媒体时代，可将突发事件相关资料以视频或者图片等形式通过网络进行传播。

（九）统一标准，及时补充完善相应资料

为了使患者得到更好的医疗服务、更方便快捷地获取医疗服务信息、更高效地实施治疗计划，医院应统一规范各类医疗文件材料的标准格式并制作统一的标识。同时，要制定各类资料补充程序和记录要求及归档制度等，还要定期向上级卫生行政部门报送信息。此外，要对各科室文件材料进行统一归档，提高工作效率。对于纸质文件可在整理完毕后再进行电子化归档，以便于日后的查阅。

（十）保密安全和保密管理与监督措施有效完善

对于医院来讲，除了保证信息安全与保密外，还需加强保密意识及监督检查工作，以避免各类信息泄露、非法使用等现象发生。对信息进行加密，在不同区域之间进行信息传递，以避免信息外泄。对于档案的收集整理工作可定期检查档案中的各类文字、图片以及声像等资料，以保证其真实性与完整性。

（十一）及时报告、及时整理归档

突发事件发生后需要及时上报国家卫生健康委员会以及相关主管部门并积极配合调查工作；此外，还应根据最新要求做好医疗机构卫生应急体系的建设工作和档案信息化建设的规划工作。在整个事件过程中，医院相关部门应当按照相应的要求及时对所收集的各类文件材料进行归档并及时更新。要定期对已存档的档案进行核查和比对。

（十二）建立健全突发事件应急管理体系及相关规章制度

医院应加强突发事件档案资料的收集管理工作，并定期向上级卫生主管部门报送有关材料并向社会公布其内容。另外，由于重大突发事件可能会使医院面临更大程度的人员与财产损失风险、面临各种意外事件、需要承担一定责任或义务等，因此还需要根据具体情况做好预案设计工作，从而保障医院各项工作的顺利开展。

三、收集内容

收集内容为突发事件发生时医院内工作情况的真实记录；医院对突发事件进行妥善处置的相关方案的制定和实施情况；对事件所造成影响的分析、评价及改进情况，相关人员处理问题情况的总结以及对后期突发事件恢复的计划等；对事件影响较大人员或家属采取应急救助措施；有关部门针对突发事件采取应急救援措施，如抢险、救灾、救护、防疫等各种现场处置情况；对参与或支持事件调查过程中获取线索和信息，并进行调查核实，提供资料证据等情况；事件调查处理过程中形成，并经医院存档管理的文字材料、图片、电子数据以及其他载体材料等。

（一）真实记录

真实记录是档案的核心内容，是突发事件发生后，根据实际情况，由事件当事人、目击者或者其他人员对事件进行描述的重要信息资料，它记录了突发事件发生时医院工作情况、具体操作程序、相关领导及工作人员到现场进行处置的详细过程。

首先，要收集完整的医院内工作情况和真实记录突发事件发生时医院内工作情况真实记录：如医疗卫生应急预案、抢救程序、方法的制定和执行情况（包括现场处置）；医疗卫生资源储备情况、设备运行状态和安全保障情况等；医护人员在应急中采取的救护措施；现场秩序的维持、医护人员急救伤员后送等现场抢救情况；医疗卫生救护队伍（包括医务应急队伍）在处置突发事件中出现的伤亡人数或其他重要资料。其次，要收集完整真实地记录突发事件经过及其发生原因和医院在处置过程中有关部门采取及时有效的措施，保证突发事件在医疗救治、后勤保障等方面得到了及时解决，为防止和减少医院内不良影响、消除不良影响而采取相关措施，医院对此采取了有效措施并认真记录。最后，要收集完整真实地记录突发事件发生的原因，并对事件造成的后果进行分析和评价，并根据分析结果采取相应措施进行总结。此外，还要有必要的记录，如医院领导的指示或批示及其他有关领导到现场处置情况等。

（二）方案制定与实施

医院在应急方案执行过程中要认真细致，严格按照相关要求和程序进行操作。及时发现并纠正各种可能出现的偏差和失误，保证各项应急救援措施有效地实施，确保工作顺利进行避免突发事件发生造成不良后果，维护医院安全与稳定。同时要有相关记录如领导到现场处置情况和工作人员现场救援的具体情况。还应收集各种医疗救治、后勤保障等相关资料。医疗救援人员抢救患者和开展现场急救情况。医院后勤部门为处置突发事件提供的物资保障情况。

（三）总结计划

总结事件发生过程中的各种情况，总结出哪些工作做得好，哪些不够完善。对突发事件所造成的影响进行分析、评价和改进情况。根据有关部门对紧急情况进行处理，可以为医院在未来的紧急情况下，制定相应的应急预案。便于出现类似突发事件处理时借鉴和学习。其他有关医院突发事件处置、调查过程中形成的具有保存价值材料等。医院应及时将各种有关材料收集归档并移交档案馆，以便于日后查阅和利用。

四、收集方法

书面文件的收集：主要是指医院在突发事件发生后，根据自身情况制定的相应应急预案以及各类档案资料进行归档时，对相关资料进行详细记录和收集，如医疗文书、工作日志、会议记录等。

电子文件的收集：主要是指医院在突发事件发生后，通过电子文件管理系统进行归档和处理的过程中产生的各类重要纸质文件和电子文件。

实物材料的收集：主要是指利用实物材料收集与突发事件有关记录。如医院在日常工作中所使用到的各种设备、器材等。

录音资料和录像资料的收集：主要包括在日常工作活动和日常生活中发生的重要信息记录，如患者、家属、医护人员等。

照片、图表和声像资料等实物材料也应及时收集保存，主要是指利用医院内所拥有的各种摄影器材对突发事件进行记录所产生的照片、影像资料等。

录音资料与实物材料相结合的收集：主要是指利用医院内所拥有电子设备记录各种录音资料以及利用医院内部各类录音设备拍摄视频档案资料、利用医院计算机存储设备进行数据储存和备份。

音像档案与电子影像资料混合处理：主要是指利用音像档案与电子影像档案

混合处理，即以音像和电子影像档案为载体，将其内容与形式加以分离而形成综合一体档案，其形式可包括录像、照片、声像文件等。

五、经验与体会

医院是政府处置突发事件的"前哨"，也是突发事件发生后，政府了解情况、及时采取措施的第一站。在突发事件发生后，医院应迅速行动起来，及时收集档案，为事后分析、总结提供依据和资料支撑。医疗机构应将档案工作纳入医院管理体系中进行规范、统一管理。

重大疫情发生后，作为卫生主管部门和档案部门需要定期了解医院收集各类应急事件档案的情况并进行监督指导；在突发事件发生后，作为卫生主管部门和档案管理部门需要及时跟进，将各种资料进行收集、整理并建立应急响应体系。医疗机构在突发事件发生后应加强信息沟通机制建设和应急机制建设。医疗机构应建立统一的信息管理平台，通过各种渠道（网站、微信平台、新闻媒体等）向公众发布医疗卫生机构的突发事件信息。卫生主管部门应加强医院相关工作人员的培训工作，建立健全应急准备体系等。医疗机构内部应加强信息化建设，通过OA系统实现对各种材料和资料的快速查询、共享以及安全保密工作。各单位之间加强沟通交流和资源共享机制的建设工作。突发事件发生后重大医院可以与卫生主管部门进行沟通协调，获得卫生部门的技术支持，实现档案信息共享，及时收集归档资料。

（一）建立健全档案收集制度，规范档案收集流程

医疗机构应根据国家有关档案管理的法律法规、行业规范以及医院管理体系建立完善的档案收集制度，并严格执行。针对重大疫情突发事件，可由医院分管领导或指定专人负责，在第一时间制定档案收集方案并上报有关领导，建立完善应急档案管理机制；在医院内部成立相应的专门部门来完成对各类突发事件档案的收集、整理和保管工作。重大疫情发生后，可在各级主管部门和医院领导的指导下成立由各职能部门组成的突发事件应急领导小组及办公室，按照预案要求组织人员进行相应的准备。在突发事件发生后，要严格按照相关规定收集有关文书、资料等档案，以备随时查阅。

重大疫情发生后，要按照文件材料形成时间和工作性质划分出不同类型的文件材料并做好分类工作；按文件材料形成时间排序形成相关案卷目录、页码。同时根据医院实际情况建立完善应急档案管理机制、应急预案体系以及信息报送渠

道。将相关应急预案、处置流程等内容制作成宣传展板、标语等形式在医院醒目位置进行公示以增强全院职工的责任意识。

（二）制定统一的突发事件档案收集工作标准，做到有章可循

档案工作标准化是现代管理的重要内容，也是确保突发事件档案工作顺利开展的重要保证。医院应将突发事件管理规范化、标准化，制定突发事件档案收集标准，实现不同医院之间、区域之间的档案规范管理。对于突发事件档案收集工作，要从宏观和微观两个方面进行规范，确保重大医院各项突发事件处置过程中形成的资料能够全面、完整地记录在案。宏观方面主要包括：突发重大疫情、公共卫生安全等事件发生后，医院在整个应急处置过程中形成的相关工作材料和信息；微观方面主要包括：医院在处理突发事件过程中形成的有关记录（文件、照片等）或照片（如现场情况、影像资料等）、会议纪要等。对于重大疫情应急管理体制建设方面的材料，要从制度层面进行规范；在重大公共卫生安全和疫情防控中形成的文件材料要根据具体要求予以收集，并按规定归档。

（三）建立高效的突发事件档案收集队伍，提高档案收集效率

突发事件档案涉及范围广，涉及内容多而杂。医院档案工作人员必须具有较强的综合素质、工作能力和业务水平，才能完成本职工作。建立一支高素质的档案收集队伍是医院档案收集的关键环节。首先，由医院人力资源部门组建一支专门从事突发事件材料收集和整理工作的队伍。其次，对突发事件档案管理人员进行系统的知识培训。再次，向医院其他部门和科室发出征集档案的通知，并通过多种渠道、形式收集各类应急管理相关资料。最后，建立临时档案库（室），对所收材料进行分类存放、分类保管。

（四）充分发挥信息化手段作用，提高医院归档效率

突发事件发生后，医院相关工作人员应高度重视档案工作，并将档案工作纳入医院日常管理中来。医疗机构内部要建立信息平台，实现对各类档案资料的快速查询、共享以及安全保密工作，以便为突发事件发生后相关部门进行分析、总结提供重要依据。首先，可以在医院内部局域网上建立"应急管理系统"，并在"应急管理系统"中设置不同类型的模块以及不同形式的文件夹，以便对各类文件资料进行集中存储。其次，可以建立网络资源中心（档案网络），实现档案资源的集中管理和分级分类管理。再次，可以在医院内部局域网中设立档案综合数

据库系统（例如：电子文档综合数据库系统、文书资料综合数据库系统等），以便在突发事件发生后能及时查询到所需档案的信息和资料。最后，可以建立一个公共的"网上图书馆"网站群，利用医院现有人员和设备建立数据库，实现数据、文件以及各类材料的共享。同时，对于一些重大疫情发生后不能及时归档的医疗资料（例如医疗事故、卫生安全事故以及交通意外等），可以通过建立"网上医院"等方式实现在线归档。利用各种信息化手段加快医院归档速度。医院应结合实际情况充分利用信息化手段加速档案收集速度，建立统一的电子文件归档系统和电子文件管理系统；对于部分纸质文书也需要借助档案网络平台实现远程存档、打印；在医疗机构内部实现档案资料电子化存储并共享。

突发事件档案是突发事件的真实记录，是国家治理体系和治理能力现代化不可或缺的内容，其形成的档案可以有效维护社会稳定和人民群众生命财产安全。突发事件发生后，医疗机构应在第一时间收集归档档案资料并对这些资料进行分类整理，建立标准化的管理流程，以方便日后工作的开展。为了提升重大突发事件档案收集整理的效率，医院应结合实际情况，及时收集突发事件档案并进行分类整理和归档。

参考文献

[1] 王青霞，郑慧，王哲平.重大突发事件档案收集策略研究[J].兰台世界，2022（12）：43-45.

[2] 范敏，冉朝阳，宋慧蓉.论重大突发事件档案收集的困境与策略[J].档案管理，2015（7）：52-53.

[3] 姚兰兰.突发公共卫生事件的档案收集与管理策略研究——以青海省第三人民医院新冠疫情防控为例[J].兰台内外，2021（6）：25-27.

[4] 唐贞全.注意力稀缺时代的突发事件档案收集与展览传播策略——以广州抗击新冠肺炎疫情档案为例[J].兰台世界，2022（7）：87-90.